탈핵
학교

탈핵
학교

밥상의 안전부터 에너지 대안까지
방사능 시대에 알아야 할 모든 것

김익중

김정욱

김종철

양기석

요시노 히로유키

윤순진

이계수

이유진

이헌석

주영수

최무영

한정순

반비

일러두기

원자력발전과 원자로는 과학적으로 타당하지 않은 용어라는 지적에 따라, 원자력발전은 핵발전으로, 원자로는 핵반응로로 표기했다. 그러나 고유명사나 관행상 표기가 굳어진 경우에는 원자력발전과 원자로라는 용어를 그대로 사용했다.

핵 마피아의 나라에서
국민의 나라로

탈핵은 대한민국을 핵 마피아의 나라에서 국민의 나라로 바꾸는 사업이다. 한국은 핵 마피아에게 포획되어 있다. 핵 마피아가 큰 힘을 발휘하고 있는 다른 나라의 경우, 최고 권력자가 핵 마피아들로부터 정치자금이나 각종 자원과 서비스를 제공받는 대가로 핵 마피아들의 이해를 대변해주었지만, 한국의 경우 핵 마피아의 핵심인 이명박이 5년간 대통령을 지냈다. 이명박 전 대통령이 재임하던 시기는 전 세계적으로 이른바 '원자력 르네상스'가 도래한 때인 동시에 일본의 3.11 대지진으로 후쿠시마의 핵발전소가 폭발하며 '원자력 르네상스'가 파국을 맞이한 시기이기도 했다.

구소련의 핵 개발로 미국의 핵기술 독점이 깨지자, 미국은 1950년대에 '원자력의 평화적 이용'(Atoms for Peace)을 제창했다. 그 후 전 세계에는 핵발전소 건설 붐이 일어났지만, 1979년 스리마일 섬 핵발전소 사고에 이어 1986년 소련에서 체르노빌 핵발전소가 폭발하는 대형 사고가 일어나면서 미국이나 유럽에서는 더 이상 핵발전소를 짓지 않게 되었다. 인간이란 망각의 동물이기 때문인지, 20년 정도 세월이 흘러 체르노빌 참사의 기억이 희미해지자 핵발전소 건설이 다시 시작되었고 핵 마피아들은 다시 핵 관련 산업이 살아난 것을 원자력 르네상스라고 불렀다. 그런데 원자력 르네상스가 시작되고 얼마 안 되어 후쿠시마에서 대형 참사가 발생한 것이다. 이명박 전 대통령은 전 세계가 모두 핵발전소가 안전하지 못하다는 사실에 충격을 받고 탈핵을 모색하고 있을 때, 국내외를 다니며 "일본에 원전 사고가 일어났다고 원전은 안 된다고 하는 것은 인류가 기술 면에서 후퇴하는 것이다.", "일본의 후쿠시마 원전 사태를 인류의 재앙이 아니라 오히려 한국형 원전을 파는 기회로 삼아야 한다."고 주장했다. 현대건설 사장 출신인 이전 대통령은 현재 한국에서 가동 중인 22기의 원전 중 12기를 짓는데 직접 참여한 바 있는 핵 마피아의 핵심 중의 핵심이다.

핵 마피아가 모습을 드러낸 또 다른 사례로는 2012년 1월에 열린 한국원전수출산업협회 신년 모임에서 조석 지식경제부 차관이 한 기가 막힌 인사말을 들 수 있다. 한국원전수출산업협회는 후쿠시마 핵발전소 사고가 일어난 지 일주일 후 이명박 정부가 지식경제부 산하에 둔 단체였다. 조 차관은 자신이 국가로부터 월급을 받는 공복이라는 사실을 망각하고 "요새 교수 모임 등등 반핵 진영이 많다. 월성 1호기의 수명 연장을 해야 하는데 잘 안 움직인다."면서 "'우리 원자력계'에서 잘하는 방법이 있지 않은가? 허가 나는 것을 기정사실화하고 돈부터 집어넣지 않았습니까? 한 7000억 들어갔나? 그리고 허가 안 내주면 7000억을 날린다고, 큰일 난다고 할 것 아닌가. 수명 연장을 관철 못 시키면 집에 가서 아기 볼 사람 많다."고 말했다. 그는 약 1년 반 후 한국수력원자력 사장에 임명되어 '우리 원자력계'에서 핵심적인 역할을 계속하고 있다.

2007년 6월에 설계 수명인 30년 기한이 만료되는 고리 1호기는 이같은 방식으로 수명을 10년 연장했지만, 잦은 고장으로 작동이 정지되어 많은 사람을 불안에 떨게 하고 있다. 2012년 11월에 수명이 다하는, 두 번째로 낡은 월성 1호기는 수명 종료 3년을 앞두고 7000억을 들여 핵반응로 외피를 제외한 주요 부품을 교체하고 수명 연장 승인을 기다리고 있다. 고리원전 반경 30km 이내에는 300만 명이 살고 있고, 월성원전 반경 30km 이내에는 100만 명이 살고 있다. 만에 하나라도 사고가 발생하면 한국 경제의 명줄을 쥐고 있는 울산 공단이나 제2의 도시 부산은 사람이 살 수 없게 된다. 연평도 사건 때 1000명 남짓한 주민을 소개시키는 것도 엄청난 혼란을 초래했는데 수십, 수백만 명의 시민은 어디로 가야 한단 말인가.

핵 마피아들은 입만 열면 "원자력은 안전하다, 깨끗하다, 싸다, 기준치 안 넘으면 괜찮다."고 이야기한다. 과연 그런가? 이 책에 담겨 있는 강연에서 잘 설명하고 있는 것처럼 핵발전은 결코 안전하지도, 싸지도, 깨끗하지도 않다. 핵발전이 낳은 핵폐기물을 어떻게 관리할 것인가는 단지 우리 세대만이 아니라 수만 년에 걸쳐 후대에 엄청난 부담과 위험을 안기게 될 문제이다. 핵발전은 가장 비싸고 가장 비효율적이고 가장 더럽고 가장 위험한 것이다. 핵발전은 전기를 사용하는 사람 따로, 그 위험을 고스란히 떠안는 사람 따로인 '희생의 시스템'을 통해 이루어지고 있다. 이 시스템은 일본 도쿄대학의 철학자 다카하시 데쓰야(高橋哲哉) 교수가 지적한 대로, "타인의 생활이나 생명, 존엄 등을 희생한 위에서만 이익을 내고 유지될 수 있는 시스템"이다. 정든 고향을 등져야 했던 후쿠시마 지역 주민들, 사고 현장에 위험을 무릅쓰고 투입되었던 노동자들, 그리고 지금도 처절하게 싸우고 있는 밀양 할머니들은 핵발전이 강요하는 희생을 온몸으로 떠안아야 하는 사람들이다. 핵발전이 생산하는 전기는 우리에게 안온함이 아니라 불편함을 주고, 더 나아가 넘어 우리 존재의 기반을 위협하고 있다.

크게는 핵발전의 위험, 작게는 방사능의 위험을 경고하는 것은 핵 마피아들에게는 자신들의 기득권을 위협하는 '불온한' 행동이 된다. 후쿠시마 사태 직후 한국 사회에 방사능에 대한 불안과 공포가 퍼지게 된 것은 당연한 일이었다. 핵 마피아나, 그들의 이익을 대변하는 정치인이나 언론은 대중의 불안을 다독이기 위해 필사적인 노력을 기울였다. 당시 김무성 한나라당 원내대표는 "방사능 불안을 선동하면 불순 세력"이라고 주장했다. 후쿠시마 사고 직후 한반도에 처음 비가 내려 '방사능 비'에 대한 우려가 고조되었을 때,《조선일보》는 그 "빗물을 매일 2ℓ씩 2년간 마셔도 X선 촬영을 1.4회 한 정도밖에 안 되니 불안해하지 말라."고까지 얘기했다.

이 책의 바탕이 된 강의 공간 '탈핵 학교'는 수조 원대의 이익을 챙기고 그 이익을 지키기 위해 수백 억대의 홍보비를 아낌없이 쓰는 핵 마피아들에 맞서 탈핵을 외쳐온 활동가와 전문가들이 모인 공간이

다. 이 책에 수록된 강연들은 단지 핵발전에 관한 정보를 전달하려는 것이 아니다. 그것은 사고 직후에는 잠시 반짝했다가 언제 그런 일이 있었느냐는 듯이 무덤덤해지는 우리의 무관심과 불감증을 깨려는 시도이다. 핵 마피아들의 필사적인 기득권 지키기는 상당한 성공을 거두고 있다. 대형 참사가 일어난 일본과 가장 가까운 나라인데도 한국에서 탈핵은 2012년에 실시된 총선이나 대통령 선거에서 아무런 쟁점이 되지 못했다. 사고가 발생한 일본에서도 2014년 2월의 도쿄 도지사 선거에서 탈핵을 전면에 내세운 호소가와 모리히로(細川護熙) 전 총리는 고이즈미 준이치로(小泉純一郎) 전 총리의 전폭적인 지원에도 불구하고 3위에 그쳤다.

1945년에 히로시마와 나가사키에 두 발의 핵폭탄을 맞은 일본은 미국과 러시아에 이어 프랑스와 함께 세계 3위의 핵발전 강국이 되었다. 일본 다음으로 핵폭탄에 의해 많은 사람이 희생된 한국은 단위면적당 핵발전 밀집도에서 세계 최고를 자랑하고 있다. 그러나 평균적인 한국인의 다수는 1945년에 수만 명의 한국인이 핵폭탄에 의해 희생되었다는 사실 자체를 모르고 있다. 탈핵 학교는 이 어이없는 무감각을 깨우는 죽비 소리이다.

핵발전소에서 대형 사고가 발생했을 때, 또는 핵폭탄이 터졌을 때 참으로 무력할 수밖에 없는 것이 인간이다. 사고가 나면 우리는 어디로 갈 수 있단 말인가. 어쩌면 사고가 터지면 나 혼자 잘못되는 것이 아니라 우리 동네, 아니 우리 도시 전체가 피해를 입는다는 사실이 차라리 우리에게 위안이 되고 우리를 사고에 대해 무감각하게 만드는 것은 아닐까? "설마 사고가 나겠어." 하며 요행을 바라는 심리나 "사고가 나면 어쩔 수 없지." 하는 무기력감은 핵 마피아들을 살찌우는 거름이 된다. 핵발전소 사고나 핵폭탄이 가져오는 재앙 앞에 인간은 속수무책일 수밖에 없다. 우리가 할 수 있는 일은 단 한 가지, 사고를 미연에 방지하는 일이다. 그리고 그것은 얼마든지 가능하다. 탈핵과 핵폭탄 폐기는 사실 의지의 문제일 뿐이다.

탈핵은 가능하다. 탈핵의 대안이 무어냐고 묻지만, 그 질문 자체가 잘못된 것이다. 탈핵은 그 자체로 대안이다. 탈핵이라는 목표를 정해놓고 우리는 길을 닦아야 한다. 우리의 삶과 미래를 핵 마피아들에게 저당 잡힐 수는 없다. 설계 수명이 다한 핵발전소를 폐쇄할 것인가, 아니면 위험을 무릅쓰고 수명 연장을 할 것인가의 문제를 누가 정해야 할까? '우리 원자력계'의 이익을 위해 일하는 관료들이 밀실에서 짬짜미하는 것을 계속 내버려둘 것인가, 아니면 공론의 장에서 민주주의의 원칙에 따라 결정할 것인가? 핵발전소를 더 지을 것인가, 아니면 대체 에너지에 과감한 투자를 시작할 것인가? 이런 문제는 모두 민주주의의 원칙에 따라 해결해야 한다. 독일이 탈핵으로 나아가는 것이 가능했던 것은 이 문제를 핵발전 전문가들이 아니라 일반인의 상식으로 결정했기 때문이다. 독일에서 탈핵을 결정한 17인의 윤리 위원회에는 소위 말하는 핵발전 전문가는 한 명도 들어가지 않았다고 한다. 이는 민주주의란 결국 일반인의 상식에 의해서, 또 일반인들의 이해관계가 반영되는 시스템으로 가야 한다는 것을 잘 보여준 사례이다.

탈핵은 당위일 뿐 아니라, 충분히 가능한 것이다. 지금 당장 모든 핵발전소를 멈추자는 이야기가 아니다. 10년, 20년 혹은 30년 후에 모든 핵발전소를 멈출 수 있는 현실적인 계획을 지금 당장 시작하자는 이야기일 뿐이다. 탈핵 학교를 열고 그 강의 내용을 책으로 펴내는 일은 탈핵이라는 시대적인 과제가 조금 더 쉬운 언어로, 조금 더 우리 삶에 밀착한 이야기로 다가오기를 바라는 마음에서 비롯된 것이다. 탈핵 학교의 수강생, 나아가 이 책의 독자들이 각자 자기 삶의 공간에서 탈핵의 전도사가 되기를 기원한다.

2014년 2월

한홍구(성공회대학교 교양학부 교수)

붙일 수는 있지만
끌 수는 없는 불

핵발전은 우라늄 235에 중성자를 충돌시켜 핵분열을 일으킴으로써 발생하는 열을 이용하는 것이다. 우라늄은 일단 한 번 핵분열을 시키고 나면 그 뒤에 연쇄적으로 계속 핵분열이 일어나는데 이는 인력으로 막을 수가 없다. 그래서 핵발전을 두고 '붙일 수는 있지만 끌 수는 없는 불'이라고 일컫는다. 그리고 이 핵분열 과정 중에 많은 방사성 물질이 발생한다. 핵발전소 한 기가 대형 핵무기 수천 개에 맞먹는 방사성 물질을 만들어내는데 이 방사성 물질이 담긴 핵폐기물을 안전하게 처리하는 데에는 100만 년에 가까운 시일이 걸린다. 핵은 근본적으로 인간이 관리할 수 있거나 책임질 수 있는 물질이 아니다.

게다가 핵발전소는 그 자체로 매우 위험천만하다. 우리는 이미 후쿠시마 사고를 통해 핵발전소는 전기나 물만 끊겨져도 멜트다운(핵반응로의 노심이 녹는 사고)이 일어날 수 있다는 것을 확인했다. 후쿠시마는 쓰나미 때문에 사고가 일어났지만, 그 외에도 핵발전소에 사고를 일으킬 수 있는 요소는 많다. 자연재해뿐 아니라 전쟁이나 테러 혹은 간단한 인간의 조작 실수로도 큰 재앙이 일어날 수 있다.

핵발전은 윤리에도 부합하지 않는다. 핵발전은 가난하고 힘없는 사람들, 또 지금은 목소리를 낼 수 없는 미래 세대의 희생을 바탕으로 이루어지는 행위이다. 그래서 독일, 스위스, 덴마크, 이탈리아를 비롯한 여러 나라들은 후쿠시마의 재앙이 터지자 곧바로 윤리적인 이유를 들어 핵발전소를 폐쇄하기로 결의했다. 그 대신 에너지 사용을 줄이고 재생에너지를 확대 보급하는 데 주력하고 있다.

그러나 우리나라는 후쿠시마 사고 이후에도 별다른 교훈을 얻지 못한 듯하다. 이명박 전 대통령은 2011년 9월 22일 유엔에서 "후쿠시마 사고가 원자력발전을 포기하는 구실이 되어서는 안 된다. 오히려 기후변화의 재앙에 대처하기 위해 강화되어야 한다."고 연설하고는 '원전 확대' 정책을 추진했고, 이후 박근혜 정부도 이 정책을 그대로 이어 받아 핵발전소 건설에 열을 올리고 있다. 우리의 1인당 전기 사용량은 이미 유럽 나라들의 1.5배에 이르는데도 정부는 핵발전소 확대 정책을 중심으로 전기 사용량을 대폭 늘릴 계획을 추진하고 있다. 기후변화와 자원 고갈, 지구적인 생태 위기에 대비해야 할 중요한 시기에 뒤로 달음박질하는 정부 정책들을 보노라면 너무나 안타깝다.

다른 점은 차치하고라도 항상 북한의 무력 도발을 염려하며 핵무기 개발을 강력히 규탄하는 대통령들이 핵발전소 확대를 추진하는 것은 자기모순이다. 북한이 마음만 먹는다면 핵발전소를 폭격하는 것은 누워서 떡 먹기일 것이다. 그런 위험을 고려한다면 나라 안에 수십

기의 핵발전소를 건설하는 것은 임의의 적국에 수만 기의 핵폭탄을 제공하는 것과 다름없다. 그래서 이웃 아랍 나라들의 무력 도발을 항상 경계해야 하는 이스라엘은 핵무기를 가지고 있으면서도 핵발전소를 짓지는 않는다.

우리나라 시민들 역시 그간 핵에너지 정책을 추진하는 정부의 일방적인 홍보 때문에 잘못 알고 있는 상식들이 많다. 핵발전을 반대한다고 하면 흔히 "너희는 여름에 에어컨을 틀지 않느냐?"고 되묻는다. '블랙아웃'(대규모 정전 사태)을 예방하려면 핵발전소가 필요하다는 이야기도 덧붙인다. 얼핏 상식적인 생각인 듯하지만 이는 사실과 다르다. 핵발전소는 에어컨을 틀거나 블랙아웃을 예방하기 위한 발전소가 아니다. 핵발전소는 앞서 이야기했듯 쉽게 끄고 켤 수 있는 발전소가 아니라서 잠깐 에너지 수요가 피크에 도달할 때를 대비해 짓는 것이 아니다. 핵발전소로는 에너지 수요가 가장 작을 때를 대비하는 것이 상식적이다.

에너지 안보를 위해서 핵발전소를 지어야 한다고 알고 있는 사람들도 있다. 이 역시 얼토당토않은 논리이다. 핵발전의 원료인 우라늄은 지금처럼 쓰면 석유와 마찬가지로 머지않아 수십 년 안에 고갈될 것으로 전망되고 있다. 그나마 남아 있는 것들도 몇몇 강대국들이 독점 관리하고 있다. 그런 탓에 우라늄은 정치적인 영향을 크게 받는 불안정한 에너지원이라서 에너지 안보에 별 도움이 되지 못한다.

이런 사실을 잘 설명하고 난 뒤에도 마지막으로 꼭 받게 되는 질문이 있다. 많은 이들이 핵발전소에 대한 "대안이 있느냐?"고 되묻는

다. 이런 질문은 대개 정말 대안을 알고 싶어서 던지는 것이 아니다. 그저 핵발전을 그대로 밀고 나가고 싶어서 던지는 경우가 많다. 그래서 이 질문에는 이런 말로 대답을 대신한다. "하지 말아야 하는 일은 곧바로 하지 말아야지, 대안을 찾은 뒤에 그만두는 것이 아니다."

핵발전이 '하지 말아야 하는 일'임을 인식한 많은 나라들이 실제로 이렇게 움직이고 있다. 일본은 후쿠시마의 재앙이 터지자 즉시 전국 54개 핵발전소의 가동을 중단했다. 대안을 먼저 찾고 난 뒤에 중단한 것이 아니다. 그렇다고 일본에 블랙아웃이 일어나지도 않았다. 공장들은 그대로 다 돌아갔고 사람들도 예전과 별다를 바 없이 생활했다. 독일도 최근 '안전한 에너지 공급을 위한 윤리 위원회'에서 핵발전소의 폐쇄를 결정했는데, 위원회의 이름에서 볼 수 있듯 근본적으로 핵에너지의 윤리적인 측면을 먼저 고려한 것이다. 결코 대안이 확실해서가 아니다. 핵발전의 대안은 국민에게 거둔 세금으로 전문 인력을 고용할 수 있는 정부가 찾아야 한다. 그런데도 우리 정부는 오히려 핵에너지의 문제를 걱정하는 국민들에게 대안을 내놓으라고 다그치는 형국이다.

다행스럽게도 후쿠시마 이후, 이제는 탈핵 사회로 가야 한다는 절박한 위기의식을 가진 사람들이 늘어났다. 그리고 보다 많은 사람들에게 핵에너지와 방사능에 대해 올바른 정보를 알릴 필요가 있다는 데에 공감대를 형성하게 되었다. 그리하여 과학자부터 법학자, 의사, 종교인 등과 그간 탈핵 운동에 헌신해온 활동가들이 모여 '탈핵 학교'라는 강의 공간을 마련했다. 탈핵의 당위성과 가능성을 인식하고 또 앞으로 우리가 나아가야 할 탈핵 사회의 모습을 구상해나갈 수 있도록 강의를 구성한 뒤 시민들을 초대했다. 2012년 7월에 탈핵 학교를 처음 열었는데 시민들의 반응이 뜨거웠다. 2014년 2월 현재 서울에서만 일곱 번째 학교가 열리고 있고 지방에서도 순천, 창원, 청주 등지에서 열리고 있다. 방사능의 위협이 피부에 와 닿을 정도가 된 시대여서 핵발전에 대해 제대로 알고자 하는 시민들이 점차 늘어난 덕분이다.

이 책은 그간 열린 탈핵 학교의 여러 강의 중에서도 가장 핵심적인 내용들을 추려 담은 것이다. 탈핵 학교가 꾸준히 열렸음에도 불구하고 공간과 시간의 제약으로 이 알찬 강의들을 좀 더 많은 사람들에게 널리 알리지 못하는 것이 아쉽던 차였다. 특히 탈핵 학교를 졸업한 사람들이 수업에서 얻은 지식과 혜안을 널리 전파하고자 하는 열정이 대단했다. 이들의 열정과 응원에 힘입어 탈핵 학교의 강의들이 책으로 나올 수 있게 되었다.

이 책에는 핵발전과 방사능이 무엇이고 어떤 문제가 있는지에 대한 기본적인 설명부터 의학적, 공학적, 역사적, 사회적, 윤리적, 종교적 관점에서, 즉 종합적인 관점에서 핵발전을 조명하는 내용들이 담겨 있다. 핵발전에 대한 거의 모든 분야 전문가들의 목소리가 담긴 책이라 할 수 있다. 방사능으로부터 안전한 식탁을 차리고 싶은 주부부터 건강검진에서 방사능을 쪼일까 염려하는 직장인, 핵발전과 관계된 회사나 연구소에서 근무하는 회사원, 태양광발전을 시도해보고 싶은 시민, 종교를 가진 사람으로서 핵발전을 어떻게 생각해야 할지 고민하는 신앙인 등 시민사회의 다양한 구성원들에게 적절한 도움을 줄 수 있는 이야기들이 고루 담겨 있다.

후쿠시마 사고를 목격한 우리는 더 이상 핵발전이 안전하다고 우기는 소리만 듣고 있을 수 없다. 후쿠시마의 재앙은 후쿠시마에 건설되어 있던 핵발전소가 우리나라 것보다 엉터리여서 일어난 것이 결코 아니다. 오히려 우리 핵발전소들이야말로 언론에 자주 보도되었듯 온갖 위조 부품과 서류 조작, 뇌물, 날림 공사, 안전 점검 소홀 등 온갖 엉터리로 범벅이 되어 있다. 우리에게 후쿠시마와 같은 사고가 일어나지 않는다는 보장이 없다.

우리가 나아가야 할 방향을 먼저 정한다면 그것을 달성하는 길은 얼마든지 찾을 수 있다. 덴마크나 독일은 우리보다 에너지 사용이 적으면서도 앞으로 에너지 사용을 절반으로 줄이고 대부분의 전기를 재생에너지로 충당할 계획을 세웠다. 이들 나라들은 이런 계획이 결코 경제 발전의 발목을 잡는 것이라고 생각하지 않는다. 오히려 미래 경제를 뒷받침하고 일자리를 만들 원동력이 될 것으로 보고 있다.

우리나라도 충분히 이런 길을 갈 수 있다. 그것이 가능하다는 연구 결과도 이미 나와 있다. 미래의 방향을 제시하고 그 물꼬를 트기 위해서는 무엇보다 시민사회의 자각이 절실하다. 아무쪼록 이 책을 통해 핵발전의 문제를 정확히 인식하고 더 안전하고 지속 가능한 미래를 만들어 가는 데에 힘을 보탤 수 있는 시민들이 많이 생겨나기를 간절히 바란다.

2014년 2월
김정욱(탈핵 학교 운영위원장, 서울대학교 환경대학원 명예교수)

차례

(1부)

병원부터 식탁까지, 방사능과 일상의 안전

병원부터 식탁까지,
방사능과 일상의 안전

1강

건강검진이
피폭 위험을 높인다

·

주영수

·

2013년 4월 16일
서울 종로 평화박물관

주영수

•

한림대학교 의과대학 교수. 서울대학교 의과대학을 졸업하고, 같은 학교에서 예방의학으로 박사 학위를 받았다. 인도주의실천의사협의회의 공동 대표를 역임했으며 현재 '핵 없는 세상을 위한 의사회(반핵의사회)' 학술연구위원장으로 활동하고 있다.

잘 아시다시피 지난 2011년 3월 11일에 일본 동부 해안에 강력한 지진과 함께 최대 30m의 쓰나미가 일어 큰 피해가 발생했습니다. 이에 따라 후쿠시마의 핵발전소 4기가 파손되었지요. 후쿠시마 사고가 일어난 지 나흘 후인 3월 15일 아침, 네 번째 발전소가 폭발했는데 당시 그 발전소 바로 옆의 웅덩이에 고여 있던 물에서 시간당 400mSv(밀리시버트)의 방사선이 측정되었어요. 이는 결코 적은 양이 아닙니다. 1945년에 히로시마와 나가사키에 원자폭탄이 떨어졌을 때, 인체에 직접적인 영향을 미친 것으로 확인된 최소 방사선량이 500mSv였으니까요. 500mSv에 노출되면 인체의 조혈기관이 영향을 받아서 혈액을 만드는 기능부터 장해가 발생하는 것으로 알려져 있습니다. 그런데 3월 15일에 웅덩이의 물에서 1시간 동안 이에 근접한 방사선량이 측정된 것이지요.

후쿠시마에서 도쿄까지의 직선거리가 240km인데요, 3월 15일

같은 날에 도쿄에서 측정된 방사선량은 시간당 0.8μSv(마이크로시버트)였습니다. 1년이 8760시간이니까 대략 1년 동안의 누적 선량을 환산하면 약 7mSv에 해당하는 셈입니다. 그러니까 3월 15일 상황을 유지한 채로 1년 동안 도쿄에서 살기만 해도 (다른 일상의 방사선은 다 빼고서도) 피폭량이 상당한 겁니다. 물론 도쿄의 방사선량 수치는 그날 이후 점점 떨어져서, 3월 말에는 처음의 1/10 정도까지 낮아졌습니다. 그렇다 해도 결코 무시할 수 있는 수치는 아닙니다. 그냥 살기만 해도 이정도로 노출된다면 공중 보건학적으로 볼 때 간단한 문제가 아니에요. 게다가 내부 피폭(음식물을 통한 방사성 물질의 체내 축적) 수준은 측정이 불가능해서 실제로 얼마나 노출되었는지 혹은 노출될지를 알 수가 없습니다. 향후 10년 정도가 지나면 일본에서 대단히 큰 문제가 생길 수 있습니다. 암 잠복기를 최소 10년 이상으로 보면, 현재 50대를 넘긴 분들은 자연 수명에 다가가고 있으니 별 문제가 아닐 수 있다고 해도 아이들에게는 큰 문제가 될 겁니다. 안타까운 일입니다.

그런데 후쿠시마 사고는 일본에서 끝나지 않습니다. 이 사고가 우리나라 사람들의 건강에 미치는 여파는 결코 안심할 수 있는 것이 아닙니다. 후쿠시마에서 서울까지의 직선거리가 1200km 정도입니다. 꽤 먼 거리 같지만 그렇지 않아요. 1986년에 체르노빌에서 핵발전소 사고가 발생한 이후 여러 의학 잡지들을 보면, 체르노빌에서 2000km나 떨어진 스칸디나비아 반도에서까지 갑상선암 등 여러 암의 발생과 관련한 논란이 있었습니다. 서울과 후쿠시마는 이보다 훨씬 가까우니 서울도 결코 안전하지 않지요.

1mSv 이하면 무조건 안전한가

저는 오늘 강의에서 방사선[*]과 건강의 관계에 대해서 집중적으로 말씀드리고자 합니다. 후쿠시마 사고 이후 현재 우리가 어떠한 상황에 처해 있는지, 그리고 건강검진을 비롯해 방사능의 위험에 대해 그간 간과한 것들 혹은 잘못 알려진 상식들을 바로잡고자 합니다.

우선 방사능의 단위와 기준을 살펴보지요. 앞서 Sv(시버트)라는 단위를 사용했는데 이는 사람의 몸에 피해를 주는 방사선량을 이야기할 때 사용하는 단위입니다. Sv는 상당히 큰 단위여서 통상은 그 1/1000에 해당하는 mSv가 쓰이지요.

1인당 연간 방사선 노출 허용 기준, 즉 일반인에게 1년 동안 노출이 허용되는 수준이 1mSv라고 되어 있습니다. 그래서 핵발전 관련 정부 기관 등에서 이를 토대로 "기준이 1mSv인데 검출된 양이 그보다 적으므로 아무 문제가 없습니다." 하고 이야기하는 경우가 있습니다. 시민들도 이런 기준을 보며 안심하지요. 하지만 이런 발언은 타당하지 않습니다. 방사선이 극미량이라도 존재한다면, (암 발생) 리스크도 그에 비례해서 증가하기 때문입니다. 방사선은 아무리 소량이라도 노출되는 것 자체가 문제지요.

더욱 중요한 것은 1mSv라는 기준의 정확한 의미입니다. 이 수치

● 통상 방사선(radiation)이라 함은 비전리 방사선(가시광선 등)과 전리 방사선(X선 등)을 모두 포함하는 용어이나, 본 강의에서는 그중 전리 방사선을 편의상 '방사선'이라고 지칭한다.

는 어떤 기준으로 만들어졌을까요? 전문가들에게 물어봤더니, 의외의 대답이 나왔습니다. 상식적으로 생각하는 것처럼 이 선을 넘으면 건강에 이상이 생기고 이 선 아래면 괜찮다는 기준이 아니었습니다. 그보다는 '자연환경에서 나오는 자연 방사선(혹은 바탕 방사선이라 부르며, 절반 정도는 땅에서 올라오는 라돈으로 인한 것이라고 알려져 있습니다.)을 제외하고, 일상적으로 불가피하게 노출될 수밖에 없는 인위적인 방사선량을 어느 정도의 낮은 수준까지 관리할 수 있는가'로 기준을 잡은 것입니다. 건강이 아니라 통제(control) 가능성을 기준으로 하고 있어요. 그러니까 1mSv라는 수치는 국가적으로 볼 때 그 이상의 인위적인 초과 노출은 관리할 수 있되, 그보다 더 낮게는 관리하기가 어려운 수준 정도로 보면 되겠습니다.

이미 우리는 방사선을 많이 쬐고 있습니다. 조사된 바에 의하면 우리나라 사람들이 일상생활에서 불가피하게 노출되고 있는 방사선량의 평균값이 연간 3.7mSv라고 알려져 있습니다. 그 가운데 3.0mSv가 자연 방사선입니다. 이는 이름 그대로 원래 자연에 있는 방사선으로 그야말로 피할 수 없는 것입니다. 그리고 나머지 0.7mSv는 의료 목적의 방사선, 이른바 병원 방사선으로 알려져 있습니다. 병원에서 X선 촬영 등을 할 때 쬐이게 되는 방사선입니다. 건강검진 등을 위해 병원에서 가슴 X선 사진을 한 번 찍으면, 기계에 따라 조금씩 차이가 있긴 하지만, 평균 0.1mSv의 방사선에 노출됩니다.(가슴 X선 사진을 10번 찍으면 1년치 허용 기준을 채우게 되지요.) 그러니까 허용 기준이란 이렇게 불가피하게 노출되고 있는 방사선량은 제외한 상황에서 추가적으로 불필요한 1mSv 이상은 노출되지 말자고 제안한 것이라고 보면 됩니다.

참고로 세계보건기구(WHO)의 통계에 의하면 전 세계인의 연간 평균 방사선 노출량이 2.4mSv라고 합니다. 우리의 기저 노출 수준이 세계인의 평균보다 훨씬 높은 셈입니다. 우리는 이미 적지 않은 리스크를 기본적으로 안고 살고 있는 것이지요. 여기에 예기치 않은 사고, 예컨대 일본에서 수입된 오염 농수산물을 먹는 등으로 인해 1mSv 정도의 노출을 더 허용하게 되면 아무리 그 사고 결과가 '허용 기준인 1mSv를 넘지 않았다'고 하더라도 연 평균 4.7mSv까지 노출되는 겁니다.

흥미롭게도 후쿠시마 사고 이전에 일본 국민들이 받았던 연 평균 방사선량이 1.5mSv였습니다. 세계의 평균보다도 상당히 낮은 수치였지요. 그러나 후쿠시마 사고 이후 (일본 측의 자료가 나오지 않고 있어서 정확히 알 수는 없습니다만) 일본 열도의 중간 부분은 상당히 오염된 지역으로 분류되고 있고, 방사능 물질에 오염된 냉각수가 지속적으로 토양과 해양을 오염시키고 있으므로, 평균적으로 노출되는 방사선량 수준도 상당히 높아졌을 겁니다.

방사선 노출량은 암 발생 확률과 정확히 비례

방사선에 많이 쪼이게 되면, 그만큼 암 발생 확률이 높아집니다. 이에 대해서는 충분히 신뢰할 만한 연구 결과가 있습니다. 2006년에 미국의 국립과학원(National Academy of Science)은 방사선의 건강 효과에 관해서 BEIR-VII(Biological Effect of Ionizing Radiation-VII)라는 보고서를 발표했습니다. 이 보고서에서는 아래에서 설명할 선형 무역치 모형이 방사선이 인간의 건강에 영향을 미치는 방식을 가장 잘 설명하고 있다고 이야기하고 있습니다.

　방사선의 생물학적 영향은 방사선(에너지)이 사람 몸을 관통하면서 세포 내의 DNA 염기 서열을 끊거나 손상시키면서 시작됩니다. 본래의 염기 서열이 끊어지거나 훼손되면 생체는 이것을 바로잡기 위해 수리 작업을 하게 되는데, 이때 일부 수리 작업이 잘못되면서 비정상적인 세포, 즉 암세포가 발생하게 됩니다. 잘못된 DNA에서부터 암 발생까지의 과정이 짧게는 2년(백혈병의 경우)부터 위암, 폐암, 간암 같은 고형 암(딱딱한 덩어리 암)의 경우는 20~30년까지 소요될 수 있습니다. 그리고 암 발생 초기에 적절하게 치료하지 않으면, 해당 암 세포들이 혈액이나 체액을 통해 다른 장기로 퍼지면서 전이가 됩니다.

　만약 잠복기를 고려하지 않고, 방사선에 노출되었을 때 곧바로 암이 발생하는 것으로 단순화하면 다음과 같은 그래프처럼 설명이 됩니다. 이 그래프에서 X축은 방사선 노출량, Y축은 암 발생 확률입니다. 가운데의 실선이 보여주는 것처럼 이 둘은 정확히 직선적으로 비례합니다. 다만 어떤 종류의 방사선이냐에 따라 그 직선의 기울기는 다소 다를 수 있습니다.(점선 참조)

　이 보고서는 방사선의 건강 효과와 관련된, 현존하는 최종의 보고서입니다. 이 분야의 거의 모든 전문가들이 낸 결론이고, 현재로서는 이보다 새로운 결론은 없습니다. 방사선량이 어느 정도 누적된 이

선형무역치(linear no-threshold, LNT) 모형

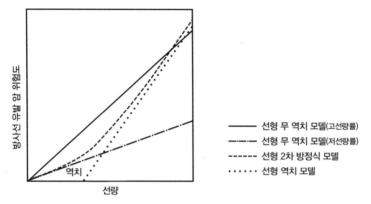

(출처: NRC, BEIR-VII report, 2006.)

후(역치를 경과한 이후)에 암이 발생하는 것이 아니라, 노출되는 방사선이 있다면 어떤 선량으로도 암이 발생할 수 있다는 것, 즉 노출되는 방사선량이 0일 때만 암 발생 확률도 0이라는 것이 최종 결론입니다. 방사선량과 암 발생 확률은 직선적으로 비례하는 관계를 가지며 방사선 종류에 따라 기울기에만 차이가 있다는 데에 어떤 이견도 없습니다.

물론 암은 잠복기를 거치기 때문에 노출되었다고 바로 병이 나타나는 것은 아닙니다. 특히 백혈병의 경우, 연구 결과에 의하면 방사선 노출 이후 발생 시점이 짧게는 2년이고 최고점에 달하는 시점이 10~12년입니다. 길면 20년 후에도 발생하는 것으로 알려져 있습니다.(따라서 약 10년 후에 일본 어린이들에게서 백혈병 발생률이 크게 높아질 것이라는 데에 별다른 이견이 없는 상태입니다.)

건강검진은 생존율을 높이지 못한다

방사선이 건강에 미치는 이런 영향을 생각할 때 의사로서 특히 걱정되는 부분은 건강검진을 통해 쏘이게 되는 방사선입니다. 건강검진을 좀 더 깊이 살펴보도록 하지요.

비교적 좋은 직장에서는 1년에 1회씩 직원들에게 종합건강검진을 받도록 해줍니다. 최근 한 지하철 공사가 직원들을 위한 건강검진 패키지 예산을 보여줬는데, 1인당 검진 비용으로 40만 원 정도가 책정되어 있었습니다. 아마 이 정도가 비교적 일반적인 기준일 겁니다.

병원들의 종합건강검진 패키지에 흔히 들어가는 검진 항목들이 있습니다. 혈액 검사, 내시경 검사, 초음파 검사, CT 촬영 등이 그것들입니다. 그중 CT 촬영의 경우, 특히 흡연하는 남자들에게 폐암의 조기 발견을 명목으로 흉부 촬영을 많이 권하지요. 한술 더 떠서 일부 병원들은 건강검진 패키지를 선전하면서 고객이 원하는 부위에 CT 촬영을 보너스(무료)로 해준다는 호객 행위까지 하고 있습니다. 그 결과 흡연하는 사람들은 흉부 CT 촬영을, 두통이나 막연한 뇌 질환이 걱정인 사람들은 두부 CT 촬영을, 복부 비만이 걱정인 사람들은 복부 CT 촬영을 하곤 합니다. 이건 정말 쓸데없는 짓일 뿐만 아니라, 그로 인한 방사능 피폭을 감안하면 스스로에게 위해를 가하는 바보 같은 짓이기도 합니다.

이런 식으로 다 찍으면 방사선 노출량이 얼마나 될까요? 간단히 계산해보겠습니다. 흉부 CT 촬영 1회에 평균 6.9mSv 정도 노출

됩니다.(요즘에는 저선량 흉부 CT로 촬영하는 경우가 있는데, 이 경우는 1회에 2.0mSv 정도에 노출됩니다. 이 역시 일반적인 가슴 X선 촬영의 20장에 해당하는 선량입니다.) 여기에다 여성들이 유방암을 체크하기 위해 선량이 0.13mSv라고 알려져 있는 유방 단순 촬영을 하면 흉부 쪽에만 하루에 노출되는 방사선량이 7mSv가 넘습니다. 1년에 이런 검사를 1회만 받아도, 자연 방사선 때문에 평균적으로 노출되는 3.0mSv를 합쳐서 1년의 노출량이 10mSv가 넘게 됩니다.

좋은 회사들은 직원들에게 이런 검사를 매년 한 번씩 받게 해주는데 결국 그 회사의 직원들은 매년 10mSv 이상의 방사선에 꾸준히 노출되는 셈입니다. 누적되는 방사선량에 따라서 암 발생 확률도 꾸준히 증가하게 되지요. 물론 건강검진을 통해서 자신에게 현재 어느 정도 진행된 암이 있는지 여부를 가려낼 수도 있습니다. 하지만 별 문제가 없는 사람들의 경우는 이런 검진을 반복함으로써 아무런 이득도 없이 암 발생 확률만 꾸준히 높이고 있는 셈입니다.

그런데 참으로 허탈한 점은 이러한 건강검진을 통해 무증상 상태의 암이 발견되어 치료받았을 때의 생존율과, 검진을 안 받고 몇 주 혹은 몇 달 후에 암 관련 증상이 나타나서 환자의 자각에 의해 병원을 찾아가 이를 치료했을 때의 생존율이 실제로는 거의 비슷하다는 점입니다. 안타깝게도 대부분의 건강검진 항목들이 암의 조기 발견을 통해 생존율을 높인다는 근거를 제시하고 있지 못합니다. 가장 흔히 시행하는 위 내시경 검사조차 이를 통해 위암이 조기 발견되어 생존율이 높아졌다는 근거가 아직 없습니다.

　세계적으로 위 내시경으로 위암 조기 검진을 하는 나라는 우리나라와 일본밖에 없습니다. 우리나라의 위 내시경 검진 제도는 일본을 따랐던 것인데 일본조차도 현재 이 제도를 포기하려고 검토 중에 있습니다. 그동안 열심히 해봤으나 이를 통해 생존율이 높아졌다는 근거가 나오지 않았기 때문입니다. 위 내시경 검사를 열심히 해서 위암을 발견해 치료하는 효과나, '아프기 시작할 때 병원에 갈 수만 있다면(즉 의료 이용 접근성이 일정하게 보장만 된다면)' 병원을 찾아가 그때 치료하는 효과나 별 차이가 없다는 겁니다. 게다가 위 내시경 검사는 종종 부작용까지 수반되는 위험한 검사입니다. 위 속에서 기구가 잘못 움직이다가 위벽에 상처를 내거나 심한 경우 구멍을 뚫게 되어(위장 천공) 결국은 배를 째고 수술하는 경우도 있으니까요. 위 내시경 검사 도중에 조직 검사 등을 많이 하는데, 조직을 떼어낸 후 지혈이 잘 안 되어서 계속되는 출혈로 2차 처치를 받는 경우도 왕왕 있습니다. 이런 합병증 리스크까지 계산하면, 정책적으로 이러한 제도를 고수하는 것이 과연 옳은지에 대해 심각하게 재고해봐야 합니다. 세계보건기구의 건강검진 항목이나 미국에서 나오는 자료들에는 건강검진으로서 위 내시경 검사는 하지 말라는 권고까지 있을 정도입니다. 위 내시경 검사는 합병증 리스크가 더 높을 수 있고 검진의 효과는 증명된 바 없다는 것이 세계보건기구의 공식 보고서 내용입니다.

　흉부 X선 촬영도 상황은 비슷합니다. 현재까지의 연구 결과들로 보자면 흉부 X선 촬영으로 얻을 수 있는 이득은 아무것도 없는 듯합니다. 폐결핵이 표적 질병이기는 합니다만, 관리 실패로 인해 우리나라

폐결핵 발생률이나 유병률이 좀처럼 떨어지지 않는 상황입니다. 흉부 X선으로 폐결핵 말고 폐암도 간혹 발견되긴 합니다만, 폐암의 경우 단순 흉부 X선 촬영으로 발견되었다면 완치 가능한 시기가 지났을 가능성이 높습니다. 결국 흉부 X선 촬영의 효과는 크지 않은데 관행적으로 찍고 있다고 봐야 합니다. 이 촬영을 반드시 해야 한다는 의학적 근거는 거의 없습니다.

하물며 CT 촬영은 어떻겠습니까? 건강검진으로 흉부 CT 촬영을 통해 폐암을 발견해서 치료한 경우와, 증상이 있어서 병원에 가서 검사와 치료를 시행한 경우 사이에 생존율의 차이는 없는 것으로 알려져 있습니다. 물론 여기엔 폐암이 잘 치료되지 않는 대표적인 암이라고 점도 작용합니다. 폐암은 보통 흔하게 발견되는, 어느 정도 진행된 병기(stage)에서의 생존율이 20% 내외입니다. 폐암은 근본적으로 금연을 통해 예방하는 것이 가장 적절합니다. 그런데도 CT를 펑펑 찍는 것이 과연 옳은 일일까요? 물론 건강검진으로 극소수의 사람들은 운 좋게 폐암을 발견할 수도 있고, 그 덕분에 생존 확률을 조금이나마 높일 수도 있겠지만, 직장인이나 일반인 들을 대상으로 모두 다 그렇게 찍는 것이 과연 보건학적으로 옳은 일일까요?

'그래도 혹시 모르니 나는 건강검진으로 흉부 CT 촬영을 통해 폐암을 조기 발견하고 싶다.'고 생각하는 사람들도 있을 겁니다. 그런 경우라도 '과연 얼마 만에 한 번씩 찍을 것인가'가 문제가 됩니다. 폐암의 조기 발견을 통해 생존율을 높이려고 한다면, 3개월이나 6개월에 한 번씩은 찍어야 하는데 그렇게 1년, 2년, 3년을 계속 찍게 되면 바로 그 검사에서 쪼인 방사선량 때문에 폐암이 생길 확률이 급속히 높아질 겁니다. 결론적으로 건강검진으로서 흉부 CT 촬영은 폐암 생존 확률을 높일 수 있는 방법이 아닙니다.

최근에 나온 우리나라 국민 건강검진 중 여성 유방암 검진 결과를 분석해보니 검진을 통해 유방암 의심군으로 분류된 사람 중 실제로 암이 확인된 경우와, 검진을 통해 정상군으로 분류된 사람 중 실제로 암이 확인된 경우 중 황당하게도 후자가 더 많았습니다. 그러니 확률적으로만 보면, 유방암 검사를 했는데 '정상'으로 분류됐다면 빨리 병원에 가봐야 합니다. 반대로 검사 결과 문제가 있다고 나오면 안심할 수 있습니다.(웃음) 말이 안 되는 일이 벌어진 것이죠. 그런데 이런 문제가 있는 건강검진을 반복적으로 시행하면서 유방에 쪼이는 방사선의 위해는 누구도 고민해본 적이 없습니다. 저도 의학적으로, 이론적으로 알고 있던 것과 현실에서 일어나는 상황 사이에서 늘 이런 괴리를 목격합니다. 결국 우리가 알고 있는 건강검진 방법들 가운데 조기검진을 통해 암을 해결할 수 있는 방법은 거의 없다고 할 수 있습니다.

핵발전소 직원만큼 방사선에 노출되는 검사

현실이 이런데도 많은 사람들이 제대로 알지 못하고 병원에 가서 건강검진을, 그것도 몇십만 원씩 내고 자처해서 받고 있습니다. 그리고 불필요한 방사선을 쪼이고 오지요. 건강검진 패키지 중에는 병원들이

'몸에 있는 모든 암을 다 찾아준다'고 광고하는 PET/CT라는 것도 있습니다. 그야말로 머리끝에서 발끝까지 샅샅이 뒤지는 것인데요, 그 방법을 보면 방사성 동위원소인 불소가 함유된 포도당을 몸에 투여한 뒤에 CT를 찍는 것입니다. 암세포는 다른 세포들보다 대사가 활발하기 때문에 에너지원인 포도당을 많이 흡수하는 것에서 착안한 방법입니다. 불소가 붙은 포도당이 많이 흡수되는 지점에 암세포가 있을 확률이 높다는 점을 이용한 것(PET)과 CT의 검사법을 결합한 것으로, 검사 한 번에 100만 원쯤 듭니다. 종합건강검진 패키지에서 가장 비싼 항목입니다. 주로 경제적으로 여유가 있는 사람들이 많이 찍습니다. 이것을 한 번 찍으면 노출되는 방사선 양이 최소 20mSv 정도 되는 것으로 알려져 있습니다. 핵발전소 종사자들도 1년에 20mSv의 방사선에 노출되면 해당 작업에 투입하지 않도록 하고 있습니다. 이런 정도의 방사선량에 노출되는 검사를 적잖은 일반 국민들이 받고 있는 겁니다. 매년 찍으면 당연히 그만큼씩 노출량이 누적됩니다. 핵발전소 종사자들의 경우 5년 동안 100mSv의 노출을 넘지 않도록 관리하고 있다는 점을 생각하면 심각한 상황이지요. 우리나라는 부와 수명의 형평성에 논란이 있는 나라인데, 이 검사만 놓고 보자면 형평성을 맞춰주는 쪽으로 작용한다고 할 수도 있겠습니다. 불행하게도 경제적으로 여유가 있는 사람들의 수명을 단축시키는 쪽으로 작용하는 것이니까요.

병원에서 방사선 사진을 찍자고 하면 거부하는 환자들이 있는데, 현재의 우리 의료 관행을 감안하면 생각해볼 수 있는 태도라고 생각합니다. 특히 응급실에 가면 가장 먼저 찍자고 하는 것이 X선입니다. 아이가 놀이터에서 머리를 부딪쳐 이마에 혹이 난 채 응급실에 가도 X선을 먼저 찍자고 합니다. 그것도 정면, 측면, 대각선, 경추, 척추를 다 찍습니다. 거기다 아이가 조금 어지럽다고 하면 바로 두부 CT를 찍자고 합니다. 아이가 응급실을 한 번 가게 되면 그날 노출되는 방사선량만 해도 엄청납니다.

이런 관행은 기본적으로 의사들이 방어적으로 행동하는 측면이 있기 때문입니다. 물론 의사들만을 탓하기 어려운 제도상의 문제도 있습니다. 이런 검사 중 하나라도 빼먹고 나서 나중에 환자에게 문제가 생기면 의사가 책임을 져야 하거든요. 그래서 의사들은 방어적인 태도로 이것저것 해보자고 환자들을 설득해서 대부분 관철시킵니다. 부수적으로 돈도 벌게 되는 만큼 관행으로 굳어진 것이지요.

본래 응급실이란 공간은 '응급'이라는 말이 붙은 이상 무엇을 해도 괜찮은 곳입니다. 환자와 보호자가 응급 상황으로 생각하고 찾아왔고 의사가 응급실에 근무하고 있는 만큼, 의사가 판단할 때 가장 심각한 상황을 가정하고 처치를 해도 문제가 없다는 뜻입니다.

그러니까 진짜 응급 상황이 아닐 경우, 응급실은 가지 않는 것이 좋습니다. 비용도 많이 들 뿐만 아니라 모든 것을 응급 상황에 준해서 판단하고 조치하기 때문입니다. 더불어 이런 관행 속에서 노출되는 방사선량이 생각보다 상당히 많다는 것도 잘 인식해서 현명하게 대처해야 합니다.(물론 중요한 증상과 증후가 있거나 있다고 추정되어서, 의사가 전문적으로 판단하여 권고하는 경우에는 당연히 방사선 검사를 받는 것이 필요합니다. 건강상의 이득이 더 크기 때문입니다.)

선진국들은 병원에서 방사선 노출량을 관리하고 있습니다. 제가 2012년 7월에 KBS의 '추적 60분'이라는 프로그램에 출연한 적이 있습니다. 방사선이 건강에 미치는 영향을 주제로 한 프로그램이었는데 그 내용 중에 영국의 사례가 나옵니다. 영국에서는 NHS라는 공공 의료 시스템으로 국민들의 건강을 관리하는데, 그 속에 국민 개개인의 누적 방사선량이 다 기록되어 있습니다. 톰 아무개를 검색하면 어느 날 얼마나 노출됐는지가 다 입력되어 있고 그 누적량이 다 나오지요. 또 의사들도 방사선 촬영을 가급적 안 하는 것이 좋다는 생각으로 진료합니다. 반면 우리나라는 A병원에서 촬영하고 B병원으로 옮겨서 후속 진료를 받으려 하면 거기서 다시 방사선 사진을 찍습니다. 이것은 이중 삼중으로 위험을 높이는 것입니다. 이런 관행은 특히 세포분열이 활발한 성장기 아이들에게 더 큰 문제가 됩니다.

정부 차원에서 이런 문제를 심각하게 인식해야 하는데 현실은 그렇지 못합니다. 일례로 2011년 3월 15일에 후쿠시마에서 네 번째 발전소가 폭발한 뒤, 20여 일이 지난 4월 6~7일 경에 제주도에 비가 내렸습니다. 그리고 바람이 일본에서 우리나라의 남쪽으로 돌아서 불어왔습니다. 당시 제주도에서 측정된 빗물 속의 방사성 물질의 농도를 연간 음용수 기준(요오드: 0.0445mSv, 세슘: 0.014mSv)으로 환산해서 계산한 결과를 보면, 대략 미국의 음용수 기준(연간 0.04mSv)보다는 높았고, 세계보건기구의 기준(연간 0.1mSv)보다는 낮았습니다. 미국과 세계보건기구 기준의 중간 정도 농도로 방사성 물질이 빗물에 섞여 있었습니다.

그런데도 그 전날 김황식 국무총리는 국회에 출석해서 일기예보만을 가지고 "내일 내리는 비는 맞아도 된다."고 발언했습니다. 반면 경기도 교육감은 모든 학교를 휴교시켰지요. 경기도 교육청의 휴교 조치는 제 기대보다도 더 적극적이었어요. 저는 아이들의 야외 활동을 자제시키고, 비를 맞았을 경우 빨리 옷을 갈아입고 깨끗이 씻게 하는 정도를 최소한으로 하는 사전 경고 조치를 시행하는 것이 옳았다고 생각합니다. 하지만 당시 유럽(오스트리아) 기상 연구소의 예측 데이터의 경고도 있었는데 이를 무시한 채, 별다른 근거도 없이 문제가 없을 것이라고 성급히 발표한 국무총리의 발언은 매우 경솔한 것이었습니다. 정부라면 그렇게 발언해서는 안 됩니다. 만약 미국에서 그런 일이 벌어졌다면 보건 복지 관련 부처에서 국민들이 비를 맞지 않도록 하라고 적극적으로 공표했을 겁니다.

이런 일들이 바로 방사성 물질의 위험에 대한 정부의 무지(혹은 핵 산업 보호를 위한 의도적인 왜곡)와 일반적 인식을 대변합니다. 특히 '허용 기준인 1mSv 이내이니까 괜찮다'는 정부의 근거 없는 주장이 문제입니다. 핵 산업과 이해관계가 있는 공학 전공자들이나 일부 의학자들도 이렇게 말하고 있습니다. 이런 태도는 공중의 건강에 실제적인 위협을 야기하는 대단히 위험한 것입니다.

노출 방사선량이 1mSv이면 암 발생 확률은 어떻게 될까요? 1만 명 중 1명꼴입니다. 0.1mSv이라면 10만 명당 1명꼴입니다. 어느 해에 흉부 X선을 1회 촬영한 사람이 10만 명이 있다면, 그중 1명은 20년쯤 후에 암에 걸릴 수 있다는 의미입니다. 이렇게만 보면 확률이 낮아 보일 수도 있겠습니다만, 실제와 거의 근접한 다른 예를 하나 더 들어보 겠습니다. 우리나라 노동자수가 1000만 명이 훨씬 넘는데, 만약 이들 중 대략 1000만 명이 매년 일반 건강검진(흉부 X선 촬영 포함)을 받게 된 다면, 20년쯤 후부터는 그로 인해 매년 100명에게서 암이 발생할 수 있다는 이야기가 됩니다. 노동자들 중에서 매년 신규 암 환자가 100명 씩 생긴다고 하면 이는 결코 적은 숫자가 아닙니다. 국가적으로 캠페 인을 벌일 만한 숫자입니다. 따라서 저는 관행적인 검사를 받지 않을 권리도 환자들 혹은 수검자들에게 부여해야 한다고 생각합니다.

핵발전소 주변 지역 여성들이 위험하다

건강검진 외에 국민 보건의 측면에서 특히 위험한 사람들이 있습니다. 바로 핵발전소 근처에 사는 사람들입니다. 이분들은 국가적으로 특별 히 관리해야 할 필요가 있습니다. 우리나라에는 핵발전소가 4개 지역 (지역별 상업 운전 시작 년도는 다음과 같습니다. 고리원전은 1978년, 월성원전 은 1983년, 영광원전은 1986년, 울진원전은 1988년입니다.)에 있습니다. 2013 년 현재 총 핵발전소 숫자는 23기입니다. 1992년부터 2011년까지 약 20년간 핵발전소 지역 주민을 대상으로 한 역학 조사가 진행된 바 있 습니다.● 처음에 한국전력공사가 발주한 뒤, 후에는 교육과학기술부

● 안윤옥 등 「원전 종사자 및 주변 지역 주민 역학 조사 연구」 2011. 2.

가 책임지고 운영했던 연구입니다. 연구 수행 기관은 서울대학교입니다.(정확히 서울대학교 의학연구원 원자력 영향·역학 연구소가 수행했습니다.)

이 연구는 핵발전소에서 반경 5km 이내에 사는 사람들(주변 지역 주민들로서 고위험군)을 5~30km 지역에 사는 사람들(근거리 대조군)과, 발전소와 전혀 관련 없는 지역에 사는 사람들(원거리 대조군)과 비교할 때, 암 발생률이 얼마나 높은가에 대한 비교 조사가 주요한 내용이었습니다. 2011년 말에 20년간의 연구 결과에 대한 발표가 있었습니다.

당시 공식적인 발표 결과는 주변 지역 주민들(고위험군)의 모든 종류의 암 발생 확률이 근거리 대조군과 원거리 대조군에 비해 높지 않았다는 것이었습니다. 당시 언론을 검색해보면 대개 '핵발전소 주변 지역 주민들 건강에 문제없어'라는 제목으로 다수 보도되고 끝났습니다.

그러나 이 최종 보고서가 공개된 후 논란이 일었습니다. 그래서 원본 데이터와 최종 보고서를 받아서 저희 연구진이 재검토를 해봤더니 놀라운 사실이 발견되었습니다. 이미 보고서 내에서도 제시되어 있었는데, 갑상선암이 지역 주민(고위험군) 여성들에게서는 10만 명 당 61.4명, 근거리 대조군 여성에게서는 43.6명, 원거리 대조군 여성에게서는 26.6명이 발생한 것으로 확인되었습니다.

원거리 여성 주민들의 갑상선암 발생률을 기준으로 한, 여러 요인들을 보정한 상대 위험도를 확인해보면, 주변 지역 주민들에게서는 2.5배 정도로, 근거리 대조군에서는 1.8배 정도로 갑상선암 발생 위험도가 높은 것을 확인할 수 있었습니다.

따라서 이 보고서의 결론은 '핵발전소 주변 지역에 사는 여성들

지역별 방사선 관련 암 발생률 및 상대 위험도(여자)

암 부위	지표	주변 지역	대조 지역	
			근거리	원거리
방사선 관련 암 (전체)	발생률*	190.5	182.3	147.0
	상대 위험도	1.2(0.77-1.74)	1.1(0.69-1.68)	1.0
위암	발생률*	50.1	59.4	44.9
	상대 위험도	1.2(0.83-1.68)	1.3(0.89-1.79)	1.0
폐암	발생률*	13.5	26.8	20.1
	상대 위험도	0.8(0.38-1.74)	1.4(0.64-2.83)	1.0
유방암	발생률*	45.2	30.6	29.2
	상대 위험도	1.5(00.90-2.60)	1.1(0.60-1.99)	1.0
갑상선암	발생률*	61.4	43.6	26.6
	상대 위험도	2.5(1.43-4.38)	1.8(0.98-3.24)	1.0

* 세계 인구 연령 표준화 발생률임.

에게는 발전소와 관련이 없는 지역에 사는 여성들에서보다 갑상선암이 2.5배 많이 발생한다'고 명확히 했어야 합니다. 그런데 공식적인 발표에서는 이런 이야기가 전혀 없었습니다.[•] 20년 동안 연구한 것을 연구자 스스로 부정한 것입니다. 언론은 그것을 받아썼고 핵발전소에 면죄부를 주고 끝냈습니다. 이에 2012년도 봄에 제가 속해 있는 대한직업환경의학회에서 저를 포함한 검증 연구진들이 이 보고서를 재검토하고 재검증한 결과를 공식적으로 발표했습니다.

　보통 학회 발표는 지루하게 진행되는데 이것을 발표한 날에는 학

[•]　해당 보고서는 "문제가 없다"는 결론을 내린 근거를 보고서 뒷부분에서 짧게 언급하면서 이렇게 밝히고 있다. "통계적으로 의미 있는 차이를 보인 것은 갑상선암뿐이었는데, 발생 확률이 남자는 높지 않고 여자만 높았기 때문에 의미가 없다." 그러나 이러한 설명은 전혀 타당성이 없다. 본래 여성들의 갑상선암 발생률이 남성보다 높다는 역학적 특징은 이미 잘 알려져 있는 사실이기 때문이다.

회원들의 관심이 집중되었습니다. 참석한 전문가들은 '그런 왜곡된 결과 발표가 어떻게 나올 수 있었던 것인지'에 대해 매우 의아해했습니다. 해당 연구진에게 여러 이유가 있었겠지만, 아무래도 연구를 발주한 발주처(정부)의 압력으로부터 자유롭지 못했기 때문이었으리라 생각합니다. 물론 정확한 내막을 알 수는 없습니다.

이 발표 후에, 저희 검증 연구진은 교육과학부에 더 많은 정보가 있는 원본(raw) 데이터를 달라고 요청했습니다. 추가로 분석해보고 싶은 부분이 있었기 때문입니다. 연구 대상이 된 사람들의 개인 주소지를 확인할 수 있다면, 주거지가 핵발전소로부터 얼마나 떨어져 있는지 정확한 거리를 알 수 있고, 이를 토대로 정확한 거리에 따른 위험도의 차이를 살펴볼 수 있기 때문이었습니다. 그러나 저희의 요구에 교육과학부에서는 "원래 그런 데이터를 모으지 않았다."며 얼버무리고 결국 자료를 제공하지 않았습니다.

따라서 현재까지의 진실은, 핵발전소 5km 이내에 사는 여성들에게 갑상선암이 대조군에 비해 2.5배 많이 발생하고 있다는 것입니다. 기존 연구 결과를 보면, 대상자들의 모집 시기를 볼 때 실제로는 10년 정도 진행한 연구인 것으로 보입니다. 표본들의 다수가 그렇게 모집되어 있습니다. 따라서 앞으로 10년이 지나면 문제가 더 명확히 확인될 것 같습니다.

이외에도 저희 검증 연구진이 조금 더 어려운 분석을 진행한 것이 있습니다. 고리원전 주변에서 1981년 이전부터 살았던 주민들과 그 이후에 들어와서 산 주민들의 갑상선암 발생률을 비교해봤더니, 1981년

이전부터 살았던 주민들에서 갑상선암 발생률이 훨씬 높았습니다. 고리원전은 1978년에 가동을 시작했으니 1981년 이전부터 그 주변에서 거주하던 분들은 핵발전소 가동 초창기에 방사선 노출이 많았던 분들이라고 볼 수 있습니다. 고리원전에 한정해서 분석한 이유는, 고리 1호기를 처음 만들 때 많은 시행착오가 있었고, 과거의 기록과 증언들로 보면 특히 핵반응로 균열을 비롯해서 여러 사고들이 있었던 것으로 추정할 수 있기 때문입니다. 물론 다른 해석의 여지도 있겠으나 저희처럼 생각해볼 수도 있습니다.

그러면 앞으로 어떻게 해야 할까요? 핵발전소 주변 지역 주민들, 특히 여성들을 정부 차원에서 관리해주어야 합니다. 또한 갑상선암 발생률이 여성에게서 2.5배 높았다면, 해당 지역의 남성에게서도 높을 개연성이 있으므로, 남성들도 함께 추구 관리(지속적으로 추적해가면서 관리하는 것을 말합니다.)를 해주어야 합니다. 다른 문제의 발생 가능성을 염두에 두고 발전소 주변 지역 주민들을 더 열심히 살펴봐야 하고, 그와 더불어 이미 발생했거나 앞으로 발생할 문제의 원인과 메커니즘이 무엇인지에 대해서도 확인을 위한 연구들이 진행되어야 할 것입니다.

마지막으로 한 말씀만 더 드리겠습니다. 기존 보고서에 따르면, 발전소에서 일하는 사람들의 건강 실태에도 차이가 있었습니다. 발전소 종사자들의 염색체 이상 수준이 대조군에 비해 상당히 높았습니다. 물론 아직 의미 있는 초과 암(인구에서 예상되는 암 발생 수준을 초과하는 암) 발생까지는 확인되지 않았는데, 해당 보고서는 그 이유로 표본 숫자가 작아서 의미 있는 차이를 확인하기가 어려웠고, 관찰 기간이 짧았기 때문이라고 합니다. 그렇다면 향후 발전소 종사자들에 대한 추구 연구를 지속적으로 치밀하게 해야 할 겁니다. 또한 기존 연구에 포함된 종사자들은 모두 정규직이었어요. 즉 비정규직들의 데이터는 파악이 안 되었다는 것인데, 실제로 발전소 안에서 가장 험한 일을 하는 사람들은 비정규직들이므로, 이들을 포함해서 종사자 전체에 대한 총체적인 연구가 필요합니다. 연구자로서 참 고민이 많이 되는 부분입니다.

2강

방사능의 공포, 먹거리는 문제없나

·

김익중

·

2013년 11월 11일
경기도 의정부여자중학교

김익중
•

동국대학교 의과대학 교수. 서울대학교에서 의학과 미생물학을 공부했다. 동국
대가 있는 경주에서 방폐장 건설 반대 운동을 해오다 후쿠시마 사고를 계기로
반핵운동으로 방향을 전환한 뒤, 국내에서 대표적인 탈핵 전문가로 활발하게
활동하고 있다. 탈핵에너지교수모임의 집행위원장, 반핵의사회 운영위원장을 역
임했고 국회의 추천을 받아 원자력안전위원회 비상임위원으로도 일하고 있다.
지은 책으로 『한국 탈핵』이 있다.

후쿠시마에서 핵 사고가 일어난 뒤, 제 인생은 아주 많이 변했습니다. 이 사고가 나기 전까지 저는 경주에 살면서 주로 방사성폐기물처리장(방폐장) 건설 반대 운동을 했어요. 제가 다니는 동국대학교 의과대학이 경주에 있거든요. 경주에서 20년 넘게 이 운동을 했는데, 후쿠시마에서 핵 사고가 일어나는 것을 보면서 방폐장이 문제의 전부가 아니라는 것을 깨달았지요. 핵 사고가 얼마나 위험한지 눈으로 보면서 '우라늄은 모두 땅속으로 다시 들어가야 되겠다! 우라늄은 애초에 땅에서 꺼내면 안 되는 거였구나!' 하고 생각하게 되었습니다. 그 뒤 계속 핵발전소에 대해 깊이 공부하면서 여기저기 강의도 많이 다녔습니다. 그렇게 강의한 것이 벌써 480회가량 되었어요. 조만간 500회를 넘기겠군요.

이 강의도 역시 이 후쿠시마 사고 이야기로 시작해야 할 것 같습니다. 이번 사고로 일본은 나라 전체가 엄청나게 오염되어버렸어요. 사고 지점부터 반경 250km까지 고농도 오염 지역으로 지정되었기 때문에 현재 일본 땅의 20%, 딱 남한 넓이만큼 고농도 오염 지역이 되었어요.(이 기준대로 하면, 우리나라에서 비슷한 사고가 날 경우 남한 전체가 고농도 오염 지역이 됩니다.)

또 농도에 상관 없이 오염 자체로만 보면 전체 일본 땅의 약 70%가 오염되었어요. 땅의 70%가 오염됐다는 건 농산물의 70%가 오염됐다는 것을 의미해요. 밥상 위에 있는 반찬 10가지 중 7가지에 방사능 세슘이 들어 있다는 뜻이지요. 후쿠시마 사고 이후 일본 사람들은 방사능에 오염된 음식을 약 3년 동안 매일 먹은 겁니다. 그뿐인가요? 앞으로 300년간 먹어야 해요. 세슘은 반감기가 30년인데, 반감기가 얼추 10번은 지나야 어느 정도 사라진다고 평가할 수 있거든요. 300년이면 거의 10세대 동안, 증손자의 증손자의 증손자의 자식까지 세슘에 오염된 음식을 먹어야 한다는 뜻입니다. 일본 국민들은 피폭을 피할 길이 없어요. 오염이 안 된 지역에 산다고 오염된 농산물을 피할 수 있을까요? 농산물은 전국적으로 유통되니 불가능합니다. 그래서 슬픈 이야기지만 일본에서 아이들을 키우며 사는 것은 이제 아주 위험한 일이 되었습니다. 핵 사고라는 것은 한 번 일어나면 그렇게 됩니다.

다행히 우리나라는 일본의 서쪽에 있어서 후쿠시마 사고에서 큰 위험은 피했습니다. 운이 좋았지요. 우리나라는 서풍이 부는 날이 많아서 공기 중에 있던 방사능이 대부분 미국 쪽으로 날아갔습니다. 만약 바람이 반대로 불었다면 우리는 직격탄을 맞았을 겁니다. 오염수도 다행히 대부분 태평양 쪽으로 나갔기 때문에 우리나라 바다에서는 아직 세슘이 검출되지 않고 있습니다.

하지만 계속 안심하고 있을 일은 아닙니다. 요즘 미국의 서해안에
서 세슘이 검출된다는 뉴스가 조금씩 나오기 시작해요. 오염수가 거
기까지 도달한 것이지요. 해양학자들의 이야기를 들어보니, 원래 태평
양에 있는 쿠로시오 해류가 미국 쪽으로 흘러간다고 합니다. 가다가
미 대륙을 만나면 밑으로 내려온대요. 그러다 적도까지 가면 남반구
로 내려가지는 않고 다시 돌아온대요. 한 바퀴 돌아서 다시 오게 되면
그때에는 우리나라 근해도 오염되겠지요.

음식은 가장 위험한 피폭 경로

방사능에 피폭되면 여러 가지 병이 생깁니다. 가장 많이 발생하는 것
이 암이고, 두 번째로 많은 것이 유전병, 세 번째는 심장병입니다. 그
외에도 신장염, 폐렴, 중추신경계 질환, 백내장 같은 것들이 유명하지
요. 앞으로 일본에서 암, 유전병, 심장병이 창궐할 겁니다. 심장병은 이
미 생기고 있어요. 심장병은 과거에 주로 노인들이 걸리는 병이었는데
지금은 젊은이들도 많이 걸리고, 아이들도 심장마비로 죽는다는 뉴스
들이 계속 나오고 있지요.

암과 유전병은 오랫동안 관찰해야 하는 질병입니다. 암은 피폭된
다음 10년쯤 지나야 환자 수가 증가해요. 또 유전병은 몇 세대를 거쳐
발생하지요. 1986년에 일어난 체르노빌 사고 이후에 선천성 기형 사

진들을 많이 보셨을 겁니다. 아마 일본에서는 그런 일이 많이 일어나진 않을 거예요. 요즘에는 임산부들이 초음파 검사를 하기 때문에 뱃속에 있을 때 유전병 유무를 알 수 있지요. 그래서 이런 아이들은 많은 경우 태어나지 않을 겁니다. 그 대신 인공유산이 증가하겠지요.

체르노빌 사고 이후에 암도 많이 발생하고 있습니다. 사고 후 5~10년가량 지난 다음부터 벨라루스에서 여성 갑상선암이 쭉 증가해왔어요. 사고 이후에 운 나쁘게도 바람이 벨라루스 쪽으로 불었거든요. 또 벨라루스 상공에 방사능이 많을 때 비가 왔어요. 그래서 바람 따라 공기 중을 떠돌던 방사능 물질들이 땅으로 떨어져서 벨라루스 땅이 방사능으로 심하게 오염되었지요. 땅은 한 번 오염되면 얼추 300년이 간다고들 추정해요. 체르노빌 사고가 난 지 이제 30여 년이 지났으니 270년쯤 남았군요.

땅이 오염됐으니 새로 태어난 아이들도 그 오염된 땅에서 나는 오염된 농산물을 먹고 새로 피폭돼요. 그러니 발병자가 증가할 수밖에 없습니다.

암은 남녀 차별을 확실하게 합니다. 왜 그런지는 아직까지 잘 설명이 안 되고 있지만 방사능이 여자를 집중적으로 공격한다는 사실은 명확합니다. 방사능 피폭자가 많아지면 암 중에서도 여성 갑상선암이 제일 많이 증가합니다. 그다음이 유방암이고요. 또 방사능은 어린이를 공격해요. 어린이가 어른보다 방사능에 더 민감하다는 건 다들 아실 텐데요, 대략 몇 배나 민감할까요? 무려 20배입니다. 한 살 미만의 어린이는 서른 살의 성인보다 20배 더 민감해요. 방사능에 오염된 음식을 어른의 1/20만 먹어도 같은 효과가 나온다는 이야기이지요.

어린이가 더 민감한 이유는 설명하기가 어렵지 않습니다. 어릴수록 세포분열 속도가 빠릅니다. 방사능이 DNA를 공격하면 유전자에 변화가 오는데 어린이는 이 유전자가 손상된 상태로 세포분열을 해버리니 손상된 세포들이 많아지지요. 반면 어른들은 세포분열 속도가 느려요. 유전자가 손상된 뒤에도 별로 세포분열을 안 하고 그 자리에 가만히 있다가 수명이 다하면 죽어버리고 말지요. 그러니 어릴수록, 그리고 여아일수록 더 조심해야 합니다. 물론 제일 민감한 것은 태아이고요.

그럼 방사능은 어떤 경로를 통해 피폭될까요? 체르노빌 사고가 난 지 20년 후인 2006년에, 우크라이나 정부가 국민들의 피폭 경로를 조사했습니다. 그리고 「체르노빌 재앙 이후의 20년」 이라는 제목의, 굉장히 중요한 보고서를 만들지요. 그 보고서에서는 피폭 경로를 4가지로 나눕니다.

여기에 방사능 물질이 있다고 칩니다. 이 방사능 물질에 피폭되는 방법에는 네 가지가 있어요. 첫 번째는 방사능 물질 가까이에서 직접 쪼이는 겁니다. 그러면 이 방사능 물질이 몸 안에 들어오는 것은 아니지만 방사선이 내 몸을 지나가요. 이를 외부 피폭이라고 해요. 실제로 우리가 병원에서 X선을 찍을 때 X선이 몸을 통과해서 지나가지요. 이

---

*

"20 years after Chernobyl Catastrophe", Future outlook, National Report of Ukraine

것은 방사능 물질이 몸에 직접 들어오는 게 아니니 외부 피폭입니다. 방사능에 오염된 아스팔트 위를 걸어 다닐 때도 역시 외부 피폭되는 것이라고 할 수 있어요.

두 번째 피폭 경로는 호흡을 통한 내부 피폭이에요. 우리가 숨을 쉴 때 공기 중의 방사능 물질이 폐를 통해 들어옵니다. 세 번째는 피부를 통한 피폭이에요. 방사능 물질이 섞인 비를 맞게 되면 샤워할 때까지 외부 피폭이 되는 셈이지요. 또 방사능에 오염된 화장품을 바른 뒤 저녁까지 밖에서 놀다가 밤에 샤워를 했다면, 샤워 직전까지 피폭됩니다. 그중 극히 일부는 피부를 통해서 들어오기도 해요. 외부 피폭 더하기 적은 양의 내부 피폭, 이것이 피부를 통한 피폭입니다.

마지막 피폭 경로로 방사능에 오염된 음식을 먹는 것이 있습니다. 음식을 통한 피폭이죠. 그러면 방사능 물질이 직접 몸에 들어와 버리지요. 세슘 같은 것은 인체에 흡수가 굉장히 잘 돼요. 거의 100% 흡수된다고 봐야 해요. 몸에 고루고루 퍼져버리는 겁니다. 네 가지 경로 중에서 가장 많은 양의 방사능이 한꺼번에 들어올 수 있는 길이 바로 이 음식을 통한 피폭입니다.

그래서 우크라이나 정부 역시 국민들의 피폭의 90%가 음식을 통한 피폭이었다고 발표했어요. 나머지 10%는 호흡이나 기타 외부 피폭이었죠. 사실 오염이 많이 된 지역에 사는 사람들은 외부 피폭의 양이 상당합니다. 후쿠시마 같은 고농도 오염 지역의 경우, 거리를 돌아다니기만 해도 피폭이 되지요. 그냥 집에 있기만 해도 피폭이 되니 외부 피폭이 꽤 많습니다. 하지만 우크라이나는 땅이 넓어서 고농도 오염 지역이 얼마 안 됩니다. 그래서 주로 음식을 통한 피폭이 많습니다.

만약 일본에 살면서 일본 음식을 전혀 먹지 않고 전부 한국 것만 먹는다면 10%만 피폭됩니다. 하지만 한국에 살면서 일본 음식만 먹으면 90%가 피폭되지요. 그만큼 음식이 중요합니다.

명태, 고등어, 대구, 표고버섯이 위험하다

저는 후쿠시마 사고 이후 우리나라에 음식을 통해 방사능이 올지도 모른다고 생각했어요. 그래서 음식에 들어 있는 방사능이 얼마만큼인지를 측정하는 기계를 구입해야겠다고 생각했지요. 이 방사능 측정기의 값이 너무 비싸서 곤란했는데 페이스북에 그런 사정을 올렸더니 친구들이 돈을 보내주더군요. 그래서 그 돈을 모아 기계를 살 수 있었어요.

제가 인기가 많아서 이렇게 순식간에 기계 값을 벌었나 보다 생각했는데 그게 아니더군요. 기계를 사고 2, 3일이 지나니 전국 각지에서 각종 식재료와 음식들이 배송되어 왔어요. 돈을 보내주었던 분들이 방사능을 측정해달라고 요청하셨지요. 그만큼 많은 사람이 방사능을 심각하게 걱정하고 있다는 뜻이겠지요.

그 덕분에 저는 정말 별것을 다 측정해봤습니다. 우리나라 농산물은 쌀부터 시작해서 안 해본 것이 없어요. 데이터가 아주 풍부해졌지요. 그렇게 측정한 결론은 이겁니다. 우리나라 근해에서 나오는 수산물과 국내산 농산물은 모두 안전합니다. 세슘 불검출!(음식에 세슘이 있다는 것은 다른 100여 가지의 방사능 물질도 같이 있다는 것을 의미합니다. 반대로 세슘이 안 나온다는 것은 다른 방사능 물질도 없다는 것을 의미하지요.) 정부가 발표한 데이터도, 제가 측정해본 데이터도 그렇습니다. 우리나라 농산물은 괜찮아요. 근해에서 잡힌 물고기도 모두 먹어도 됩니다.

딱 한 가지 예외가 있었습니다. 표고버섯과 노루궁뎅이버섯이에요. 특히 표고버섯은 국내산, 국외산 가리지 않고 모두 위험합니다. 이건 아주 우연히 발견했어요. 어느 날 국내산 표고버섯을 누군가 보내왔기에, 보나마나 안 나오겠지 하고 무심하게 재보았는데 방사능이 검출되었어요. 이상하다는 생각이 들었지만 그저 원산지를 속인 것이 아닐까 했어요. 그래서 경주 시장에 나가서 확실한 경주산 표고버섯을 사 왔어요. 그것을 재봤더니 또 방사능이 검출되었어요. 그래서 북한산 표고버섯을 다시 사서 재봤어요. 역시 검출되었어요. 이런 이야기를 했더니, 한 친구가 비닐하우스에서 직접 재배한 표고버섯을 보내주었어요. 아주 깨끗하게 키웠으니 방사능이 절대 안 나올 거라고 하더군요. 하지만 측정해봤더니 역시나 검출되었어요.

그제야 문제가 심각하다는 것을 깨닫고 문헌을 뒤져보기 시작했지요. 그랬더니 체르노빌 사고 때도 몇 가지 버섯에서 세슘이 높게 나왔다는 보고서가 있더라고요. 일본 자료를 찾아보니 일본도 표고버섯 때문에 큰 문제라는 이야기를 볼 수 있었습니다. 10Bq/kg가량으로 오염된 땅에서 나온 표고버섯의 방사능 함유량이 1만Bq/kg까지 마구 올라가더군요.

지금 우리나라 땅은 측정 한도치 이하로, 즉 측정을 해도 나오지 않을 정도로만 오염되어 있어요. 그건 전 세계가 마찬가지예요. 전 세계의 땅이 세슘으로 오염되어 있어요. 물론 0.001Bq/kg가량의 아주 미량이기는 하지요. 그런데 표고버섯은 이것을 엄청나게 많이 농축시킵니다. 우리나라 표고버섯에서는 방사성 세슘이 2~3Bq/kg 정도로 나와요.(방사능 측정기는 주로 감마선을 분석하는데, 세슘과 요오드에서 감마선이 많이 나오니 방사선 측정기라고 해도 많은 방사성 물질 중 주로 세슘과 요오드를 측정합니다.) 방사능이 검출되지 않은 것이 극히 드물었어요. 표고버섯은 확실하게 위험합니다. 먹으면 안 돼요.

그럼 버섯은 다 위험할까요? 이런 궁금증이 생겨서 시장에 가서 버섯이란 버섯은 송이 빼고 모두 샀습니다. 새송이, 양송이 등 버섯이라고 이름 붙여진 것들은 모두 다 사서 재봤더니, 다른 것은 모두 괜찮더군요.(송이는 송이철이 아니어서 구하지 못했네요.) 유일하게 노루궁뎅이버섯에서 방사능이 나왔어요. 그러니 버섯 중에서는 표고버섯과 노루궁뎅이버섯의 두 가지가 위험하다고 보시면 됩니다. 그 외에 국내산은 모두 아직까지는 괜찮았습니다. 물론 5년쯤 후에 태평양 전체가 오염되고 나면 그때는 어떻게 될지 알 수 없습니다.

문제는 위험한 일본산 수산물들이 우리나라에 그대로 계속 들어온다는 겁니다. 주로 들어오는 것이 냉장 명태, 냉동 고등어, 냉장 대구, 활돌돔, 활방어입니다. 이중에 활돌돔과 활방어는 고급 일식집에서 주로 먹는 것이니 크게 신경 쓰지 않아도 됩니다. 중요한 것은 명태와 고등어, 대구예요. 우리나라에서 먹는 냉장 명태의 90% 이상이 일본산입니다. 원래 후쿠시마 앞바다는 한류와 난류가 만나는 곳이라 명태가 잘 잡히는 곳입니다. 그런데 일본 사람들은 명태를 별로 안 좋아해서 대부분 한국으로 수출하지요.

고등어는 우리나라에서도 잡히고 일본에서도 잡히는 물고기예요. 같은 고등어라도 일본산은 위험하고 국내산은 괜찮은데, 문제는 원산지 표시가 제대로 안 되어 있다는 거예요. 일본산인지, 한국산인지 제대로 알기가 힘들지요. 그래서 저는 불가피하게 고등어 전체를 안 먹고 있습니다. 저는 앞으로 300년간 계속 고등어를 안 먹을 거예요. 하지만 전 국민이 이렇게 하는 것이 가능할까요? 명태, 고등어, 대구는 우리 국민이 제일 좋아하고 제일 많이 먹는 생선이에요. 특히 명태는 황태, 동태, 생태, 노가리, 북어, 코다리 등 그 별명이 굉장히 많아요. 그만큼 인기가 많다는 뜻이지요. 이런 생선들이 지금 방사능이 기준치 이하로 측정되어서 국내에 그대로 유통되고 있어요.

그럼 정부에서 정한 기준치는 얼마일까요? 현재 우리나라는 생선의 수입 기준치가 1kg당 세슘 100Bq이에요. 100Bq/kg이라고 하면 1kg의 음식 안에 100Bq의 방사능이 있다는 뜻이에요. Bq/kg이라는 단위는 방사능 오염도를 측정하는 것으로 1초에 핵붕괴를 몇 개나 하느냐를 기준으로 한 단위이니 100Bq/kg으로 오염된 음식 1kg을 먹으면 내 몸 안에서 1초에 100개의 핵붕괴가 일어난다는 것을 뜻해요. 그럼 2초에는 200개, 하루에는 약 100만 개의 핵붕괴가 일어나요. 그것도 여러 방사능 중에서 세슘만을 기준으로 해요. 이런 기준치가 안전한 것처럼 보이나요? 내 몸 안에서 하루에 100만 개의 핵붕괴가 일어나는데 안전할 리가 있나요? 이건 결코 안전 기준치라고 볼 수 없어요. 일본 수산물은 확실하게 위험한 식품입니다.

일본 수산물 외에 다른 태평양산 수산물들도 방사능에 오염되었을 가능성이 높아요. 태평양의 오염 지역이 굉장히 넓은데 태평양에서 일본만 고기를 잡는 것이 아니거든요. 그런데도 일본산만 위험하고 다른 나라가 잡는 것은 괜찮다고 할 수 있을까요? 우리 정부는 일본산 수산물에 대해서는 건당 1kg씩 다 방사능 측정을 했지만 다른 나라에서 온 수산물은 아예 측정을 하지 않았습니다. 그래서 오염 여부를 알 수가 없습니다. 가능성은 매우 높은데 증거가 없어요.

제가 이것을 직접 측정해봐야겠다는 생각이 들어서, 이전의 측정기보다 더욱 정밀한 측정기를 구입하기로 결심했어요. 정부가 사용하는 기계와 동일한 것이지요. 너무 비싸서 이번에는 개인 모금으로 해결될 것 같지 않아서, 제법 큰 단체들에 도움을 요청했지요.

여러 곳에서 많은 후원을 받았습니다. 특히 서울의 녹색병원에서 가장 많은 금액을 내놓았는데, 그 대신 그 기계를 병원에 두자고 하더군요. 병원에는 실험실도 있고 하니 여러모로 좋겠더라고요. 그래서 기계를 구입하고, 측정을 담당할 전문가도 한 명 고용한 뒤 '시민방사능감시센터'라는 간판도 탁 달아놓았지요. 아직 시작한 지 몇 달 되지 않아 데이터가 많지는 않지만, 앞으로 계속 측정할 것이라서 향후 계속 축적이 될 겁니다. 여러분도 음식물 속에 방사능이 들어 있을지 궁금하면 여기로 보내서 측정해보세요. 개인들도 측정할 수 있으니까요.

자연 방사능, 병원 방사능, 인공 방사능

측정도 문제지만 더 큰 문제는 앞서 말씀드렸듯 정부의 기준치 자체를 신뢰하기 어렵다는 겁니다. 그것을 더 살펴보기 위해서 우선 방사능의 종류에 대해서 간단히 설명을 드리겠습니다.

우리가 피폭되는 방사능에는 총 세 가지가 있습니다. 자연 방사능, 병원 방사능, 인공 방사능이 그것이지요. 자연 방사능은 우주선(宇宙船), 라돈 가스, K40, 땅 속의 우라늄 등에서 나온다고 해요. 사실 방사능은 원래 자연계에 있던 것이에요. 물론 똑같이 위험하고 암을 일으키지요. 자연 방사능 때문에 걸리는 암이 꽤 됩니다. 두 번째는 병원 방사능이에요. 이것도 병원을 평생 한 번도 안 갈 수 없으니 어쩔 수 없이 피폭되지요. 마지막으로 인공 방사능은 후쿠시마 핵 사고의 영향 등으로 맞는 방사능을 말해요. 이것 때문에 피폭량이 증가하게 되지요.

피폭량과 암 발생이 비례하니 가능하면 피폭량을 줄여야 하는데 어떤 방사능을 어떻게 줄일 수 있을까요? 자연 방사능에 의한 피폭량을 줄이는 것은 거의 불가능합니다. 하늘에서 그냥 떨어지는 우주선, 땅에서 올라오는 라돈 가스를 무슨 수로 막겠어요? K40은 우리가 먹는 채소 등에 조금씩 들어 있으니 이것도 막을 수 없죠.

방사능은 인간이 있기 전부터 있어왔어요. 그리고 방사능은 원래 DNA를 공격해요. 방사능이 어떤 생명체의 DNA 유전자를 공격해서 돌연변이가 생기면 암이 되거나 유전병이 되어서 대부분 다 죽었어요.

그런데 돌연변이가 일어나고도 살아남으면 그게 바로 새로운 종이었던 거예요. 그래서 자연 방사능은 생명체의 다양성을 일으킨 원동력, 인간이 진화할 수 있었던 원동력이었지요. 창조론적으로 이야기하면 자연 방사능은 하느님이 인간을 만드는 생명 창조의 도구였던 겁니다. 거룩한 물건이에요. 그래서 자연 방사능은 위험하기도 하지만 우리가 탓할 수 있는 대상은 아니에요.

하지만 그것을 빌미로 정부 공무원들이 '물 타기'를 하는 것을 용납할 수는 없습니다. 공무원들은 자연 방사능은 3mSv 가까이 되는데 거기에 비하면 소수점 이하로 나오는 인공 방사능은 새 발의 피에 불과하다고 이야기하지요. 이것은 아주 비도덕적인 이야기입니다. 자연 방사능을 이미 맞고 있으니 인공 방사능을 좀 더 맞자고 하는 것이니까요. 꿀밤 10대 맞은 친구에게 웃는 낯으로 기왕 맞은 것 2대만 더 맞자고 하는 말과 다를 바가 없습니다.

한편 병원 방사능은 0으로 줄일 수는 없지만 의사와 환자가 함께 노력하면 상당히 줄일 수 있습니다. X선과 CT 촬영에서 주로 피폭되므로 이를 가능한 찍지 않으면 줄일 수 있습니다. 물론 꼭 찍어야 되는 상황이라면 어쩔 수 없이 찍어야 합니다. 병원 방사능은 위험도 있지만 동시에 이익도 있다는 특징이 있습니다. 그 저울질을 잘해서 내게 오는 이득이 클 때에만 찍어야 해요.

그럼 인공 방사능은 어떻게 줄일 수 있을까요? 핵발전소와 핵무기, 이 두 가지만 포기하면 인공 방사능은 없어집니다. 인공 방사능은 핵폭탄, 핵실험, 핵발전소, 핵 사고 같은 것들 때문에 만들어집니다. 세슘은 원래 지구상에 없던 것입니다. 플루토늄과 요오드 131도 원래 창조주가 만든 것이 아니에요. 원래 없던 것을 핵실험과 핵폭탄을 통해서 만들어낸 거예요. 처음 만들어냈을 때는 이것들이 에너지가 엄청나다는 사실은 알았지만 얼마나 위험한지에 대해서는 잘 몰랐어요. 유명한 과학자인 퀴리 부인이 백혈병으로 죽음을 맞이한 이야기는 다들 아실 겁니다. 퀴리 부인뿐만 아니라 그 남편과 딸도 모두 백혈병으로 죽었어요. 퀴리 부인은 노벨상을 두 번이나 받을 정도로 아주 똑똑한 사람이었는데도 방사능의 위험에 대해서는 잘 몰랐어요. 방사능이 나오는 라듐 돌멩이를 손에 들고 다닐 정도였지요.

과학자도 이럴 정도인데 일반인들은 오죽할까요? 또 1940년대와 1950년대에는 핵실험을 정말 많이 했습니다. 이때도 얼마나 무지했는지, 핵실험을 할 때 군인들이 사열 종대로 서서 버섯구름이 올라오는 것을 지켜보기도 했어요. 그 정도로 방사능의 위험에 대해 무지했던 시절이 있었습니다.

인공 방사능은 피폭되는 개인에게 이익이 전혀 없다는 점이 병원 방사능과 결정적으로 다른 점입니다. 병원 방사능은 양이 많고 위험하긴 하지만, 건강에 도움이 되니까 이익이 클 때는 정당성을 갖습니다. 하지만 우리가 일본산 수산물을 먹어서 무슨 이익을 보나요? 인공 방사능은 노력해서 줄여야 합니다.

정부의 비현실적인 음식 세슘 기준치

피폭을 줄이기 위해서는 먹거리 관리에 만전을 기울여야 합니다. 특히 정부는 일본 수산물 등을 비롯해 국민들의 먹거리에 대한 관리를 더욱 철저히 해야 합니다. 정부가 할 일이 아주 많지만 저는 크게 네 가지를 제안합니다.

첫째로 정부는 일본산 수산물을 전면 수입 금지해야 합니다. 국민 건강보다 더 중요한 것이 있을까요? 이것은 협상의 여지 없이 전면 금지해야 합니다. 둘째로 원산지 표시를 믿을 수 있게 관리해야 합니다. 이것은 짧은 시간 내에 할 수 있는 일은 아닙니다. 한 10년 동안 제대로 단속하고 굉장히 많이 노력해야 합니다.

셋째로 방사능 물질의 생물학적 농축 과정을 연구해야 합니다. 후쿠시마 사고 직후 굉장히 많은 양의 방사능이 바다로 나갔습니다. 앞으로 한 100년간 계속 나가겠지만, 가장 많은 양은 초기에 나왔고 현재 전 세계의 바다로 확산되고 있어요. 즉 오염 지역의 넓이는 점점 넓어지지만 그 농도는 낮아지고 있습니다. 더 지나면 측정 한도치 아래로 다 내려가 버릴 수도 있어요. 그러나 생물체에 따라서는 특별히 생물학적 농축이 굉장히 잘되는 경우가 가끔 있습니다.

실제로 얼마 전에 고리원전과 월성원전의 앞에서 각각 잡힌 숭어에서 세슘이 4Bq/kg, 5Bq/kg이 검출되었어요. 그러니 이 두 발전소에서 방사능이 나온 것 아닌가 하고 의심하는 사람들이 있었지요. 그런데 원자력안전기술원(KINS)에서는 일본에서 나온 방사능이라고 결론 내렸어요. 그럼 왜 하필 발전소 앞에서 방사능에 오염된 숭어가 잡혔을까요? 그렇게 물었더니 다른 데이터를 보여주더군요. 강릉에서 잡힌 숭어에서도 세슘이 나왔다는 거예요. 거기는 핵발전소와 전혀 상관없는 곳인데 말이지요.

그렇다면 세슘이 들었던 숭어는 후쿠시마에서 온 게 맞지요. 어떻게 온 것일까요? 후쿠시마에서 아주 일부의 방사능이 공기 중으로 우리나라에 왔고 비를 통해서 땅으로 떨어졌어요. 아마 측정 한도치 아래 정도로 조금 떨어졌을 겁니다. 그런데 다시 비가 오면 이 세슘이 강물을 따라 바다로 내려가요. 바다로 가면 뻘이 있지요. 그 뻘 속에 세슘이 모여 있었던 거예요. 그런데 숭어는 뻘을 뒤져서 그 안에 있는 것들을 잡아먹는 물고기예요. 그래서 숭어에서 방사능이 나온 겁니다.

이 숭어처럼 생물의 생태에 따라서 특정 방사능 물질이 잘 농축될 수가 있어요. 이런 경우를 대비하지 않으면 국민 건강이 크게 위협받을 수 있습니다. 어떤 생물에 방사능 농축이 잘되는지 정부 차원에서 면밀히 연구해야 합니다.

마지막으로 우리나라 음식에서의 세슘 기준치를 수정해야 합니다. 앞서 말씀드렸듯 현재 우리의 기준치는 100Bq/kg으로 위반하려야 할 수 없을 정도로 높습니다. 국민의 건강을 지키는 데에 아무런 쓸모가 없어요. 정부는 여태까지 기준치를 더 옳게 정하는 일은 미루고 계속 립서비스만 해왔어요. '기준치 이하라서 안전하니 안심하고 드시라'는 말만 해왔지요. 하지만 그 기준치가 과연 신뢰할 만한 것인지에 대해서는 함구해왔습니다.

후쿠시마 사고가 난 후부터 2년 6개월 동안 일본산 방사능 오염 수산물이 우리나라에 총 131회가 들어왔어요. 그중 124회가 방사능이 10Bq/kg 이하로 검출되었어요. 즉 10Bq/kg 이상의 방사능이 검출된 경우는 7번밖에 없었습니다. 그러니 정부 기준치를 현재의 1/10인 10Bq/kg로 낮춘다 하더라도 7번만 반송하면 되는 일이었습니다. 그렇다면 공식 기준치를 10Bq/kg 이하로 무리 없이 낮추는 것이 얼마든지 가능하겠지요? 그래서 저는 정부의 기준치 원칙으로 알랄라 원칙(ALARA, As Low As Reasonably Achieveable)을 제시합니다. 알랄라란 '무리하지 않고 달성 가능한 최소값'의 줄임말입니다. 달성 가능성이 있다면 그것을 기준으로 해야 한다는 뜻이지요. 방사능 기준치를 정할 때는 이 원칙을 써야 합니다.

지금 기준치인 100Bq/kg을 넘은 일본 수산물은 후쿠시마 사고 이후에 단 한 번도 발견된 적이 없습니다. 이 기준치 때문에 통과시키지 않은 일본산 수산물이 단 한 번도 없었다는 뜻입니다. 이건 경부고속도로의 속도제한이 시속 1000km로 되어 있는 것과 같아요. 도저히 위반할 수 없는 기준이죠. 그래서 우리 국민들의 피폭량을 줄이는 데 정부의 기준치가 한 번도 제 역할을 해보지 못했습니다. 반만 년 역사에 한 번도 발견되어본 적이 없는 숫자를 기준치로 두고는 그 이하는 모두 안전하다고 이야기하고 있는 겁니다.

저는 알랄라 원칙을 적용해 정부 기준치를 4Bq/kg으로 할 것을 제안합니다. 131회 중에서 4Bq/kg을 넘은 경우 역시 40~50회 정도밖에 안 되었습니다. 그 정도는 반송시킬 수 있습니다. 달성 가능합니다. 그리고 어린이가 먹는 것은 1Bq/kg으로 해야 합니다. 이 역시 무리 없이 달성할 수 있어요.

놀라운 것은 100Bq/kg이 세계에서 제일 낮은 기준치라는 겁니다. 미국은 1200Bq/kg이에요. 우리도 원래 370Bq/kg이었다가 여론이 나빠지니 조금 낮추었지요. 그러면서 그게 마치 의학적 근거가 있는 안전 기준치인 양 이야기합니다. 턱도 없는 소리예요. 의학적 근거가 있는데 한꺼번에 1/4로 낮출까요? 나라마다 10배 이상씩 차이가 날까요? 저는 방사능 기준치가 이토록 황당하게 높게 되어 있는 이유가 다른 데 있다고 봅니다. 기준치를 정한 목적이 국민들의 피폭량을 줄이기 위한 것이 아니라 오염시키는 업자들의 편의를 위한 것이라고 봐요. 더욱이 방사능 기준치를 갖고 있는 나라들은 핵발전소를 하는 나라들뿐이에요. 그럼 기준치가 없는 나라들은 무엇을 기준으로 삼을까요? 불검출이 기준이 됩니다. 아예 검출되지 않아야 통과됩니다. 그러니 우리나라를 비롯해 핵발전을 하는 나라들의 방사능 기준치가 이토록 높다는 것은 오염을 시키는 사람들에게 면죄부를 주기 위해서 만든 숫자인 겁니다.

만약 현재의 기준치를 그대로 인정해서, 일본산 수산물이 모두 기준치 이하라서 안전하다고 한다면 일본에서 유통되는 모든 식품이 안전하다는 뜻도 됩니다. 우리와 일본의 기준치가 똑같거든요. 그게 사실이라면 앞으로 일본에서는 암 환자 수가 증가하지 않아야 해요. 하지만 향후 일본에서 암이 증가하지 않을 거라고 말할 수 있는 전문가는 단 한 명도 없을 겁니다.

정부의 엉터리 피폭량 계산법

정부의 피폭량 계산법에도 문제가 많습니다. 이 계산법은 보고 있으면
화가 날 정도입니다. 정부의 계산법은 다음과 같습니다.(방사능 물질별
로 그 에너지와 위험성이 서로 다릅니다. 아래 식에서 피폭선량계수란 각각의 방
사능 물질의 위험성을 종합적으로 평가한 수치입니다.)

오염도(Bq/Kg)×1년 간 먹는 양(Kg)×피폭선량계수(Dose Coefficients)
＝피폭량(mSv/y)

그럼 5Bq/kg로 오염된 일본산 명태를 1년에 25kg을 먹으면 연간
피폭량이 얼마나 될까요? $5(Bq/kg) \times 25(kg) \times (1.3 \times 10^{-5})$로 계산하면
0.001625mSv/y밖에 안 됩니다. 5Bq/kg로 오염된 명태를 1년 동안 실
컷 먹었는데 피폭량은 미미할 정도로 작아요. 그럼 명태는 안전한 걸
까요? 결코 그렇지 않습니다. 공식이 틀린 겁니다.

이 공식에서는 피폭량을 세슘만으로 계산해요. 하지만 핵반응이
일어나면 세슘뿐만 아니라 100여 가지 방사능 물질이 나옵니다. 200
여 가지라고 말하는 사람도 있지요. 즉 세슘이 있다는 것은 다른 방사
능 물질도 있다는 뜻인데, 세슘만으로 피폭량을 계산하는 것은 옳지
않습니다.

세슘은 전체 방사능 중에서 1%가 채 안 됩니다. 제가 이렇게 단언
하는 이유는 이것이 일본이 제시한 데이터이기 때문이에요. 얼마 전에

일본 정부는 후쿠시마 사고 후 공기 중으로 나간 방사능 물질 중 제논이라는 물질이 세슘의 1000배가 되는 양이 나왔다고 발표했어요. 또 삼중수소는 세슘의 100배, 요오드는 세슘의 15배가 나왔다고 발표했어요. 그러면 공기 중으로 간 방사능 물질 중 세슘은 1/1000도 안 되는 셈이에요. 100가지 방사능 물질 중 5개밖에 이야기하지 않았는데도 세슘의 비중이 0.1%밖에 되지 않지요. 일본 정부 역시 100여 가지 중 30여 가지만 측정했다고 이야기했어요. 나머지 70여 가지는 얼마나 나왔는지조차 알 수 없지요.

게다가 일본이 이번에 발표했던 것은 공기 중으로 나간 방사능 물질만의 비율입니다. 하지만 방사능 물질 중에는 바다로 나간 것들도 적지 않아요. 세슘은 휘발성이 있어서 공기 중으로는 많이 나갔지만, 바다로는 별로 안 나갔어요. 하지만 스트론튬은 공기 중으로는 세슘의 1/100밖에 안 나갔지만, 바다로는 세슘과 거의 맞먹을 만큼의 양이 나갔다고 합니다. 그러니 해양 수산물에서 세슘이 5Bq/kg이 나오면 스트론튬도 5Bq/kg이 있다고 평가해야 돼요. 게다가 이 스트론튬은 세슘보다 훨씬 위험해요. 두 물질의 반감기는 똑같지만 스트론튬은 몸에 한 번 들어가면 나가지 않거든요. 세슘은 70일 만에 절반이 소변을 통해서 나가지만 스트론튬은 50년이 지나야 절반이 나가요. 그러니 스트론튬만 따져도 세슘은 전체 방사능의 위험 중에 극히 일부만 차지하는 셈이지요.

그러니 음식을 통한 방사능 피폭량을 측정할 때 세슘만을 측정한다는 것은 말도 안 됩니다. 물론 세슘은 중요합니다. 다른 물질들보다 반감기가 길어서 피폭 후 몇 년쯤 지나면 세슘이 특히 중요한 물질이 됩니다. 하지만 그렇다고 해서 마치 세슘이 방사능 물질의 전부인 양 이야기하는 것은 옳지 않지요. 더구나 우리가 1년 동안 오직 명태만 먹나요? 그러니 음식을 통한 내부 피폭량을 제대로 계산하려면 우리가 먹는 모든 음식에 의한 피폭량을 모두 합쳐야 합니다.

이것을 표로 만들면 이렇게 만들 수 있습니다. X축에는 우리가 1년에 먹는 음식들을, Y축에는 100가지 방사능 물질을 놓은 뒤에 바둑판 모양으로 줄을 쳐서 각각의 칸마다 피폭량을 계산해서 넣어야 해요. 그 숫자들을 모두 더한 것이 바로 음식을 통한 내부 피폭량입니다. 여기에 호흡을 통한 내부 피폭과 병원 피폭량까지 모두 더한 숫자가 연간 피폭량 기준치인 1mSv 이하여야 해요. 이것이 올바른 피폭량 기준치의 개념입니다. 그런데 왜 정부는 우리가 마치 1년 내내 병원도 한 번 안 가고, 명태밖에 먹지 않고, 그 명태에는 세슘만 들어 있다고 가정한 채로 피폭량을 계산할까요? 방사능의 위험성을 축소하기 위한 계략이라고밖에 볼 수 없습니다. 정부가 이런 식으로 국민들에게 잘못된 정보를 주어서는 안 됩니다.

탈핵만이 궁극적인 해결책

피폭의 위험을 원천적으로 없애려면 처음부터 인공 방사능을 만들지 말아야 합니다. 저는 궁극적으로 인공 방사능을 만들어내는 핵발전소를 모두 없애고 싶습니다. 우리나라뿐만 아니라 지구상에 있는 모든 핵발전소를 사고 나기 전에 다 없애고 싶어요. 이것을 탈핵이라고 부릅니다.

이런 탈핵이 가능할까요? 많은 사람들이 핵발전소를 없앤다고 하면 원시시대로 돌아가야 하는 것처럼 생각해요. 그렇게 배웠기 때문이지요. 하지만 그런 인식은 사실과 다릅니다.

전 세계의 핵발전소 개수 통계를 보면 충격적입니다. 저는 우리나라가 계속 핵발전소를 짓고 있고, 또 지을 계획이 있어서 다른 나라도 그런 줄 알았습니다. 결코 그렇지 않더군요. 1990년부터 25년 동안 전 세계의 핵발전소 수는 전혀 증가하지 않았어요. 우리도, 중국도, 인도도 계속 지었는데 어째서 전 세계 발전소 수는 증가하지 않았을까요? 유럽이 꾸준히 줄이고 있기 때문입니다. 유럽은 1990년부터 약 50기를 줄였어요. 180기에서 130기로 줄었으니, 매년 2기씩 없앤 셈이에요.

현재 이른바 선진국들은 핵발전에서 서서히 손을 떼고 있습니다. 유럽이 이렇게 줄이는데 전체 개수가 동일하다면 누군가 채우고 있는 것이겠지요? 바로 아시아의 세 나라, 즉 한국, 중국, 인도가 그것을 채우고 있습니다. 하지만 전 세계적으로 핵발전소 산업 자체는 성장하지 않고 있어요. 핵발전소 산업은 지금 사양 산업의 초기 모습을 보이고 있는 겁니다. 후기 모습은 어떻게 될까요? 2058년이 되면 지구상에서 핵발전소 수는 0이 될 겁니다. 이건 제 통계가 아니라 국제원자력기구(IAEA)의 통계입니다. 물론 여기에는 신규 핵발전소를 안 지을 때라는 전제가 있지요.

국제원자력기구에서 내놓은 통계를 보면 2013년 현재 전 세계의 핵발전소 개수는 약 450기입니다. 향후 몇 년간 개수가 조금씩 늘다가 20년 후인 2033년에는 핵발전소가 채 200개도 남지 않을 것으로 나와 있습니다. 20년 사이에 250기의 핵발전소가 지구상에서 사라져요. 전체 숫자를 유지하려면 20년 내로 핵발전소 250기를 새로 지어야 해요. 한 기 짓는 데 10년이 걸린다는 점을 감안하면, 앞으로 10년 내로 전 세계에서 250기의 발전소가 새로 착공되어야 돼요. 그게 가능할까요? 10년 내에 우리나라는 많아야 10기, 인도는 20기, 중국은 100기 정도 지을 수 있을 거예요. 아무리 해도 250기는 절대 못 지어요. 그래서 핵발전소는 점점 줄어들어서 2070년이 되면 지구상에서 다 사라져요. 핵발전은 그런 사양 산업이에요. 이런 사실을 우리만 모르고 있었던 겁니다.

전 세계적으로 전체 에너지에서 재생가능에너지가 차지하는 평균 비중이 20%입니다. 지구상의 전기 중 20%를 태양광과 풍력, 수력으로 만든다는 뜻입니다. 핵발전은 10%밖에 안 돼요. 현재 핵발전이 만드는 것의 2배의 에너지를 재생가능에너지로 만들고 있어요.

우리나라는 여건상 재생가능에너지를 하기가 불가능하다고 말하는 사람들도 있습니다. 그것은 사실이 아니에요. 만약 지금 핵발전으로 만드는 전기를 모두 태양광으로 만들려면, 태양열판으로 국토의 몇 %를 덮어야 할까요? 정부 공무원들은 300%를 덮어야 된다고 해요. 국토 전체를 3번을 덮어야 될 만큼 우리나라는 재생가능에너지를 만들기가 어렵다는 뜻이지요. 하지만 이것은 과장도 너무 심한 과장이라서 거의 거짓말에 가깝습니다. 제가 태양광 전문가에게 직접 물어보니 2%라고 합니다. 국토의 2%만 태양열판으로 덮으면 지금 핵발전소에서 만들고 있는 전기를 태양열발전으로 다 생산할 수 있어요. 우리도 재생가능에너지 개발과 탈핵 모두 얼마든지 가능합니다.

핵발전소는 마치 거대한 코끼리처럼 보입니다. 아무리 흔들어도 끄떡없을 것 같지요. 하지만 이 코끼리는 앞으로 수명이 70년도 채 남지 않았습니다. 탈핵의 움직임에 한 번만 동참하면 우리 모두 승자가 될 수 있습니다. 우리와 미래 세대의 건강을 생각한다면 탈핵만이 유일한 해결책입니다.

3강

우리 핵발전 시스템과
그 안전을 둘러싼 논란들

·

이헌석

·

2013년 5월 14일
서울 종로 평화박물관

이헌석

.

환경 단체 '에너지정의행동' 대표. 고려대학교 전자공학과를 졸업한 뒤, 청년환
경센터 대표, 반핵국민행동 사무국장, 국가에너지위원회 사용후핵연료 TF 위원
등으로 일했다. 환경 문제와 에너지 정책에 대한 글을 다양한 매체에 활발하게 기
고하고 있다. 지은 책으로 『탈핵』(공저), 『기후변화의 유혹, 원자력』(공저)이 있다.

이번 강의에서는 핵발전소가 어떤 원리로 움직이고, 핵발전소에서 만든 전기가 어떤 과정을 거쳐 가정에 공급되는지, 그리고 우리 핵발전소의 안전을 둘러싼 쟁점에는 어떤 것들이 있는지 살펴보겠습니다. 이런 주제에는 공학이나 기술적인 이야기가 많이 나오기 때문에 일반인들이 이해하기가 힘들 수 있습니다. 전문 서적을 보면 다양한 외래어와 수식이 나와 사람들을 힘들게 하지요. 그러나 기본적인 원리와 흐름을 모르는 상태에서는 당장 신문에 등장하는 핵 사고도 이해하기 힘든 경우가 많습니다. 그래서 최대한 외래어와 수식을 제외하고 기본 원리를 중심으로 이야기를 풀어가 보려고 합니다.

먼저 단위를 읽는 법부터 시작하겠습니다. 신문 기사나 자료를 보면 전기나 핵에너지에 대한 다양한 단위가 나옵니다. 단위 앞에는 숫자가 커질 경우, 숫자를 쉽게 읽도록 하기 위해 접두어를 붙이게 되는데, 예를 들면 이런 것들입니다.

많이 사용되는 국제 단위계(SI) 접두어 읽기

접두어	읽기	숫자	접두어	읽기	표시
T	테라	조(1,000,000,000,000)	p	피코	1조 분의 1
G	기가	10억(1,000,000,000)	n	나노	10억 분의 1
M	메가	100만(1,000,000)	μ	마이크로	백만 분의 1
k	킬로	천(1,000)	m	밀리	천 분의 1
h	헥토	십(10)	c	센티	십 분의 1

공학도들은 머릿속에서 이러한 단위들을 자유자재로 변환할 수 있도록 훈련받습니다. 예컨대 $0.2\mu Sv$(마이크로시버트)는 $200nSv$(나노시버트)와 같은 숫자입니다. 마찬가지로 핵발전소 1기의 발전 용량은 100만kW(킬로와트)인데, 사람에 따라 이를 $1000MW$(메가와트)라고 쓰기도 하고 $1GW$(기가와트)라고 쓰기도 하지요. 참고로 테라, 기가, 메가는 대문자로 쓰고, 나머지는 소문자로 씁니다. 또 마이크로는 그리스 문자 μ로 쓰는데 이는 무게 단위 g(그램)이나 길이 단위 m(미터)와 구분 짓기 위한 것입니다.

그럼 전기에 대한 기본적인 사항을 살펴보겠습니다. 전기는 직류와 교류가 있는데 직류는 전기가 흐르는 방향이 일정한 전류를 뜻합니다. 또한 직류는 +극과 −극이 분명하지요. 건전지가 대표적인 직류예요. 우리가 라디오에 건전지를 끼울 때 튀어나온 +극과 밋밋한 −극을 구분해서 끼우고, 반대로 끼우면 라디오가 작동하지 않는 것은 모두 전기가 일정한 방향으로 흐르기 때문입니다.

하지만 텔레비전의 플러그를 끼울 때는 플러그에 2개의 단자가 있지만, 어떤 방향으로 끼울지 고민하지 않지요. 교류 전기를 사용하기 때문입니다. 교류는 시간에 따라 전류의 크기와 방향이 바뀝니다. 1초에도 수십 번씩 크기와 방향이 바뀌는데, 이를 주파수라고 합니다. 우리나라 전기의 주파수는 60Hz(헤르츠), 즉 1초에 60번 바뀝니다.

전기와 관련해서는 전압, 전류, 전력, 전력량 같은 개념이 나옵니다. 물에 비유해 설명하자면 전압은 두 지점 사이의 수압의 차이이고, 전류는 물의 흐름을 말합니다. 파이프 안에 수압이 높으면 물이 더 많이 흐르고, 마찬가지로 파이프에 물의 흐름이 많아지면 압력이 높아지지요. 그래서 전압과 전류는 비례관계에 있습니다. 이것이 그 유명한 옴의 법칙($V=IR$)이지요. 한편 전압의 단위로는 V(볼트), 전류의 단위로는 A(암페어)를 사용합니다. 학창 시절에 한 번쯤 들어보셨을 겁니다.

전력과 전력량의 관계는 살짝 헷갈립니다. 전력은 단위시간당 공급되거나 소비되는 전기에너지를 뜻합니다. 와트(W)를 단위로 쓰는데 1W는 1V의 전압이 걸린 상태에서 1A의 전류가 흐르는 것을 의미합니다. 그런데 이것만으로는 전기를 얼마나 썼는지 계산할 수 없습니다. 같은 1W라도 쓰는 시간에 따라 사용한 전기량이 다르기 때문이지요. 그래서 전력량은 전력에 시간을 곱해서 구합니다. 우리가 내는 전기 요금은 전력이 아니라 전력량에 따라 내지요.

예를 들어 100W짜리 전구를 1시간 동안 켰다고 가정하면, 사용한 전력량은 100Wh(100W×1시간)입니다. 그런데 25W짜리 전구를 4시간 동안 사용해도 전력량은 100Wh(25W×4시간)입니다. 이 두 경우에 전기 요금은 똑같이 나옵니다. 쓴 전력량이 같기 때문이지요. 하지만 전기를 공급하는 발전기 용량은 다를 겁니다. 첫 번째 경우에는 100W짜리 발전기가 있어야 하지만, 두 번째에는 25W짜리면 충분합니다. 그래서 이 두 경우에 필요한 최소 발전 용량은 서로 다릅니다. 그래서 신문 기사 등을 보면 발전 용량과 발전량의 숫자가 서로 다른 것을 알 수 있습니다. 발전기의 용량은 발전 용량을 가리키는 W가 단위가 되고, 생산한 전기의 양은 발전량을 가리키는 Wh가 단위가 됩니다.

전기의 수요와 공급은 어떻게 맞출까

이제 발전기로 넘어가겠습니다. 발전의 기본 원리는 간단합니다. 아까 이야기한 것처럼 우리나라의 경우 60Hz의 교류 전력을 쓰고 있습니다. 이것을 그래프로 그려보면, 수학 시간에 배운 Sin 곡선처럼 계속 파형이 만들어집니다. 실제 발전소에선 이 파형이 시차를 두고 3가지로 만들어집니다. 그래서 3상(Phase) 전기라고 하지요. 일상생활에선 3상 중 1가지 상을 가진 전기만 사용합니다만, 공장에서는 3상 전기를 직접 쓰기도 합니다.

　발전기는 어떤 수단으로든 자석이 달린 터빈을 돌려줌으로써 전기를 생산합니다. 물을 끓여 증기로 돌리든, 사람이 돌리든 말이지요. 이때 그 수단에 따라 발전기의 종류가 나뉩니다. 가스를 이용하면 가스화력발전소, 석탄을 이용하면 석탄화력발전소, 핵에너지를 이용하면 핵발전소이지요.

그런데 전력은 굉장히 독특한 특성이 있습니다. 생산과 소비가 동시에 일어나야 한다는 겁니다. 보관할 수가 없기 때문입니다. 이 강의실에 들어오는 전기는 지금 이 순간 어느 발전소에서 만들어진 전기가 전선을 따라 빛의 속도로 들어온 겁니다. 빛의 속도로 전기가 흐르니 말 그대로 생산과 동시에 소비가 일어나는 거지요. 만약 생산과 소비가 일치하지 않으면 어떤 일이 일어날까요?

연세가 있으신 분들은 과거 여름철에 전신주의 변압기가 폭발하는 광경을 보셨을 겁니다. 수요는 많은데 공급은 적을 때 생기는 대표적인 경우입니다. 변압기가 수요를 견디지 못하고 폭발하는 거지요. 반대로 공급이 너무 많으면 주파수와 전압이 불안정해집니다. 그러면 정밀한 기계에는 이상이 생길 수도 있습니다. 수요와 공급을 정확히 맞추는 일은 생각보다 어려워요. 그래서 전력 당국이 24시간 가장 신경 쓰는 일이 바로 이것이지요.

그럼 수요와 공급을 어떻게 맞출까요? 전기를 많이 쓰면 발전기를 켜고, 적게 쓰면 발전기 출력을 낮추는 일을 계속하는 겁니다. 통상 전기가 부족하다고 하면 발전소를 지어야 한다고 말하는데, 발전소는 그렇게 순식간에 지을 수 있는 것이 아니에요. 핵발전소를 하나 짓는 데는 10년이 걸리고 가장 빨리 짓는 화력발전소도 5~6년이 걸립니다. 발전소 건설은 장기 계획을 갖고 추진해야 합니다. 지금 짓는다고 당장 효과를 볼 수도 없고, 마구 짓다 보면 발전기가 남아도는 문제가 생길 수 있습니다.

이렇게 남는 발전 용량을 설비 예비력이라고 합니다. 기본적으로 이런 설비를 수요보다 많이 갖고 있는 것이 중요합니다. 그런데 발전소도 어쨌든 기계이므로 수리를 해야 합니다. 그래서 수리 계획을 보통 1년 단위로 미리 짜둡니다. 수리 기간 중에는 발전기를 돌릴 수 없기 때문에 전력을 계산할 때는 이것을 빼야 합니다. 이렇게 빼고 계산한 것을 공급 예비력이라고 합니다. 필요하면 언제든지 스위치를 눌러서 돌릴 수 있는 설비 용량이지요.

이중 필요하지 않아서 멈추어 놓은 설비를 제외한 것이 운영 예비력입니다. 여기서 문제는 발전기마다 특성이 모두 다르다는 겁니다. 스위치만 누른다고 바로 발전기가 돌아가서 전기가 생산되는 것이 아닙니다. 가장 시간이 많이 걸리는 것이 핵발전소인데, 완전히 멈춘 상태에서 최대 출력까지 올라가는 데 최대 48시간이 걸립니다. 핵발전소는 독특한 특성이 있는데, 일단 출력이 100%에 도달하면 특별한 이상이 있지 않는 한 출력을 낮추는 일이 거의 없습니다. 이를 전력 소비에 따라 조정하면 발전소에 무리가 갑니다. 그래서 핵발전소는 출력을 보통 0% 아니면 100%를 유지합니다.

석탄화력발전소도 연료 특성상 출력 조절이 힘듭니다. 덩어리 석탄을 갈아서 태우는데 화력 조절이 쉽지 않아요. 반면 가스화력발전소는 석탄보다 쉽습니다. 그렇다 해도 식어 있던 물을 터빈을 돌릴 수 있도록 데우는 데 시간이 걸리기 때문에 보통 24시간 정도의 시간이 필요합니다. 반면 수력발전소는 출력을 높이기가 쉽습니다. 수문만 열면 발전기가 돌아가기 때문에 거의 실시간으로 출력 조절이 가능합니다. 그 대신 발전 단가가 비싸고 모아놓은 물이 다 떨어지면 더 이상

발전을 할 수가 없습니다.

이처럼 발전기가 가동 신호에 반응하는 특성을 응동 특성이라고 합니다. 수력발전소는 응동 특성이 좋은 발전소, 핵발전소는 나쁜 발전소지요. 이런 발전기마다의 특성에 맞추어 여러 가지 전원을 적절히 배합하는 것이 전력 공급의 기본입니다.

2011년 9월 15일에 우리나라에 순환 정전이 있었지요. 이는 공급예비력을 충분히 갖추지 못한 상태에서 갑자기 늘어난 전력 수요를 감당하지 못해서 생긴 일입니다. 전력 수요가 많지 않을 것으로 예상하고 발전소를 정비하고 있다가, 급하게 다른 발전기를 가동하려고 했지만 그마저 늦어버린 것이지요. 전기 품질이 떨어지더라도 전기 공급을 하려고 온갖 기술적인 조치를 다 했는데도 안 되어서 결국 전력 시스템을 보호하려고 부분적으로 전기 공급을 차단한 것입니다. 그렇게 하지 않으면 최악의 경우, 전력 설비가 파괴되는 일이 벌어질 수 있기 때문에 그것을 막기 위해 순환 정전을 한 것이지요. 언론에서는 그날의 순환 정전을 블랙아웃이라고 한 경우가 많은데, 정확히 말하면 블랙아웃을 막기 위해 순환 정전을 임의로 시킨 겁니다.

전기를 생산하는 데에도 최소한의 전력이 필요한데, 보통 발전소에서 생산하는 전력의 5% 정도는 발전소가 자체적으로 소비합니다. 발전기를 가동시키는 각종 설비와 장비에 전원이 들어와야 발전기를 켜겠지요. 그런데 이 전력은 외부에서 공급받아야 합니다. 만약 우리나라의 모든 전력 공급이 끊어지면 어떻게 될까요? 발전소가 가동을 못하게 되니 전기가 없어서 전기를 생산하지 못하게 됩니다. 이런 상황을 대비한 비상 시나리오에 따르면 우리나라는 댐의 수문을 수동으로 열어서 수력발전기부터 가동하는 것으로 되어 있습니다. 그리고 나머지 발전기를 하나씩 하나씩 가동시키는 것이지요. 완전히 복구되는 데는 일주일에서 열흘 정도 시간이 걸립니다.

그럼 정말로 블랙아웃이 되면 어떻게 될까요? 일단 휴대폰 기지국 전원이 없어서 전화를 쓸 수 없습니다. 주유소의 기름을 주입하는 펌프를 돌릴 수 없어서 차도 움직일 수 없게 되고, 상수도 펌프가 가동되지 않아 물도 쓸 수 없습니다. 상상 이상으로 일상이 마비됩니다.

미국에서는 주마다 종종 블랙아웃이 발생하기도 하는데, 이럴 때 다른 주에서 전기를 빌려와 해결하는 방식을 씁니다. 하지만 우리나라는 빌려올 곳도 마땅치 않아요. 이런 규모의 블랙아웃은 아직 우리가 경험해보지 못한 일입니다. 2011년 9월 15일은 자칫 이렇게 될 뻔했던 날이지요.

화력발전소와 핵발전소는 어떤 구조로 만들어졌나

그럼 발전소들은 어떤 구조로 되어 있을까요? 대표적인 화력발전소인 석탄화력발전소의 구조를 먼저 살펴보겠습니다. 우리나라는 석탄을 중국, 호주, 인도네시아 등에서 수입합니다. 큰 배에 석탄을 싣고 와서 하역 후 벨트컨베이어로 이동시켜 믹서로 잘 갈아서 위에서 뿌려주면서 석탄을 태웁니다.(어느 가정용 보일러 광고를 할 때 두 번 태우고, 거꾸로 태

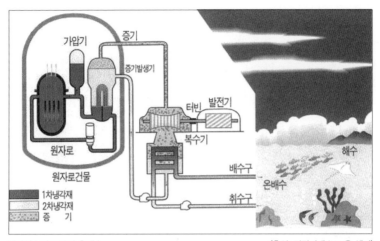

핵발전소의 구조와 온배수　　　　　　　　　　　　　　　**(출처: 전력거래소 교육 센터)**

우고 하는 표현을 하지요. 이와 같은 콘덴싱 보일러 기술은 원래 화력발전소 등에서 사용하던 것을 가정용 보일러에도 적용한 것입니다.) 이후 배기가스를 밖으로 빼내는데, 최신 석탄화력발전소에는 배기가스 배출구에 탈황 설비 등을 달아서 환경오염을 막습니다. 요즘은 이산화탄소를 포집하는 설비도 연구 중에 있지요.

　보일러에서 만들어진 증기는 고압 터빈과 저압 터빈을 거치면서 발전기를 돌립니다. 보통 1분에 3600회 정도의 빠른 속도로 도는데 그 끝에 발전기가 달려 있습니다. 터빈에서 나온 증기는 복수기(復水機)를 통해 물로 식히는 과정을 거칩니다. 증기가 다시 물로 바뀌면 이 물이 다시 보일러로 들어가면서 발전기는 계속 돌게 됩니다. 발전소 끝에는 변압기가 달려 있고, 생산된 전력은 승압 과정을 거쳐 송전망으로 나가게 됩니다.

그럼 핵발전소의 구조는 어떨까요? 우리나라의 경수로형 모델은 앞의 그림과 같습니다. 핵반응로(그림에서는 원자로) 안에 있는 기둥 같은 것이 핵연료봉입니다. 핵연료는 하나의 크기가 손가락 마디 하나 정도입니다. 우라늄을 3~5% 정도로 농축한 상태로, 세라믹처럼 구워진 형태지요. 이 핵연료를 5m가량의 대롱에 쫙 채운 뒤 다시 한 아름 정도 되는 한 다발로 만듭니다. 그 한 다발을 다시 방 하나 크기만 한 큰 핵반응로에 꽉 채워놓습니다. 정상 상태에선 약 150도 이상 370도 이하 온도로 작동하지요. 이 핵연료에는 제어봉이 달려 있어서 핵발전소의 출력 조절, 즉 켜고 끄는 작용을 하게 되어 있습니다. 정상적으로는 이 안에 냉각수가 가득 차 있고 이 냉각수가 냉각 펌프를 통해 핵반응로 내부에서 뱅글뱅글 돌게 되어 있습니다. 초록색으로 표시된 것이 1차 냉각제인데 이것은 방사능에 오염된 물이어서 이론적으로는 밖으로 나오면 안 됩니다.

그리고 중간에 열 교환기인 증기 발생기가 있습니다. 증기 발생기 밖을 순환하는 것이 2차 냉각제입니다. 이 2차 냉각제는 터빈과 복수기를 거치면서 밖으로 나오지 않고 뱅뱅 돌게 되어 있습니다. 물 상태로 된 것이 증기 발생기로 들어갔다가 열을 받아서 증기가 되면 이 증기가 터빈을 돌린 후에 아래쪽 복수기로 와서 다시 물이 되어서 돌아가는 구조이지요.

1차 냉각제가 도는 쪽을 1차 계통이라고 부릅니다. 방사능에 오염되어 있는, 굉장히 위험한 구역이지요. 이 계통으로는 원칙적으로 방사능이 절대로 나와선 안 됩니다. 그러나 증기 발생기 배관에 종종 구멍이 생깁니다. 그래서 일부가 샙니다. 이론적으로는 설사 그런 일이 발생하더라도 밖으로 나오는 해수와는 서로 안 만나게 되어 있습니다. 밖의 바다로 나오는 물은 복수기 안에서만 돌게 되어 있지요. 그러나 과거 몇몇 사례를 보면 밖에서도 안쪽의 방사성 물질들이 검출된 예가 있습니다. 대표적인 곳이 울진입니다.

울진의 경우 핵발전소 가동 당시 실수로 핵반응로 벽이 일부 긁히는 사고가 있었습니다. 이 때문에 내부에 있던 방사화은(Ag-110m)이 떨어져 나왔습니다. 이는 자연 상태에선 존재하지 않는 물질입니다. 정상적이라면 1차 계통 내부에서만 돌아야 하는데 이상하게 밖에서도 검출이 되고 있습니다. 양은 적었지만 매번 울진 인근의 조개류에서 검출되어서 논란이 되곤 합니다. 처음에는 검출량이 많다가 요즘은 나올 만큼 나와서 양이 줄어들고 있는 추세입니다.

2003년 12월에 영광에서도 비슷한 일이 있었습니다. 발전소에서 사용한 오폐수에 방사성 물질이 포함되어 있어 경고가 울렸는데, 관리자가 감지기 이상으로 생각하고 무시했지요. 나흘이 지나서야 문제를 확인하고 조치를 취했습니다만, 이미 오폐수 3000톤 정도가 배출된 다음이었지요. 이론적으론 방사성 물질이 핵발전소 밖으로 나오면 안 되지만 실제로는 누출되고 있고, 이 때문에 주변 주민들은 불안해합니다.

마지막으로 양수발전소의 구조를 보겠습니다. 양수발전소는 핵발전과 밀접한 관계에 있습니다. 아까 말씀드렸듯 전기는 보관이 안 되는 특성이 있는데 이 때문에 쓰는 발전소지요. 양수발전소는 전기를 많이 쓰지 않는 밤에 아래쪽의 물을 펌프로 끌어다가 산 위에 올려놓습니다. 그리고 필요할 때에 수문을 열어서 전기를 생산합니다. 그런데 이때 들어가는 전기와 생산하는 전기를 비교해보면 발전소라고 하기엔 효율이 너무나 떨어집니다. 하지만 전기를 보관할 방법이 없어서 어쩔 수 없이 사용합니다. 양수발전소는 보통 산에 짓기 때문에 환경 파괴 논란도 많습니다. 높은 산 위에 댐을 2개 지어야 하고 산을 관통하는 터널이 있어야 하니 얼마나 환경 파괴가 심하겠습니까? 하지만 핵발전소같이 응동 특성이 떨어지는 발전소는 일단 켜면 어쩔 수 없이 써야 할 전력이 많아지기 때문에 이런 양수발전소가 늘어날 수밖에 없습니다.

하루의 생활 패턴과 전력 소비 상황

전기는 우리 가정에 들어오기까지 크게 발전, 송전, 배전의 3단계를 거칩니다. 발전은 앞서 말씀드렸고, 송전은 송전탑 같은 큰 규모의 시설에서 높은 전압으로 쏘는 과정을 말합니다. 배전은 우리 집 근처의 전봇대까지 오는 과정을 말합니다.

　발전기에서 전기를 생산할 때에는 보통 22.9kV로 생산합니다. 그 전기를 중간에 송전선에서 765kV 또는 345kV로 승압해서 씁니다. 우리 집 앞에 올 때는 다시 22.9kV로 낮춰져서 오고, 전봇대에서는 그것을 다시 220V로 낮춰서 각 가정에 공급합니다. 앞서 이야기한 것처럼 발전소에선 세 가지 상을 가진 전기가 생산되기 때문에 송전선도 항상 3배수로 송전탑에 걸려 있습니다. 3상 전력을 각각 전송해야 하기 때문이지요. 이렇게 세 가지 전선을 한꺼번에 묶어서 한 회선이라고 합니다. 우리나라의 송전탑에는 흔히 2회선 즉 여섯 개의 송전선이 지나갑니다. 왜 2회선일까요? 한 회선에 문제가 생길 때를 대비하기 위한 것입니다.

이렇게 공급된 전기는 우리 주변에 있는 전봇대에서도 그대로 연결되어 전봇대 위에 있는 전선은 항상 세 가닥이 지나갑니다. 이 선을 각각 하나씩 따오기 때문에 변압기도 세 개 있습니다. 이것이 각 가정으로 들어갑니다. 대규모 아파트 단지에서는 직접 전선을 끌어다가 건물 지하에 변압기를 놓고 쓰기도 합니다. 요즘은 전봇대를 싫어하는 사람이 많아서 지중화하고 지상에 변압기를 놓기도 하지요.

하루 동안의 전력 소비 상황은 대체로 이러합니다. 우선 밤에는 전기 사용량이 거의 없다가 아침 9시가 되면 급증합니다. 계속 올라가다 12시에 최고점을 찍고 뚝 떨어집니다. 사람들이 점심을 먹으러 가거든요. 밥을 다 먹고 나면 아침보다는 좀 줄어듭니다. 오후로 갈수록 줄어드는 게 일반적입니다. 여름철을 제외하곤 흔히 오후 전력 소비가 약간씩 적지요. 그러다가 저녁 6시 땡 하면 꼭짓점을 찍습니다. 퇴근 시간이 된 것이지요. 그러다 다시 전력 소비가 올라갑니다. 전국의 전기밥솥이 켜지기 때문입니다. 그 이후 또 쭉쭉 떨어지다가 9시 땡 하면 잠깐 올라갑니다. 드라마와 뉴스를 보는 시간이라서 그렇지요. 그 다음에 다시 떨어집니다. 거의 매일 이런 양상이 되풀이됩니다. 전력

87

소비 양상을 보면 사람들의 생활 패턴이 그대로 나옵니다.

서울 삼성동의 한국전력 본사에 있는 전력거래소 급전상황실에 가면 전력 소비 상황만 모니터하는 사람들이 24시간 교대로 계속 근무합니다. 수요와 공급의 변화에 따라 발전기 출력 등을 조정해야 하기 때문이지요.

우리나라에서는 핵발전과 석탄화력발전이 기저부하를 이룹니다. 즉 이것이 바닥을 깔아주면 유류와 가스 등으로 피크 부분을 맞춰줍니다. 우리가 여름철에 전력 예비율이 4%이다, 5%이다 하는 것은 모두 이 피크를 기준으로 말하는 겁니다. 이렇게 전력이 부족한 날도 심야엔 전력 예비율이 30~40%까지 늘어나곤 합니다. 만약 사람들이 전기 사용량을 일정하게 유지해준다면, 혹은 최소한 여름철 피크 시간(실제로는 하루 중 몇 시간에 불과합니다.)에 전력 소비를 줄일 수 있다면 추가 발전소 건설은 필요 없을 겁니다. 실제로 점심시간인 12~1시 동안 줄어드는 전력이 대략 핵발전소 4~5기 분량입니다. 상당한 양이지요. 잠시 밥 먹으러 가느라 줄이는 것만으로도 많은 전력을 아낄 수 있습니다.

전기 요금 고지서를 보면 내가 얼마나 전기를 쓰는지 알 수 있어요. 사용량은 kWh로 표시되어 있죠. 고지서를 자세히 보시면 계약 전력이라는 항목이 있습니다. 보통 가정과 사무실마다 동시에 쓸 수 있는 전기 용량을 미리 정해놓는데 이것을 계약 전력이라고 해요. 가정집의 경우 보통 3kW를 계약합니다. 3kW까지는 계약에 따라 한전에서 전기를 공급해줍니다. 이걸 넘어가면 문제가 생기지요. 한전에선

한 집에 3kW니 열 집이면 30kW 이내로 쓰겠구나 하고 계산해서 변압기를 배치하고 전기를 공급하는데 만약 어느 집에서 에어컨을 2대씩 펑펑 돌린다든지 하면 계약했던 양보다 더 많이 쓰게 되면서 변압기가 터지는 겁니다. 예전엔 이런 일들이 많이 벌어졌지만 요즘은 여유분을 많이 두면서 줄어들게 되었습니다.

고지서에는 전력 기금이라는 항목도 있는데 이것은 전기 요금의 3.7%씩 의무적으로 납부하는 일종의 준조세입니다. 이 비용은 전력 관련 연구 개발, 재생에너지 보급, 농어촌 전기 공급 등에 쓰게 됩니다. 문제는 이 중 상당량이 핵발전 관련 연구와 홍보에 사용된다는 것입니다. 특히 재생에너지 등 다른 에너지원에 대한 홍보비는 극히 적은 반면 핵발전의 안전성에 대한 홍보비만 많아서 매번 시민 단체에서 문제 제기를 하고 있습니다.

핵발전의 원리와 종류

여러 발전소 중 오늘의 주제인 핵발전의 원리를 좀 더 깊이 살펴보겠습니다. 핵폭탄이나 핵발전의 기본 원리는 핵분열 반응입니다. 중성자가 우라늄 235와 충돌하면서 우라늄 235가 깨지고, 그 연쇄반응에 의해 분열이 연쇄적으로 일어나지요. 핵분열 연쇄반응은 초창기 핵과학자들 사이에선 하나의 숙제 같은 것이었습니다. 우라늄 235를 깨뜨리려면 빠른 중성자가 나와야 될 것 같은데 나중에 보니 느린 중성자가 나와야 핵분열이 되는 겁니다. 그래서 속도를 줄여주는 감속재가 필요합니다. 핵분열을 할 때는 다시 빠른 중성자가 튀어나오는데, 이것 역시 추가적인 핵분열을 일으킬 수 없지요. 그래서 감속재가 빠른 놈을 중간에서 느리게 만들어주는 역할을 계속하게 됩니다.

흔히 핵발전소의 종류를 말할 때 경수로, 중수로, 흑연로라고 하는데 이것이 바로 감속재의 종류에 따른 분류입니다. 일반적인 물, 즉 경수를 감속재로 쓰는 것이 경수로이고 방사성 동위원소인 삼중수소로 이루어진 물, 즉 중수를 감속재로 쓰는 것이 중수로, 흑연을 감속재로 쓰는 것이 흑연로입니다. 우리나라 핵발전소는 대부분 경수로이고, 경주에 있는 월성핵발전소만 중수로입니다. 그리고 체르노빌 핵발전소가 흑연로였습니다.

이와 별도로 핵반응로를 냉각시켜야 하는데, 경수로나 중수로에선 물이 냉각재 역할도 함께 합니다. 물은 다른 물질에 비해 구하기 쉽고 관리하기도 편하다는 특성이 있습니다. 결정적으로 불이 붙지 않는다는 장점이 있습니다. 체르노빌의 경우, 폭발 사고와 함께 감속재로 쓰던 흑연에 불이 붙어 열흘 넘게 발전소가 불타는 일이 있었습니다. 이 때문에 불길과 함께 더 많은 방사성 물질이 주변으로 퍼져나갔지요.

이밖에도 냉각재에 압력을 가하는지 여부에 따라 핵발전소 이름이 정해지기도 하는데, 우리나라의 핵발전소는 모두 가압형 핵반응로입니다. 압력을 가한다는 뜻이지요. 압력을 높임으로서 안에 있는 냉각재, 즉 물이 끓지 않도록 하는 겁니다.

반면 후쿠시마 핵사고가 일어난 핵발전소는 비등수(沸騰水)형 핵반응로입니다. 물을 끓이는 핵반응로란 뜻이지요. 이 핵반응로는 중간에 증기 발생기가 없습니다. 그리고 압력을 가하는 가압기도 없습니다. 핵분열에서 만들어진 열이 그대로 물을 끓여 증기를 발생시키고 그 증기가 터빈을 돌리는 것입니다. 그러다 보니 기본 구조가 간단합니다. 압력을 가하지 않기 때문에 두꺼운 돔 형태의 외곽 건물이 필요 없지요.

후쿠시마 핵사고 이후 우리나라의 핵발전소는 두꺼운 돔, 즉 격납 건물에 둘러싸여 있어서 안전하다는 식으로 이야기를 하곤 하는데, 이는 가압형과 비등수형의 차이에 따른 것일 뿐입니다. 즉 내부 압력이 높아지기 때문에 혹시 모를 사고를 위해 격납 건물을 두껍게 만든 것이지, 후쿠시마 핵사고처럼 수소 폭발을 막기 위해 그렇게 만든 것이 아닙니다. 수소 폭발을 막기 위해서는 가압형이나 비등수형 모두 수소제거장치가 필요한데, 후쿠시마 핵발전소엔 이것이 없었던 것이지요. 우리나라도 예전에 지었던 핵발전소에는 수소제거장치가 없었는데 후쿠시마 핵사고 이후 부랴부랴 설치하고 있습니다.

이유가 무엇이든 후쿠시마 사고를 계기로 비등수형 핵반응로는 몰락의 길로 접어들 것 같습니다. 비등수형 핵반응로는 한때 일본의 수출 주력 모델이기도 했지만 사고가 난 핵반응로를 사겠다는 나라는 많지 않겠지요. 참고로 체르노빌 핵사고 이후 흑연로는 더 이상 지어지지 않고 있습니다.

경주에 있는 월성원전은 가압 중수로형 핵반응로를 쓰고 있습니

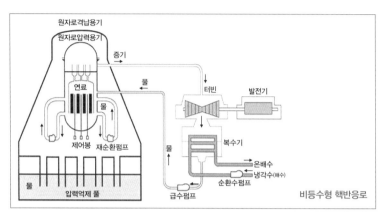

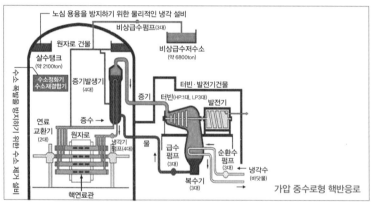

(출처: 한국수력원자력)

다. 압력을 가해 에너지 밀도를 높이고, 감속재로 중수를 사용하는 것이지요. 이 모델은 3~5%로 농축한 우라늄을 쓰는 것이 아니라, 0.3% 수준의 자연 상태의 우라늄을 쓰는데, 이 경우 감속재로 중수를 쓰는 것이 더 유리합니다. 농도가 낮은 우라늄을 써야 하기 때문에 중수로는 핵연료 교체가 더 자주 일어납니다. 그래서 중수로는 핵반응로를 가동하는 중에도 핵연료를 교환할 수 있게 설계됩니다. 한쪽 옆에서 새 핵연료를 밀어 넣으면 다른 쪽 끝에서 핵연료가 밀려 나오면서 교체되도록 되어 있지요. 그 외에는 감속재만 다를 뿐 핵반응로의 기본 원리는 경수로와 중수로가 모두 동일합니다. 여기에 비상시 사용할 냉각재도 갖추어놓습니다. 발전소 위쪽에 냉각수를 올려두는데 비상시 펌프 등이 작동하지 않더라도 밑으로 흘려보내기가 쉽기 때문입니다. 더불어 바깥에도 냉각수를 별도로 준비해두고 있습니다.

아직도 수습하지 못한 체르노빌의 희생자

이제 우리나라의 핵발전소에서 있었던 사건과 사고 들에 대해 말씀드리려고 합니다. 그런데 그전에 먼저 핵 사고가 얼마나 위험한 것인지 보기 위해, 체르노빌 사고를 잠깐 살펴보겠습니다.

1986년 4월 26일에 체르노빌 핵발전소 직원들은 일종의 실험을 하고 있었습니다. 핵발전소에서 외부 전원 공급은 매우 중요합니다. 발전기가 멈춘 상태에서는 외부에서 전원이 공급되어야 합니다. 그런데 체르노빌에서는 바깥의 비상 디젤 발전기를 돌리지 않고, 발전기를 돌리다가 멈출 때 터빈이 관성에 의해 조금 더 돌아가는 것을 이용해서 발전을 조금 더 해서, 비상 디젤 발전기로 전원이 공급될 때까지 일시적으로 그 전원을 쓰는 것을 실험했습니다. 그리고 이 실험을 위해 비상노심냉각장치(ECCS)를 차단했습니다. 이 장치는 비상시에 핵반응로를 냉각시키는 핵심 안전장치입니다. 하지만 실험을 위해 이 장치는 끄고, 핵반응로의 출력을 서서히 줄이면서 실험을 시작합니다. 시작하고 몇 초 뒤 핵반응로가 불안정해지면서 출력이 급증합니다. 불안해진 중앙제어실 작업자들은 실험을 중단할 목적으로 핵반응로 비상 정지 스위치를 누릅니다. 실험을 시작하고 36초 뒤의 상황입니다. 하지만 불안해진 핵반응로는 정규 출력의 100배로 출력이 급상승하면서 결국 폭발하고 맙니다.

1986년 4월 26일 새벽 1시 23분. 공식적으로 체르노빌 핵발전소 폭발을 목격한 사람은 없습니다. 새벽이었고, 주변엔 사람이 없었기 때문이지요. 밖에 나와 있던 학생과 인근 주민이 큰소리를 듣고 섬광을 봤다는 것이 거의 유일한 기록입니다. 주민들이 얼마나 큰 사고가 일어났는지 알 수 있는 방법이 없었지요.

이 폭발로 현장에서 2명이 즉사합니다. 이후 발전소에는 화재가 발생하게 되는데, 5월 9일에야 완전히 진화됩니다. 이 두 주 동안 소방관들의 피해가 컸습니다. 초기 한 달간 사망한 사람이 적지 않았는데, 대부분 너무나 높은 방사선 피폭으로 인해 급성방사선증후군에 걸린 이들이었습니다. 특히 사고 당일 사망한 노동자의 경우, 시신이 방사선 준위가 너무 높은 곳에 있어 아직도 시신을 수습하지 못하고 있습니다. 매년 체르노빌 사고일이 되면 가족들이 접근할 수 있는 가장 가까운 담 밑에서 추모 행사를 열고 있습니다. 정말 안타까운 일이지요.

발전소의 불을 끄는 것도 중요하지만, 더 큰 일은 핵반응로를 식히는 일이었습니다. 이를 위해 붕산수나 물은 물론이고 모래, 진흙에 납까지 투입됩니다. 말 그대로 상상 가능한 모든 방법이 다 동원됩니다.

과학자들도 이런 상황은 처음이었기에 미리 준비된 대안이 아니라, 가장 빠르게 실행 가능한 것들이 총동원되었습니다. 그 결과 체르노빌은 방사능 이외에도 납 등의 중금속으로 오염된 지역이 되었습니다. 핵반응로에 투입한 납이 증기 상태로 주변 토양에 떨어졌기 때문입니다.

체르노빌 사고는 여러 측면에서 비극을 많이 낳았습니다. 그중 가장 큰 것은 사고 사실을 전혀 알리지 않았다는 겁니다. 당시 구소련 당국은 사고 사실을 철저히 비밀에 붙입니다.

후쿠시마 핵사고가 일어난 직후인 2011년 4월에 저는 체르노빌 현지를 방문해서 체르노빌 핵사고 당시의 발전소 근무자를 만날 기회가 있었습니다. 체르노빌 핵발전소에서 5km 떨어진 도시인 프리피야트(Pripyat)에서 살던 그는 사고 당일 아침의 교대 근무자였습니다. 아침 7시 출근 시간에 맞춰 통근 버스를 탈 때까지 그에게 4월 26일은 평범한 날이었습니다. 통근 버스가 발전소 근처까지 왔을 때에야 발전소가 불타고 있는 모습을 보면서 머릿속이 새하얗게 되었답니다. 그날 하루 종일 그는 핵발전소에 냉각수를 공급하기 위해 뛰어다닙니다. 중앙제어실은 방사능 수치가 대피 수준까지 올라갔고, 결국 모든 작업자들이 중앙제어실을 포기하는 상황으로까지 발전합니다. 아침 7시부터 시작한 작업은 교대 시간인 오후 5시쯤 마무리되고 그는 집에 돌아옵니다. 샤워를 하면서 코에서 금속성 냄새가 나는 것을 느끼고, 가족들에게 문을 잘 닫으라는 말을 했지만, 프리피야트에는 대피령이 내려지지 않았습니다.

체르노빌 사고가 알려진 것은 북유럽 국가의 관측소에서 평소의

6배에 달하는 방사성 물질이 검출되었기 때문입니다. 4월 27일과 28일에 핀란드, 스웨덴, 노르웨이 등 북유럽 각국의 방사선 측정소에 이상 신호가 잡히자 이들 국가들은 방사능의 출처로 구소련을 의심합니다. 구소련 당국은 처음에는 사고 사실을 부인하다가 28일에야 관영 타스 통신 보도를 통해 사고 사실을 알립니다. 하지만 인근 주민들이 대피하기까지는 시간이 더 많이 걸립니다.

핵발전소 노동자의 가족을 비롯해 프리피야트 주민들은 29일부터 대피를 하지만, 반경 30km 이내 주민들은 훨씬 뒤에 대피합니다. 제가 만난 한 주민은 5월 3일에야 대피했다고 기억하고 있었습니다. 다른 사고도 그렇지만 특히 핵발전소 사고는 초기 대응이 중요합니다. 사고 초기에 가장 많은 방사성 물질이 나오기 때문입니다. 특히나 두 주 동안 발전소에 화재가 난 탓에 방사성 물질이 불길을 타고 주변으로 확산되고 있는 상황이어서 인근 주민들의 대피는 정말 중요한 것이었지만, 대피는 신속히 이뤄지지 않습니다.

게다가 체르노빌에서 130km 떨어진 우크라이나의 수도 키예프(Kiev)에서는 5월 1일 노동절 행사가 야외에서 성대하게 벌어졌습니다. 화재 진압도 되지 않고, 세계 각국에서 평소의 3~20배에 달하는 방사성 물질이 검출되고 있는 상황에서 정작 바로 인근에 살고 있는 이들에게는 핵발전소에서 화재가 발생했다는 사실 외에, 그것이 얼마나 위험한 상황인지는 전혀 알려지지 않은 겁니다. 체르노빌 핵발전소를 복구하러 들어갔던 노동자, 즉 피해 복구 요원(Liquidator)들도 마찬가지였습니다. 이들은 치명적인 방사선을 뿜고 있는 핵연료봉을 삽으로 퍼 나르기도 하고, 핵연료가 녹아 지하수와 만나는 것을 막기 위해 지하 터널을 파는 일에도 투입됩니다. 하지만 그곳이 얼마나 위험한 곳인지에 대한 사전 지식도 제공받지 못했고 보호 장비도 제대로 지급받지 못했습니다.

체르노빌 피해 복구는 크게 두 가지 방향으로 진행되는데, 핵반응로 밖으로까지 튀어나간 핵연료를 모으고 터진 핵반응로 건물 위에 석관(石棺)을 씌우는 작업과, 핵반응로의 상황을 파악하는 일입니다. 이 과정에 연인원 50만 명에 이르는 노동자들이 투입되는데, 가장 큰 관심은 핵반응로의 핵연료가 어떤 상태에 있는지를 파악하는 것이었습니다. 핵분열이 외견상 멈춘 것처럼 보일지라도 내부적으로 계속되고 있다면 이후 추가 폭발을 비롯해 새로운 문제가 생길 수 있기 때문입니다. 로봇을 투입해서 확인하면 되지 않느냐고 묻는 분들이 있는데, 그것은 불가능합니다. 건물 잔해가 널려 있는데다 높은 방사선을 견딜 수 있는 로봇은 아직 개발되지 못했습니다. 결국 체르노빌은 사람이 들어가 육안으로 핵연료의 상태를 확인합니다. 핵연료가 엿가락 녹듯이 녹아서 핵반응로를 뚫고 내려와 거대한 코끼리 발처럼 굳어진 상태를 확인한 것이지요. 그리고 사고일로부터 7개월이 지난 1986년 12월 14일, 구소련 당국은 석관이 완성되었다고 발표합니다. 이 일로 11만 6000명이 피난을 갔고, 이들을 위해 1만 2000채의 주택을 새로 지었습니다. 이 사고 이후 흑연로는 너무 위험하다, 화재가 났을 때 대비책이 없다는 문제가 제기되었습니다. 당시 체르노빌 핵발전소는 가동된 지 채 5년이 되지 않은 최신형이었지만, 흑연로는 역사 속으로 사라져버렸습니다. 재미있는 것은 체르노빌 핵사고 당시 일본 핵 산업계에서 체르노빌 핵발전소를 많이 비판했다는 것입니다. 일본의 핵발전소는 흑연을 쓰지 않고, 더 안전한 방식으로 설계되었기 때문에 절대로 일본에선 체르노빌 같은 사고가 일어나지 않는다는 거지요. 그리고 채 30년이 되기 전에 일본에서 핵 사고가 일어났습니다. 일본에서 사고가 일어나자 한국의 핵 산업계에선 또다시 우리나라의 핵반응로는 일본과 다르기 때문에 안전하다는 이야기를 하고 있습니다. 역사는 반복된다고 하는데, 저는 이것만큼은 반복되지 않기를 바랍니다.

고리 1호기 정전 은폐

우리나라 핵발전소에서도 크고 작은 사건, 사고가 많이 일어나고 있습니다. 한국원자력안전기술원 홈페이지에는 원전 사고/고장 현황이라는 메뉴가 있습니다. 우리나라에서 발생한 모든 핵발전소 사고, 고장 정보가 기록되어 있지요.

다음은 2012년 2월에 발생한 고리 1호기 정전 은폐 사고에 대한 공식 문서입니다. 제목이 좀 길고 어렵지요? 설명을 드리면 이렇습니다. 핵발전소도 기계라서 정기적으로 정비를 합니다. 이를 계획 예방 정비라 하는데 이때 작업자의 실수로 발전소 외부에서 공급되는 전원이 차단되는 사고가 발생한 겁니다. 핵발전소에서 전원 상실은 굉장히 큰 일입니다. 냉각 펌프가 멈춰 냉각수가 없어지면 대형 사고로 이어지기 때문이지요. 그래서 두 대의 비상용 디젤 발전기를 설치하는데, 이것이 작동을 못해 발전소에 공급되는 교류 전원이 완전히 없어지는 사고가 생긴 겁니다. 더 큰 문제는 이 사건으로 12분 동안이나 발전소에 전기가 공급되지 않았는데, 이 사건을 한수원 직원들이 보고하지 않고 숨겼다는 사실입니다. 결국 이 사건은 계속 감춰졌다가 한 달 정도 지나서 외부 제보에 의해 세상에 알려집니다. 관련 수사가 진행되면서 사건을 은폐했던 한수원 직원은 구속되었지요.

제목 밑에 보면 자세한 사항들, 사건 발생 일자, 고장 계통, 사고 당시 핵반응로 출력과 발전기 출력, 고장 원인 등이 나옵니다. 고장 계통이란 앞서 이야기한 것처럼 핵반응로를 중심으로 한 1차 계통, 발전기

고리원전 1호기에서 발생한 소내 정전 은폐 사고 요약

사건 제목	계획 예방 정비 중 소외 전원 상실 및 비상 디젤 발전기 기동 실패에 의한 교류 전원 완전 상실				
관리 번호	고리 1호기-2012-04	사건 발생일자	2012년 2월 9일 20시 34분	복구 일자	2012년 8월 10일 3시 00분
고장 계통	1차	원자력 출력	0%	발전기 출력	0Mwe
고장 원인	인적	관련문서	1차조사보고서		

- 12.2.9(목) 20:34, 고리원전 1호기 발전기 보호 계전기 시험 중 외부 전원 상실 및 비상 발전기 기동 실패로 발전소 전력 공급이 중단
- 20:46, 대기 중인 외부 전원으로 전력 공급이 재개될 때까지 12분간 전력 공급 중단 상황 지속
- 사업자(한수원)는 등 사건 발생시 취해야 할 비상 발령, 관계 기관 보고 등 필요 조치를 하지 않고 32일이 경과한 3.12(월)에야 안전위에 보고

터빈을 중심으로 한 2차 계통을 일컫는 말입니다. 정비 중이었기 때문에 핵반응로와 발전기 출력은 모두 0인 상태였지요.

사고 고장 등급은 2등급입니다. 사고를 은폐했다는 이유로 한 등급을 더 높게 판정받았습니다. 이 등급은 가장 낮은 등급인 0등급부터 7등급까지 총 8등급으로 되어 있는데 체르노빌과 후쿠시마 사고가 최고 등급인 7등급이었습니다. 우리나라는 지금까지 최고 2등급 사고까지만 일어났었습니다. 그러니 이 사고는 큰 사고였던 것이지요.

외부 사람들이 핵발전소 내부에서 어떤 일들이 일어나는지 알기란 사실상 불가능합니다. 각종 한수원 비리 수사가 모두 외부 제보에 의해 시작되었다는 점은 그만큼 정보 접근이 어렵다는 뜻이기도 하지요. 이 사건으로 고리 1호기는 장기간 가동 중단 조치가 내려졌고, 그 사이 고리 1호기를 둘러싼 사회적 논란은 계속 이어지게 됩니다.

고리 1호기 핵반응로를 둘러싼 논란

2012년 내내 고리 1호기 핵반응로의 외벽 취성 파괴(온도가 높은 상태에서 급격히 냉각되면 파괴되는 현상)가 쟁점이었습니다. 취성 파괴는 유리컵을 생각하면 이해하기 쉽습니다. 유리컵에 뜨거운 물을 천천히 부으면 깨지지 않지만, 차가운 컵에 뜨거운 물을 부으면 깨져버립니다. 급격한 온도 변화를 견디지 못하는 것이지요. 금속처럼 단단한 물질도 정상적인 상태에서는 열 충격에 잘 견디지만, 오랫동안 방사선에 노출되면 상황이 달라집니다. 그래서 핵반응로에 쓰이는 금속이 얼마나 피폭되는지를 시험하기 위해 작은 조각을 핵반응로 내부에 넣어놓습니다. 이론적인 피폭량이 아니라, 실제 피폭받은 것을 가지고 시험하기 위해서지요. 이러한 시편은 핵반응로 내벽을 따라 빙 둘러 있습니다.

내벽에 있다 보니, 이 시편은 핵반응로 벽보다 핵연료봉에 더 가깝고 따라서 더 많이 피폭을 당합니다. 그래서 이것으로 테스트를 하면 앞으로의 핵반응로 상태를 미리 알 수 있지요.

그런데 고리 1호기를 지을 당시만 해도 이 시편의 중요성이 많이 부각되지 않아 얼마 넣지 않았고 다 써버렸습니다. 그래서 시편을 새로 집어넣었는데, 과연 이런 식으로 나중에 추가로 넣는 것이 온당한가, 이를 가지고 한 시험 방식이 적절한가, 현재 상태의 핵반응로가 어느 정도의 취성 파괴에 견딜 수 있는가 등이 폭넓게 쟁점이 되었습니다.

핵발전소의 설계 수명을 이야기할 때 크게 기준이 되는 것이 몸통 부위인 핵반응로의 수명입니다. 외부의 다른 부품들은 대부분 교체를 할 수 있지만, 이 부위는 사실상 교체가 불가능합니다. 자동차로 치면 엔진 같은 존재이기 때문입니다. 엔진이 문제가 되면 자동차를 폐기하는 것처럼 핵발전소 수명과 같이 가는 부품이 핵반응로 몸통 부위입니다. 2012년 당시 고리 1호기의 핵반응로를 둘러싼 논쟁은 언론에서 쟁점이 되었고, 이후 고리 1호기 가동 중단 소송에서도 중요한 쟁점이었습니다. 그러나 정부와 한수원은 끝까지 현 상태에 문제가 없다는 입장을 고수했고, 법원에서도 그 입장이 받아들여졌습니다. 그리고 고리 1호기는 현재 가동 중입니다. 고리 1호기를 둘러싼 안전성 논란은 앞으로 다른 발전소에서도 계속 제기될 수 있는 대표적인 논란입니다.

울진 4호기를 멈춘 전열관 문제

울진 4호기의 경우 1만 6000개 전열관 중 3800개(23.7%)에서 구멍
이 생겨서 문제가 되었습니다. 앞서 핵반응로 구조 그림에서 보면 증
기 발생기에서는 물이 U자로 통과하는데요, 그 중간에 전열관들이 있
습니다. 증기 발생기 1개에 보통 1만 6000개 정도의 작은 관이 있습니
다. 그래서 물이 이 관을 통과하면서 이쪽의 뜨거운 물이 저쪽의 물을
데우면 거기서 증기가 발생해서 터빈으로 나가는 것이죠. 울진 4호기
의 경우 이 전열관에 구멍이 생긴 겁니다. 구멍이 생겼다는 것은 곧 물
이 샌다는 것이지요. 이런 경우는 중간에 정비를 할 때 U자관의 끄트
머리를 막아버립니다. 그럼 물이 안 들어가겠지요. 그럼 그 관은 안 쓰
는 것이 되지요. 그런데 정상적인 상황에서는 이런 관막음 비중을 8%
까지 허용한다고 되어 있었는데, 점점 더 구멍이 많이 발견되었고 이
에 따라 그 기준을 10%, 18%까지 늘렸는데도 구멍이 더 생겨버린 겁
니다. 그래서 도저히 안 되겠다고 해서 발전을 멈춰버렸습니다. 이렇게
해서 1년 넘게 울진 4호기가 멈췄다가 최근 재가동했습니다.

왜 이런 문제가 생겼을까요? 인코넬600이라는 재질을 써서 그렇
습니다. 발전소를 지을 때만 해도 이 재질은 괜찮다고 했는데 그 후에
문제가 발견되었지요. 다른 발전기들도 대부분 이 재질을 썼는데 현재
유독 울진 4호기에서 구멍이 많이 생겼습니다.

영광 3호기에선 2012년에 핵반응로 헤드 부분에 문제가 생겼습
니다. 우리나라 가압형 경수로의 핵반응로는 위쪽이 열리도록 설계되

어 있습니다. 핵연료를 교체할 때는 위쪽을 열고 핵연료를 꺼냅니다. 이 열리는 부위를 핵반응로 헤드라고 합니다. 이 관을 실제로 확대해서 안쪽에서 보면 많은 나팔이 있는 것처럼 보입니다. 이곳을 관통해서 핵반응로를 제어하는 제어봉들이 왔다갔다하게 되는데, 이 부위에 결함이 생긴 겁니다.

원래 핵반응로 헤드는 탄소강으로 이뤄져 있습니다. 그런데 이 관은 재질이 다릅니다. 서로 다른 재질을 용접해서 붙였는데 가동하다 보니 이 접합부에 결함이 생긴 겁니다. 오랫동안 고온, 고압, 고방사선에 노출되다 보니 접합부가 견디지 못한 거지요. 그래서 내부적으로 패이는 일이 생긴 겁니다. 이곳에도 인코넬600이라는 재질이 사용되었습니다.

과거에 인코넬600을 핵발전소에서 많이 사용했기 때문에 이와 같은 일들이 전 세계에서 공통적으로 일어나고 있습니다. 스웨덴, 미국, 일본 등 많은 나라에서 같은 일들이 생겼습니다. 1990년대 초반부터 이런 일들이 생기자, 외국에서는 관련 데이터베이스를 축적하고 문제가 된 부위를 교체해왔습니다.

그대로 둘 경우, 균열 부위가 더 커져서 냉각수가 누출되는 등의 더 큰 문제로 이어질 수 있습니다. 문제는 교체하는 것도 쉽지 않다는 것입니다. 일단 교체를 결정하더라도 생산까지 3~5년이 걸리고, 그 기간 동안 핵발전소는 멈춰두어야 하기 때문에 발전소 당국으로서는 큰 피해가 발생하게 되지요.

그래서 많은 나라에서는 균열이 발생하면 일단 용접을 하고, 상태를 지켜보면서 교체합니다. 우리나라의 경우에도 균열부에 재료를 덧씌워 용접한 뒤 더 사용하다가 추후 교체한다는 계획을 세우고 있습니다. 당시 이 사건은 우리나라에서 최초로 있었던 일이고, 이런 균열이 있다는 사실을 정부나 한수원이 알고 있었음에도 공개하지 않아서 큰 쟁점이 되었습니다. 정부와 한수원은 해당 내용이 정보 공개 사항이 아니라는 이유로 내부 문서로만 갖고 있었습니다.

이와 같은 일들은 핵발전소 문제를 다루다 보면 흔히 발생하는 문제입니다. 워낙 민감하고 위험한 부분이 많다 보니, 내용을 있는 그대로 전부 공개하는 것이 적절한데도 공개 기준이 모호하고 기술자들의 판단에 맡겨져 있어 주민들의 입장에서는 불안하기 이를 데 없지요.

영광 3호기는 이후 외국 검증 기관이 덧씌움 용접의 안전성에 대해 검증하는 과정을 거친 후 결국 재가동에 들어갔습니다. 하지만 앞으로 이런 균열이 있을 것으로 예상되는 핵발전소들이 더 있기 때문에 국내에서는 비슷한 논란이 반복될 가능성이 있습니다.

신월성 1호기의 정지 사고

가장 최근에 있었던 일을 하나 보겠습니다. 2013년에 4월 23일 신월성 1호기의 일로, 제목은 '제어봉 구동 장치 제어 카드(시스템을 움직이는 전자회로) 고장에 따른 제어봉 위치 편차에 의한 원자로 자동 정지'라고 되어 있습니다. 신월성 1호기가 출력 100%로 정상 운전 중에 제어봉 구동 장치의 제어 카드가 망가졌습니다. 그래서 핵반응로를 보호하라는 신호가 발생해서 핵반응로가 멈췄습니다.

핵반응로는 예민한 기계여서 조그만 문제라도 생기면 발전기를 멈추도록 되어 있습니다. 이렇게 일단 정지가 되면 신문에 납니다. "신월성 1호기 가동 중단, 원인 파악 중, 한수원도 현재 원인 몰라." 이런 상태가 당분간 지속되지요. 그다음에 사고를 조사해봤더니, 20번째 제어봉이 아래로 떨어졌더랍니다. 본래는 떨어뜨리라는 신호를 주어야 떨어지게 되어 있고 그러면 아래에 센서가 있어서 제대로 떨어졌는지 체크하게 되어 있습니다. 그런데 카드(회로)가 망가져 있어서 처음 신호가 안 갔는데 아래에 있는 센서가 작동해서 떨어졌다고 알려준 것입니다. 그러면 혼란에 빠지게 됩니다. 떨어뜨리라는 신호를 준 적이 없는데 센서가 떨어졌다고 한 것이지요. 그래서 일단 '가동 중단'하게 된 것입니다. 이런 식의 가동 중단 사고가 최근에 많이 있었습니다. 제어봉 집합체에 있는 전원을 공급하는 전력함이 최근 계속 문제를 일으키고 있었기 때문입니다. 이 전력함 안에 들어가는 퓨즈가 녹아서 전원이 끊긴 것이지요.

강의 내용이 다소 어렵지는 않았는지 모르겠습니다. 사실 비전공자의 입장에서는 매우 어려운 주제입니다. 더 상세한 기술적 주제는 일반인들이 해석하기 힘든 것이 많지요. 하지만 그 때문에 핵발전소에서 일어나는 다양한 사건, 사고들이 은폐되어서는 안 됩니다. 일반인이 이해하기 어렵다면 정부와 한수원은 더 쉽게 풀어 설명하는 자세를 보여야 합니다. 국민 모두의 안전을 위한 일이고, 정부와 공기업인

한수원은 그것을 해야 할 의무가 있기 때문입니다.

또한 핵발전 문제에 관심이 많은 이들은 더 공부를 해야 합니다. 몰라도 된다고 생각하는 순간, 누군가가 혼자 정책을 결정해버리고 맙니다. 왜 그렇게 결정했는지, 다른 나라에서는 어떻게 했는지, 그런 결정이 핵발전소의 안전을 위해 적절한 것인지에 대해 국내외 전문가들에게 묻고 또 묻는 작업을 반복해야만 핵발전소는 더욱 안전해질 것입니다. 지금 당장 모든 핵발전소를 멈출 수 있는 것이 아니라면 최대한 안전하게 유지해야 합니다. 그런 의미에서 여러분들께서도 핵발전소의 안전 문제에 지속적이고 적극적인 관심을 보여주시기 바랍니다.

4강

그날 이후,
후쿠시마 아이들의 오늘

·

요시노 히로유키

·

2013년 11월 4일
서울 명동 가톨릭회관

요시노 히로유키(吉野裕之)

•

'방사능에서 아이들을 구하기 위한 후쿠시마 네트워크(子どもたちを放射能から守る福島ネットワーク)' 간사. 일본 후쿠시마 시에서 거주하던 중 지진 재해와 핵발전소 사고가 일어나자 가족들을 피난시키고 혼자 후쿠시마에 남아, 피난 가지 못한 채 후쿠시마에 살고 있는 아이들을 위해 활동하고 있다. 비영리 재해 구호 센터인 '샬롬(シャローム)'에서도 활동했다.

번역 이령경
일본 릿쿄대학(立教大學) 정치학 박사 과정

저는 후쿠시마 시에서 온 요시노 히로유키라고 합니다. 후쿠시마에서 일어난 지진 재해와 핵발전소 사고 이후 딸아이와 아내를 교토(京都)로 피난시키고, 혼자 후쿠시마에 남아 '방사능에서 아이들을 구하기 위한 후쿠시마 네트워크'라는 시민 단체에서 활동하고 있습니다. 이 단체는 2011년 5월 1일에 재해 지역에 남은 부모 250명이 모여 설립한 단체입니다.● 주로 아이들을 위한 치유 캠프를 운영하는 일, 아이들이 많이 다니는 후쿠시마 곳곳의 방사선량을 측정하는 일, 후쿠시마의 현황을 알리고 정책을 제언하는 일 등을 하고 있어요.

후쿠시마에는 피난을 가지 않은 아이들이 아직 많이 살고 있습니다. 사실 2011년까지만 해도 후쿠시마에서는 피난이 활발하게 이루어

● 회원들은 각자 정확하고 상세한 정보 수집을 전담하는 '정보 공유반', 방사선량의 정확한 측정과 확인을 담당하는 '측정, 제염반(현재는 해산)', 식품의 안정성과 면역력 확보를 위한 '방호반', 피난이나 치유를 지원하는 '피난, 소개, 보양반'으로 나누어 자원봉사 활동을 하고 있다.

졌습니다. 저희 가족도 2011년 3월 20일에 피난했지요. 2011년에는 방사선량이 아주 높았기 때문에 정부도 사람들이 피난하는 이유에 합리성이 있다는 것을 인정했습니다. 일본 정부는 후쿠시마 제1원전에서 반경 20km 밖에 있는 주변 지역 가운데 방사선량이 연간 20mSv가 넘는 곳은 '계획적 피난 구역'으로 지정해 주민들을 피난시켰습니다. 그래서 지금 그 지역에는 아무도 살고 있지 않아요. 하지만 일본 정부는 이제 새로운 피난은 인정하지 않겠다는 입장입니다.

꼭 정부의 정책이 아니더라도, 이제 후쿠시마에는 상황을 보고 판단해서 피난할 수 있는 사람은 아무도 없습니다. 피난할 수 있는 사람들은 이미 다 피난했기 때문입니다. 저 역시 당시 피난시켰던 가족들을 아직까지 다시 데리고 오지 않은 상태입니다. 계속 후쿠시마를 떠나 있는 것이 현명하다고 생각하기 때문이지요. 하지만 피난을 가지 않은, 혹은 가지 못한 사람들에게는 각자 나름의 사연이 있습니다. 가족이 따로따로 떨어져 살고 싶지 않은 부모도 많았고, 큰 지진이 난 이후라서 아이들과 떨어져 지내는 것이 영 불안했던 부모도 많았습니다. 또 일본 전체에 실업률이 높고, 불황이 계속 이어졌기 때문에 아버지가 후쿠시마에 있는 직장을 그만두면서까지 피난하기는 힘든 가정도 많았습니다. 사실 피난은 가족 단위로 결정해야 할 문제니까요.

후쿠시마에 남은 저는 와타리(渡利)라는 마을에 있는 작은 사무실에서 일하고 있습니다. 후쿠시마 시에서 안내하는 방사선량 측정 지도로 확인해보면 이 지역도 방사선량이 굉장히 많은 곳이지요. 그래서 사람들이 대부분 피난을 가고 없어서 빈집이 많더군요. 저희처럼 뒤늦게 사무실을 빌리려는 사람이나, 뒤늦게 이다테 마을(飯館村)에서 피난 온 사람들은 이 근처에서 집을 얻게 되지요. 이다테 마을은 국제 원자력기구가 언급할 정도로 방사능 수치가 매우 높게 나와서 주민들이 급히 피난을 가야 했어요. 하지만 이곳으로 피난 와서도 방사선량이 제일 높은 동네에 둥지를 틀고 있어서 안타까운 상황입니다.

50cm 높이에서 방사선량을 측정하는 이유

저희들은 후쿠시마에 남은 아이들을 위해 여러 가지 활동을 하고 있습니다. 우선 후쿠시마 곳곳의 방사선량을 정확히 측정하고 있습니다. 사실 이 일은 시 당국에서도 하고 있는 일입니다. 하지만 몇 가지 한계와 문제가 있어 그것을 보완하고자 시민 단체인 저희들이 측정에 나섰습니다.

　시에서 측정할 때는 담당 공무원들이 납으로 된 파이프 안에 측정기를 넣어서 측정을 합니다. 납 파이프 안에 넣는 이유는 측정 장소 주변에 떠다니고 있는 방사선의 영향을 차단해서 지면의 방사선 선량을 정확히 재기 위한 것이라고 합니다.

　하지만 이런 방법에는 약간 문제가 있습니다. 예컨대 어린이집의 앞마당을 생각해봅시다. 어린이들은 마당의 흙바닥에서 놀 때 바닥에 앉기도 하고 뒹굴기도 하지요. 하지만 이 아이들이 납으로 된 방호복을 입고 놀지는 않아요. 후쿠시마 시가 아이들에게 납으로 된 속옷이나 양말을 나눠준 일도 없고요.(웃음) 그래서 납 파이프 안에 넣은 측정기로 측정한 수치는 어린이들에게 미치는 위험성을 정확하게 측정한 것이라고 생각하기 어렵습니다.

그래서 저희 단체에서는 조금 다른 방식으로 측정합니다. 저희는 우선 최신 측정기를 USB로 컴퓨터와 연결한 뒤, 납이 아닌 가방에 넣어 어깨에 맵니다. 그리고 그 가방을 멘 채로 측정 지역을 이리저리 걸어다니면서 측정합니다. 움직일 때마다 방사선량이 어떻게 바뀌는지를 확인한 뒤 그것을 지도에 표시하지요. 움직이면서 측정하는 이유는 주변 전반을 정확히 측정하기 위해서입니다. 방사선량은 계속 달라지기 때문에 특정 지역에서 측정한 수치가 그 지역 일대의 방사선량 상황을 정확히 대표해주지 못합니다. 이는 후쿠시마 시 당국이 설치한 '모니터링 포스트'와 비교하면 쉽게 이해할 수 있습니다.

후쿠시마 시 곳곳에는 정부가 세운 방사능 측정 장치, 이른바 모니터링 포스트가 설치되어 있습니다. 이 포스트는 비교적 정확한 수치를 제시합니다. 이 포스트에 저희 측정기를 가까이 대고 측정해보면 저희 측정기에 표시된 수치와 포스트에 표시된 수치가 거의 일치합니다. 예컨대 2013년 10월 7일에 후쿠시마 시 북중앙공원에 있는 모니터링 포스트의 1m 높이에서 측정한 결과는 $0.165\mu Sv/h$였고, 당시 저희 측정기에서는 $0.164\mu Sv/h$가 나왔습니다. 거의 유사한 수치지요.

하지만 저희가 이 모니터링 포스트에서 5m 떨어져서 재었더니 저희 측정기에서 $0.450\mu Sv/h$가 나왔습니다. 다시 10m 떨어져서 재보았더니 이번에는 $0.342\mu Sv/h$가 나왔지요. 방사선량이 변화하는 겁니다.

또 모니터링 포스트 바로 옆에 있는 포장 인도에서 50cm 높이의 방사선량을 재보니 1.396μsv/h가 나왔어요. 1m 높이에서 측정한 수치에 비하면 거의 10배에 가까운 수치지요. 즉 모니터링 포스트는 정확한 수치를 나타내기는 하지만, 그것이 주변 환경을 전부 대표할 수 있지는 않습니다. 가까운 공간 안에서도 방사선량의 차이가 급격하게 달라지기 때문이지요.

그럼 왜 포장 인도 위에서 유독 방사선량이 높았던 걸까요? 사실 모니터링 포스트를 세울 때는 주변을 깨끗하게 청소합니다. 또 포스트가 넘어지지 않도록 바닥에 콘크리트와 철판도 깔지요. 이런 요소들이 방사선을 조금 차단해주기는 할 겁니다. 하지만 결정적인 원인은 따로 있습니다. 바로 보도에 깔린 부드러운 타일입니다. 도로에는 눈이 와도 잘 녹도록, 또 걷는 사람들의 무릎에 충격이 덜 가도록 부드러운 타일을 까는 경우가 종종 있습니다. 통행인을 배려한 것이지요. 하지만 소재가 부드럽다는 건 빗물이 스며들기 쉽다는 뜻이기도 합니다. 이런 보도블록에는 방사선이 많이 섞인 비가 스며들어 남아 있습니다. 수압이 높은 물 청소기로 씻어내도 다 씻기지 않아요. 그러니 저 보도에서 방사선을 줄이려면 블록을 다 철거하는 수밖에 없습니다. 하지만 철거한다 한들 그 철거한 보도블록을 보관할 장소도 마땅치 않습니다. 더욱 걱정스러운 것은 저런 보도블록은 통학로처럼 아이들이 많이 다니는 길 주변에 많이 채택되어 있다는 점입니다.

후쿠시마 시 북중앙공원의 포장 보도는 특히 더욱 부드러운 재질에, 예쁜 색까지 칠해져 있어요. 아이들은 이런 곳에서 노는 걸 좋아하니 자연스럽게 모여들지요. 하지만 방사선량이 높다는 경고문은 공원 어디에도 없어서 큰일입니다.

또 저희는 주로 50cm의 높이에서 측정합니다. 후쿠시마 시 당국에서는 주로 1m 높이에서 측정을 하고요. 이 높이는 인체 중에서 방사능의 영향을 가장 크게 받는 생식기의 위치에 맞춘 것입니다. 저희는 어린이를 기준으로, 당국은 어른을 기준으로 하기 때문에 높이가 달라졌지요. 앞으로 자라서 자식을 낳고 키울 어린이들은 방사선으로부터 몸을 지키는 것이 굉장히 중요합니다. 특히 여자아이의 경우 제2의 성장기인 열 살부터가 아주 중요한 시기입니다. 다음 세대를 위해 생식기를 소중히 지켜야 하기 때문에 아이들의 공간을 주로 측정하는 저희는 50cm에서 측정하는 겁니다.

도로에 있는 방사선량 측정 방법 역시, 시 당국의 방법에는 다소 한계가 있습니다. 시에서는 주로 자동차에 측정기를 실어 도로를 달리면서 측정합니다. 하지만 이렇게 하면 도로의 방사선량 상황을 정확히 알 수 없습니다. 일례를 들어보겠습니다. 2013년 2월 10일에 저희는 후쿠시마 시의 한 동네에서 차도의 방사선량을 측정해보았습니다. 그랬더니 도로의 한가운데는 $0.317\mu Sv/h$, 오른쪽 길은 $0.507\mu Sv/h$, 왼쪽 길은 $0.626\mu Sv/h$로 측정되었습니다. 한 도로인데 왜 위치마다 이렇게 방사선량이 차이 나는 걸까요?

보통 도로를 만들 때는, 비가 오면 빗물이 도로 양쪽으로 흘러 내려가도록 중앙 부분을 살짝 높게 포장하지요. 그러니 방사선이 섞인 비 역시 당연히 도로의 양쪽으로 흘러갔을 거예요. 그래서 양쪽 가장

자리의 선량이 더 높게 나오는 겁니다. 게다가 길가 배수로에 낙엽이나 먼지라도 쌓여 있다면, 거기에 섞여 있던 방사선이 직접 위로 올라오기 때문에 방사선량은 더욱 많아집니다.

그런데 시 당국에서 하듯이 자동차를 타고 달리며 방사선량을 재게 되면, 자동차는 도로의 정중앙을 달리게 되니 결국 도로에서 방사선이 가장 적은 곳을 달리는 셈이 됩니다. 하지만 아이들이 평소에 주로 걸어다니는 곳은 선량이 높은 양쪽 길가지요.

사정이 이렇다면 차라리 후쿠시마 시에서 법률을 바꾸어 차는 가장자리로, 아이들은 도로 중앙으로 다니도록 하는 게 낫지 않을까 하는 생각마저 듭니다. 실제로 아이들은 교통량이 별로 없는 도로에서는 길 한가운데를 걸어다니기도 합니다. 학교에서 그렇게 다니도록 지도를 하는 곳도 있고요. 지금 시 당국에서 제염 작업을 활발하게 하고 있고 그 장소도 학교 교정, 공원, 공공시설, 일반 주택으로 점점 확대되고는 있지만 도로는 언제 다 끝날지 알 수 없습니다.

또 어린이들의 공간이 최우선이 되어야 하는데 현실은 그렇지 못합니다. 도로의 방사선량을 측정했던 날, 저희는 근처 공원에 나란히 있는 어린이 놀이터 두 곳의 방사선량도 측정해봤습니다. 지금은 두 곳 다 제염 작업이 끝났습니다만, 측정 당시에는 바로 옆에 붙어 있는 놀이터였는데도, 한 곳은 방사선량이 0.146μSv/h인데 반해 다른 곳은 1.224μSv/h로 약 10배 정도 차이가 있었습니다. 한 놀이터는 시청 입구에서 가깝다는 이유로 제염 작업이 빨리 이루어졌지만, 다른 곳은 조금 멀다는 이유로 그렇지 않았기 때문에 생긴 차이였지요. 제염 작

업이 늦어졌던 놀이터에서는 측정 당시 50cm 높이의 선량이 1μSv/h
가 넘었습니다. 하지만 이 놀이터 역시 이곳에서 놀면 안 된다는 경고
문이 설치되어 있지 않아서 무척 우려스러웠지요.

현재 후쿠시마 시에서는 방사선량이 0.6μSv/h를 넘는 지역의 경
우 18세 미만은 법으로 출입을 금지하고 있습니다. 이런 곳에서는 음
식을 먹거나 잠을 자는 것도 금지되어 있습니다. 그런데도 그 기준치
의 2배나 많은 방사선이 있는 곳에서 아이들은 아무것도 모르고 뛰어
놀았던 겁니다.

나가서 놀수록 더 많이 피폭되는 아이들

후쿠시마 지역은 한 발 한 발 내딛을 때마다 선량이 달라집니다. 후쿠
시마의 아이들은 발을 내딛을 때마다 다른 수치의 방사능에 피폭당
하는 상황입니다 저희는 후쿠시마 곳곳을 걸어다니면서 측정한 방사
선량 수치를 지도에 꼼꼼히 표기해두고 있습니다. 이때 20초당 방사선
량의 평균을 내어 그것으로 기준을 세웁니다. 예컨대 시간당 최대치
1.1μSv, 최소치 0.5μSv인 지역이 있다면 0.8μSv라고 표기하지요.

그리고 자체적으로 만든 지도에서 시간당 방사선량이 0.23μSv이
상인 지역은 각각 노란색(0.23μSv/h 이상), 오렌지색(0.50μSv/h 이상), 빨
간색(1μSv/h 이상)으로 구분해두었습니다. 그렇게 하고 보니 여전히 많
은 지역의 연간 피폭량이 가장 위험한 빨간색, 즉 1mSv/h 이상입니다.

0.23µSv/h을 기준으로 한 이유는 이것이 정부에서 허용한 연간 피폭량 한도이기 때문입니다. 정부는 실내 활동 16시간, 야외 활동 8시간을 기준으로 연간 피폭 허용 기준치를 1mSv로 산정했습니다. 이것을 시간으로 환산하면 시간당 0.23µSv가 됩니다. 아마 1년간 1mSv라는 수치는 일본뿐만 아니라 많은 나라에서 채택하고 있는 국제적 기준일 겁니다.

그러니 후쿠시마의 아이들은 여전히 연간 기준치 이상으로 많은 피폭을 당하고 있는 셈입니다. 이 때문에 나타나는 문제점들도 속속 언론에 보도되고 있습니다. 2012년 11월 24일《마이니치신문》의 보도에 의하면 후쿠시마 현 니혼마츠 시(二本松市)에서 아이들의 외부 피폭에 관해 조사한 결과, 2012년에 초등학생과 중학생의 절반 가까이가 그 전해인 2011년에 비해 외부 피폭 정도가 높아졌다고 나왔습니다. 사실 후쿠시마에서 공기 중의 방사선량은 2011년에 비해 2012년에 30% 정도 낮아졌어요. 그런데 왜 아이들의 피폭량은 늘어났을까요?

아이들이 그 전해보다 바깥 활동을 더 많이 해서 그렇습니다. 2011년까지는 아이들의 옥외 수업이나 활동을 제한했기 때문에 밖에서 노는 아이들이 거의 없었어요. 하지만 그 이듬해에는 아이들이 더 이상 못 견뎌 하자 밖에서 놀도록 허락하게 된 것이지요. 그래서 이런 결과가 나타난 겁니다.

아무리 제염 작업을 끝낸 운동장이라고 해도 체육 시간, 운동회, 쉬는 시간에 계속 나가서 뛰어놀게 되면 아이들의 외부 피폭 정도는 높아질 수밖에 없습니다. 그래서 후쿠시마 시의 방사선 어드바이저로 일하고 있는 한 전문가는 어린이나 임신부의 야외 활동은 장기간에 걸쳐 신중히 생각하지 않으면 안 된다는 소견을 밝히기도 했습니다.

또 2012년 11월 7일자 《마이니치신문》의 보도에 따르면 담벼락 아래의 길바닥에서 말린 무말랭이에서 굉장히 높은 수치의 방사성 세슘이 검출되었다고 합니다. 일본 정부가 정한 식품의 방사능 잠정 기준치는 1kg당 100Bq입니다. 그런데 그 무말랭이에서는 1kg당 무려 3421Bq의 방사선 세슘이 검출되었습니다.

이 두 기사는 어른보다 키가 작고 야외 활동도 많은 아이들일수록 외부 피폭의 위험이 높고, 먼지 흡입 등을 통한 내부 피폭도 높아질 수 있다는 사실을 보여줍니다. 그런데도 후쿠시마 현에서는 아이들을 위한 별도의 대책을 충분히 마련하지 않고 있어요. 예컨대 후쿠시마 현은 딱히 아이들에게 마스크를 쓰도록 하라는 주의를 준 적이 없습니다. 바람이 거센 날이면 지금도 방사능이 섞인 먼지가 피어오르는데도 말이지요.

피폭 우려 때문에 아이들의 야외 활동이 줄어든 것은 또 다른 문제를 야기합니다. 후쿠시마 현 고리야마(郡山) 시의 유치원 어린이 240여 명을 대상으로 2011년 6월까지 1년 간의 체중 변화를 조사한 결과, 2010년의 같은 나이 어린이들에 비해 체중이 늘어난 정도가 매우 적었다고 합니다. 2010년에 5세였던 아이들은 평균 체중이 그해에 3.1kg이 늘었는데, 2012년에 5세가 된 아이들은 0.81kg밖에 늘지 않았어요. 후쿠시마 사고 이후 아이들은 이전의 아이들에 비해 몸무게가 1/4 정도밖에 늘지 않은 것이지요. 밖에서 뛰어놀지를 못하니 식욕이 떨어지고 먹는 양도 줄어든 탓입니다.

이것은 비단 체중의 문제만은 아닐 겁니다. 중요한 성장기에 체중이 제대로 늘지 않았다는 것은 곧 체중뿐만 아니라 근육과 뼈의 발달, 뇌의 발달에도 안 좋은 영향을 끼쳤다는 의미로 해석할 수 있을 겁니다. 후쿠시마의 많은 부모들이 이점을 걱정하고 있습니다.

반면 초등학생과 중학생들은 모두 아동 비만이 우려되었습니다. 2013년 7월에 후쿠시마 현의 교육위원회에서 전년도인 2012년도의 아동, 학생의 체력과 운동 능력에 대한 조사 결과를 발표했는데, 2011년에 비해 초등학생과 중학생들의 운동 능력이 저하되었고 전국 평균치를 밑돌았다고 합니다. 식욕이 한참 왕성해지는 나이라 먹는 양은 늘어나는데 운동량은 오히려 줄어들었기 때문이지요. 초등학생과 중등생의 비만은 당뇨병 같은 성인병으로 이어질 가능성이 커서 더욱 걱정됩니다.

충격적인 소식도 들려왔습니다. 2011년과 2012년에 43명의 후쿠시마 어린이에게서 갑상선암 혹은 그 위험이 있다는 사실이 밝혀졌다고 《산케이신문》이 2012년에 보도했습니다.● 후쿠시마 현 어린이의 절

● 후쿠시마 사고 이후 후쿠시마 현에서는 방사선의 영향에 따른 불안을 해소하고 현민들의 건강 관리를 목적으로 전체 현민을 대상으로 '현민 건강 관리 조사'를 실시하고 있다. 2013년 11월 12일에 열린 제13차 조사 회의에서는 43명에서 59명(수술을 통해 1명은 양성으로 최종 판단)으로 갑상선암 혹은 암의 위험이 있는 어린이가 늘어난 데다가, 그중에는 8세의 여자아이도 포함되어 있어 충격을 주었다. 58명 가운데, 갑상선암으로 확정된 36명과 나머지 22명의 차이에 대해 담당자에게 문의한 결과, 36명은 수술을 통해 갑상선암이라는 것을 밝혀낸 경우로, 나머지 22명에 대해서는 수술을 안 해서 암 여부에 관해서는 아직 잘 모르겠다고만 답했다. 전체 숫자를 '갑상선암 혹은 그 위험이 있는'이라고 규정하면서, 여러 사정으로 수술을 미루고 있는 22명에 대해서는

반에 해당되는 17만 명을 대상으로 갑상선암 조사를 했는데, 그중 43명에게서 암이 발견된 것입니다. 갑상선암은 사실 후쿠시마 사고 이전까지는 100만 명 중에 한두 명 나올까 말까 했던 병입니다. 그런데도 일본 정부는 이 43명의 검사 결과는 방사능의 영향 때문이 아니라고 잘라 말합니다. 43명이나 발견된 이유는 이번 조사가 비록 절반이지만 전수 조사, 즉 모든 아이들을 대상으로 한 조사였기 때문이라고 하지요. 그런 조사는 지금까지 어디서도 한 적이 없다면서요.

갑상선에 영향을 미치는 것으로 방사선 요오드가 있습니다. 그리고 3.11 직후 후쿠시마 시내에 방사선 요오드를 포함해 방사선 물질이 얼마나 확산되었는지를 알 수 있는 수치가 있습니다. 후쿠시마 현이 작성한 2011년 3월 15일의 시간별 방사선량에 따르면,[*] 이날 오후 2시경의 방사선 수치는 0.05μSv/h였습니다. 그런데 4시가 지나면 1.75μSv/h을 넘어 4시 10분에는 4.13μSv/h, 4시 20분에는 7.24μSv/h, 4시 30분에 거의 10μSv/h에 가깝고, 거기서 30분이 더 경과하면 무려 20.26μSv/h까지 치솟습니다. 6시 40분에는 24.24μSv/h로 최고치가 됩니다. 그러니까 발전소에서 60km 떨어진 후쿠시마 시내에서도 두세 시간 만에 방사선량이 0.05μSv/h에서 24μSv/h까지 올라간 겁니다. 이것이 공식적으로 발표된, 후쿠시마 시내에 방사선량이 가장 높았던 날의 기록입니다.

애매모호하게 처리하고 있는 것이다.—옮긴이
* 　2011년 3월 23일 8시 현재 후쿠시마 현 홈페이지 공개 자료 「후쿠시마 현내 7개 지역 환경 방사능 측정 결과(잠정치) / 2011년 3월 25일 대기 방사선량」

사실 정부는 15일 오전에만 해도, 그리고 그 며칠 전만 해도 방사선 수치를 매 시간당 재고 있었어요. 그런데 15일 오후부터 갑자기 30분으로 측정 간격이 짧아지더니 나중에는 10분으로 짧아졌습니다. $24\mu Sv/h$까지 방사선량이 치솟을 때까지 10분마다 방사선량을 재고 있었기 때문에, 10분마다의 변화를 명확하게 알 수 있는 것이지요. 즉 당국은 선량이 오르기 전부터 10분마다 측정을 하고 있었다는 것이지요. 이것은 무엇을 의미할까요?

당국은 방사선량이 저렇게까지 올라갈 것임을 것을 미리 예측했던 겁니다. 그래서 언제부터 올라가는지 정확하게 조사하기 위해 10분마다 측정하고 있었던 겁니다. 선량이 저렇게 높아진다는 것을 미리 알고 있었다면, 주민들에게 피난하라고 했어야 합니다. 최소한 아이들만이라도 피난시키라고 했어야 합니다. 후쿠시마의 많은 시민들이 이 자료를 접하고 크게 분노했습니다.

방사선량이 정점에 오른 며칠 뒤인 3월 29일의 선량은 하루 종일 $3\mu Sv/h$였습니다. 최고치였던 $24\mu Sv/h$에서 $3\mu Sv/h$으로 뚝 떨어진 것이지요. 거기에서 더 떨어질 기세가 보이지 않으니 이날부터 당국은 다시 1시간마다 측정을 하게 됩니다.

그렇다면 또다시 의문이 들지요. 어떻게 당국은 $3\mu Sv/h$ 이하로 선량이 안 떨어질 거라는 예측을 할 수 있었을까요? 당시 주로 확산되었던 방사선 물질이 주로 방사선 요오드였기 때문입니다. 방사선 요오드의 반감기는 8일입니다. 즉 15일에서 8일이 지나면 절반으로 줄고, 또 8일이 경과하면 다시 절반으로 줄어듭니다. 다시 8일이 경과하면

반의 반으로 줄어드니까, 방사선 요오드는 점점 없어진 것이지요. 치명적인 점은 방사선 요오드가 갑상선암의 원인이 된다는 사실입니다. 이것을 알고 있었으면서도 후쿠시마 현 당국은 시민들에게 요오드제를 먹으라고 하지도 않았습니다.

저희 시민들은 이러한 일련의 사실들을 나중에서야 알게 되었습니다. 저희들은 아무것도 모른 채 괜찮다고 하는 정부의 말만 믿고 방사선량이 저토록 높았던 저 시기에조차 아이들과 함께 후쿠시마에 머물러 있었던 겁니다.

이러니 정부가 발표하는 정보라는 것을 대체 어떻게 믿을 수 있겠습니까? 시민들이 스스로 공부하여 지혜롭게 대처하지 않으면, 돌이킬 수 없는 일을 겪게 됩니다. 저는 평소에 핵발전소에 대해 불안감을 안고 있었고 체르노빌의 아이들을 걱정하는 사람이었어요.* 그런 저조차 3월 20일이 되어서야 제 딸을 피난시켰습니다. 방사선량이 엄청나게 높았던 그 5일 동안 딸아이를 그냥 후쿠시마에 둔 것입니다. 저는 그것을 뼈저리게 후회하고 있습니다. 앞으로 딸아이가 감기에 걸리거나 배가 아프다고 하거나, 혹은 뭔가 몸에 변화가 있을 때마다 저는 그 5일 동안 후쿠시마에서 지낸 탓이 아닐까 하고 평생 걱정하게 될 겁니다.

정부의 이런 안이한 태도 때문에 저희는 무엇보다 어린이들이 많

● 1986년 체로노빌에서 사고가 일어났을 때 저자는 대학교 2학년이었다. 대학 졸업 후 저자는 갑상선암 수술을 받았거나, 건강이 나쁜 체르노빌 어린이들이 다시 건강하게 자랄 수 있도록 '체르노빌 어린이 기금' 기부를 통한 지원 활동을 해왔다.—옮긴이

이 다니는 공간에서 방사선량을 정확히 측정하는 데에 힘쓰고 있습니다. 저희는 모든 어린이집, 유치원, 초등학교의 운동장이나 마당을 측정하려고 합니다. 아이들의 산책 코스가 어느 정도의 선량에 노출되어 있는지, 어느 길로 가면 가장 피폭을 적게 당할지 보육사와 함께 조사하고 있습니다. 제염 작업을 한 곳이라도, 정말 완벽하게 작업이 이루어졌는지 조사하고 있습니다. 조사해보면 아니나 다를까 $1\mu Sv/h$를 초과한 곳이 발견됩니다.

어린이집도 아직 방사선으로부터 안전하지 않습니다. 한 유치원은 제염 작업이 제대로 이뤄졌는데도 마당의 방사선량이 $0.11\mu Sv/h$인 곳도 있었습니다. 3.11 이전의 방사선량이 $0.05\mu Sv/h$였으니 2배가 된 것이지만, 이 정도 수치라면 사실 후쿠시마 시내에서는 감동적일 정도로 낮은 것입니다.

어린이집 아이들의 산책로 중에는 방사선량이 여전히 $0.45\mu Sv/h$인 곳이 많습니다. 그래서 여지껏 아이들의 산책을 재개하지 않은 어린이집이 굉장히 많습니다. 산책은 일본 어린이집 아이들의 가장 중요한 일과인데 밖으로 산책을 못 나가는 아이들은 어린이집의 뜰 안에서만 놀아야 하니 너무나 안타깝지요.

제염 작업 자체도 후쿠시마에서는 문제가 많습니다. 최근 후쿠시마 곳곳에는 이른바 '임시 보관소'라는 것이 자주 눈에 띕니다. 넓은 광장의 지하에 커다랗게 만든 공간으로 제염 과정에서 나온, 방사선으로 오염된 흙을 보관하는 곳입니다. 이런 임시 보관소마저도, 모든 사람들이 이용할 수 있는 것은 아닙니다. 공간이 부족해서 자기 집 주차장을 헐어서 보관해야 하는 사람도 많습니다. 그마저도 없으면 그저 자기 집 앞마당에 쌓아두어야 하는 사람들도 있습니다. 이런 곳을 '임시 임시 보관소'라고 부릅니다. 이렇게 집 앞이나 마당에 오염된 흙을 쌓아둔 광경은 이제 후쿠시마 시내 어디에서든 볼 수 있습니다. 그 자체로 굉장히 위험하지요.

게다가 제염 작업을 한창 하고 있는 곳에서는 방사선 물질이 들어 있는 먼지나 흙탕물이 튀기도 할 텐데, 아이들은 무방비인 채로 그 근처를 지나다니기도 하지요. 이런 환경은 정말 걱정됩니다.

아이들이 자연 속에서 뛰어놀 수 있도록

후쿠시마에는 방사능의 위험 때문에 밖에 나가 놀 수 없으니 하루 종일 집 안에 틀어박혀 게임만 하는 아이들이 많습니다. 아이들이 친구들과 함께 어울려 노는 시간이 크게 줄어들고 있어요. 후쿠시마 현에서는 어린이들이 운동량을 확보할 수 있도록 살균한 모래를 실내로 가져와서 모래사장 놀이터를 만들어주기도 하지만 아무래도 역부족이지요.

유치원생들의 경우 또래의 친구들과 어울려 노는 것이 발달에 굉장히 중요합니다. 밖에서 놀면서 체력도 기르고, 운동 능력도 기르고 면역력도 키우기 때문입니다. 특히 어린아이들일수록 몸으로 자연과 대화를 나누면서 성장합니다. 돌을 집어 던지면서 돌의 감촉을 느끼고, 무거운 나뭇가지를 부여잡으면서 나무의 느낌을 배우고, 나뭇잎이나 도토리를 주우면서 자기가 좋아하는 색깔을 찾아내기도 합니다. 장난감을 갖고 놀 수도 있지만 인공적으로 만든 것을 가지고 노는 것보다, 작은 것이라도 진짜 자연 속에서 스스로 놀잇감을 찾아보는 경험이 더욱 중요할 겁니다.

운동의 양도 중요하지만 더욱 중요한 것은 운동의 질입니다. 아이들 스스로 관심을 집중시켜 자신만의 세계 속에서 노는 것은 아주 소중합니다. 아이들을 관리하에 놀도록 하는 것이 아니라, 아이들 스스로의 힘으로 성장할 수 있는 기회를 제대로 만들어주어야 합니다. 외부를 향한 호기심과 관심을 키우고 친구들과 함께 놀면서 사회성을 익히는 과정에서 아이들은 자신이 소중한 존재라는 것을 느끼고 더불어 타인의 소중함도 깨닫게 됩니다. 방사능 때문에 후쿠시마의 아이들은 이런 경험을 많이 빼앗기고 있습니다.

그래서 저희들은 아이들을 깨끗한 공기와 자연을 만끽할 수 있는 곳에 데리고 가서 마음껏 뛰어놀게 하는 활동도 하고 있습니다. 보통 아이들은 바다, 산, 넓은 잔디밭 공원, 강변으로 소풍을 많이 가지요. 정말 안타까운 일은, 후쿠시마에서는 이렇게 자연이 풍부한 곳일수록 방사능에 오염되어버려서 아이들을 데리고 가기 힘들다는 것입니다. 그래서 저희는 오염되지 않은 곳을 열심히 찾아가거나 아예 후쿠시마 현 밖으로 데리고 나가고 있습니다.

좀 더 큰 아이들에게는 적극적으로 해외에 가 보도록 하는 것도 소중합니다. 그래서 저희들은 후쿠시마의 아이들을 데리고 해외로 나갈 기회를 찾는 일도 하고 있습니다. 2013년 8월에는 프랑스에서 초대받아 아이들을 데리고 다녀왔습니다.[*] 남프랑스 프로방스 지역에서 후쿠시마의 아이들은 사고 이후 자기들이 어떤 불안을 안고 지내왔는지를 프랑스 사람들과 공유하는 시간을 가졌습니다. 또 남프랑스의 여러 곳을 방문했는데, 프랑스 축구 대표팀 선수들이 후쿠시마의 아이들을 반겨주기도 했어요. 이런 일들은 아이들에겐 정말 귀중한 체험이 되었습니다. 후쿠시마 사고로 입은 아이들 나름의 상처를 치유하는 기회도 되었지요. 그리고 그 상처받은 마음을, 핵발전소 의존도가 70%나 되고 핵발전소를 수출하려는 계획도 가진 프랑스의 시민이나 어린이들과 공유하면서 핵발전소 사고가 무엇을 초래하는가를 알려주기도 했습니다. 이는 앞으로 다시 핵발전소 사고가 일어나지 않게 할 씨앗을 아이들 손으로 직접 뿌리는 기회이기도 했지요.

아이들이 건강하게 성장하기 위해서는 좋은 자연환경뿐만 아니라 좋은 사회적, 정신적 환경도 갖추어야 합니다. 그러지 않으면 아이들은 혹독한 상황에서 빠져나올 수 없습니다. 지금 후쿠시마의 어린이들은 어린 시절 그 자체를 빼앗겨버렸다고 할 수 있습니다. 하지만 그 대신 세계의 여러 나라 사람들이 아이들을 진심으로 걱정하고 따뜻하게 대해주고 있는 것도 사실입니다. 이는 국내외의 수많은 지원자들을

● 이 치유 프로그램은 2012년 12월 고리야마 시에서 열린 '탈원자력 발전소 국제 회의'에 참가한 프랑스 녹색당 소속 보클뤼즈(Vaucluse) 주 부의장(교통, 환경 보건위원장)을 역임한 올리비에 플로랑(Olivier Florent)의 제안으로 시작되어 프랑스와 일본의 다양한 사람들의 지원으로 성사되었다. 마침 후쿠시마 핵발전소의 오염수 문제가 신문에 크게 보도되던 때여서 프랑스 사람들은 후쿠시마 아이들과 어머니들의 호소에 큰 관심을 보였다.—옮긴이

봐도 알 수 있지요.

저희들은 후쿠시마 현내의 초등학교나 교육위원회와도 연계한 프로그램을 시작했습니다. 민간 프로그램만으로는 모든 아이들에게 공평한 기회를 줄 수 없기 때문입니다. 학교와의 연계 프로그램을 통하면 전교생을 치유 캠프에 참가시킬 수도 있지요. 비록 후쿠시마의 아이들은 제약이 많은 상황에 처해 있긴 하지만, 저희들의 이런 활동을 통해 아이들이 풍부한 경험을 하고, 좋은 추억도 만들기를 바라고 있습니다.

후쿠시마 사고의 영향을 생각해본다면 한국의 에너지 정책에 대해서 여러분들이 결정을 내리는 데에도 도움이 될 겁니다. 앞으로도 서로 정보 교환을 꾸준히 하기를 바랍니다. 여러분들이 배운 것들을 저희들에게도 가르쳐주십시오.

2부

핵발전의
오해와 진실들

5강

핵에너지와 방사능의
과학적 이해

·

최무영

·

2013년 4월 2일
서울 종로 평화박물관

최무영

•

서울대학교 물리천문학부 교수. 서울대학교 물리학과와 대학원을 졸업하고, 미국 스탠포드 대학교에서 박사 학위를 받았다. 미국 워싱턴대학교, 프랑스 국립 과학연구원 등 여러 대학교와 연구소에서 연구했으며, 200여 편의 연구 논문을 발표해 이론물리학 분야에서 세계적인 명성을 얻었다. 복잡계, 생명과 사회, 과학기초론에 관심이 있으며 지은 책으로 『최무영 교수의 물리학 강의』, 『복잡한 낮은 차원계의 물리』 등이 있다.

물질(matter)과 에너지(energy)라는, 다소 학구적인 이야기부터 시작하겠습니다. 핵에너지를 이해하려면, 우선 이 두 가지 개념을 조금 이해할 필요가 있습니다.

　물질이라는 개념은 시대에 따라 변화해왔습니다. 물론 서양의 경우입니다만, 고대 그리스에서는 이른바 아리스토텔레스의 형이상학에서 물질에 대한 개념을 정의하기 시작했습니다. 널리 알려진 질료와 형상이라는 개념이 있지요. 아리스토텔레스는 질료는 가능태(dynamis; potentiality)적이고, 이것이 형상을 이루면서 현실태(energeia; actuality)로 나타난다고 생각했습니다. 이 두 개념은 지금의 시각에서 보면 매우 흥미롭습니다. 현실태를 가리키는 에네르게이아에서 에너지라는 용어가 나왔는데, 그 개념을 보면 사실 가능태가 현재의 에너지 개념에 가깝고, 현실태는 물질 개념에 더 가깝습니다. 현대 개념과 비교하면 역전되어 있는 것이지요. 고대 그리스 사람들은 질료가 물질 개념에 해당하며 가능태적 성격을 가지고 있다고 생각한 듯합니다.

하지만 근대로 들어오면서 물질을 현실태로 보기 시작합니다. 데카르트는 물질과 정신의 이분법에서 정신의 속성으로는 사유(cogitatio; thought), 물질의 속성으로는 연장(extensio; extension)을 이야기합니다. 모양이 있고, 높이가 있고, 꿰뚫을 수 없고, 관성도 있는, 이른바 연장의 속성을 지니고 있는 대상을 물질이라고 했죠. 여기서 더 발전해서 알갱이들이 모여서 물질을 만든다, 알갱이들이 어떻게 모이느냐에 따라 모양이 결정된다는 생각을 하게 되었고, 이러한 물질의 양을 질량이라고 이름 붙였습니다. 이후 뉴턴의 고전역학이 정립되면서 이것이 바로 관성의 크기라고 여기게 되었지요. 그러면서 에너지라는 개념이 만들어집니다. 물질을 현실태라고 할 때, 에너지는 가능태라고 할 수 있어요. 고등학교 물리 시간에 '위치에너지'라는 용어를 들어보셨을 텐데요, 이는 영어로 퍼텐셜에너지(potential energy)입니다. 그러니 위치에너지란 다소 부정확한 번역이고, 잠재에너지라고 하는 것이 정확합니다. 이 용어에서 보듯 에너지는 잠재적인 것이라서 가능태적 속성을 지닌다고 할 수 있습니다.

그런데 현대에 와서 이런 개념이 다시 바뀌게 됩니다. 상대성이론에 따르면 물질과 에너지는 본질적으로 같습니다. 단지 옷을 다르게 입었을 뿐이지요. 따라서 에너지는 때로 형태가 바뀌어서 물질이라는 옷으로 갈아입을 수도 있습니다. 근대에는 물질과 에너지가 관련은 있지만 서로 독립된 개념으로, 현실태인 물질이 가능태로서 에너지를 지닐 수 있다고 생각했는데 반해 현대에는 물질과 에너지는 본질이 같다고 본 것입니다.

또한 양자역학에서는, 조금 어려운 개념입니다만 물질에 파동적인 성격이 있다고 생각하게 됩니다. 그동안 물질은 알갱이들로 구성되어 있다고 생각했는데 양자역학에서는 이러한 알갱이가 고전적인 의미의 알갱이가 아니라 그 자체로서 파동적인 존재라고 생각하지요. 특히 '가상 입자(virtual particle)'를 고려하게 되면서 물질이란 뭔가 단단하고, 확실하고, 고정된 개념이 아닌 것으로 바뀌었습니다.

더욱이 20세기 말부터 우주론이 발전하면서 우리가 알고 있는 '보통' 물질은 우주 전체로 보면 불과 5% 미만이라는 것, 정체를 잘 알지 못하는 어둠물질(dark matter)이 우주의 25% 이상을 차지하고 있다는 것, 70%에 가까운 나머지는 정체를 전혀 알 수 없는 어둠에너지(dark energy)로 구성되어 있다는 것을 인식하게 됐습니다. 결론적으로 물질이란 에너지의 한 형태로서, 물질보다 에너지가 더 본원적인 개념이라고 생각하게 된 것이지요.

물질은 무엇으로 구성되어 있을까

그럼 물질이란 과연 뭘까요? 물질은 현상의 실체입니다. 철학적으로는 현상이 주어지면 그 현상을 일으키는 실체가 있다고 상정합니다. 우리가 감각기관으로 경험하는 모든 현상은 자연현상입니다. 낮과 밤이 오고, 해가 뜨고, 바람이 불고, 눈비가 오고, 제가 이야기하면 여러분들은 듣고, 생각하고, 여기 컴퓨터라는 물건이 있는 등 이런 것들이 모두 자연현상이죠. 이러한 다양한 자연현상이 어떻게 일어날 수 있을까요? 자연현상을 일으키는 실체가 바로 물질입니다.

물질은 어떠한 단위 요소들로 이루어져 있다고 생각하고 이를 원자라고 부르게 되면서 원자론이 생겨납니다. 고대 그리스의 데모크리토스(Demokritos; Democritus)가 처음 원자에 대한 생각을 했지만, 근대적인 의미의 원자 개념은 영국의 화학자 돌턴(John Dalton)이 화학반응에서 제시했고, 현대적인 의미에서 원자에 실재성을 부여한 사람은 20세기의 오스트리아 물리학자 볼츠만(Ludwig Boltzmann)입니다. 하지만 원자는 워낙 작아서 볼츠만의 시절에는 볼 수 없었고, 확증할 수도 없었습니다. 볼츠만의 이론은 시대를 너무 앞서간 탓에 받아들여지지 않았고 심한 비판을 받았지요. 그래서 안타깝게도 볼츠만은 우울증에 걸려 자살했습니다. 그런데 근래에는 원자 크기의 해상도를 지닌 현미경이 만들어져서 이 원자를 실제로 눈으로 볼 수 있게 되었습니다.(대표적으로 전자의 꿰뚫기 현상을 이용한 훑기꿰뚫기현미경[scanning tunneling microscope, STM]이나 원자 사이의 힘, 곧 원자력을 이용한 원자력현미경(atomic force microscope, AFM)이 있지요.)

현재 과학자들은 물질은 많은 수의 원자로 이루어져 있고 원자는 원자핵과 전자로, 그리고 원자핵은 양성자와 중성자 따위의 기본입자로 이루어져 있다고 생각합니다. 물질의 존재론이라 할 수 있지요. 그런데 기본입자는 그 종류가 매우 많습니다. 200여 가지가 있는데, 그것들을 주로 대칭성을 이용해서 적절히 분류합니다. 고등학교 화학 시간에 주기율표를 배우셨을 텐데요, 원소의 주기적인 성질을 이용해 주기율표를 만들듯 기본입자들도 대칭성을 이용해 분류하는 것이지요.

원자핵은 원자의 가운데에 있습니다. 원자핵은 기본입자, 특히 양성자와 중성자가 적당히 모여서 이루어져 있는데, 이 원자핵에 양성자가 몇 개나 모여 있는가에 따라 서로 다른 원자가 되지요. 그리고 이 원자들이 모여 있는 무리를 원소라고 부릅니다. 수소는 가장 간단한 원자입니다. 수소의 원자핵은 양성자 하나로 이루어져 있죠. 헬륨의 원자핵은 양성자 2개와 중성자 2개가 같이 있습니다.

원소의 주기율표에서 각 기호에 아래첨자로 쓴 숫자를 원자번호라 하는데 이는 양성자의 개수를 나타냅니다. 주기율표에서는 92번이 사실상 끝입니다. 기호 U로 표시하는 우라늄이 바로 92번이지요. 원자번호가 92번이라는 것은 그 원자의 핵에 양성자가 92개가 있다는 뜻입니다. 물론 중성자도 많아요. 우라늄의 핵에는 대체로 146개의 중성자가 있습니다. 따라서 양성자와 중성자 수를 합하면 238이 되는데, 이는 원자핵 질량의 지표로서 질량수라 부르며 원소기호에 위첨자로 표시합니다. 예컨대 $^{238}_{92}U$라고 쓰지요. 주기율표에서 93, 94, 95번은 양성자가 93개, 94개, 95개 있다는 뜻인데 흐리게 쓰여 있어요. 자연에는 존재하지 않고 인공적으로 만든 원자라서 그렇습니다. 널리 알려진 것이 94번으로, 기호로는 Pu라고 쓰는 그 유명한 플루토늄이죠. 이름이 왜 플루토늄인지 아시나요? 태양계에서 행성의 이름인 천왕성(Uranus), 해왕성(Neptune), 명왕성(Pluto)에 맞추어 92, 93, 94번 원자 이름을 붙였는데, 하필 플루토는 그리스 신화에서 하데스라고 불리던

지옥의 왕입니다. 우리나라로 치면 염라대왕인 셈이지요. 플루토늄의 위험성에 걸맞게 이름을 붙였네요.

원자핵은 기본입자로 이루어져 있다고 말씀드렸는데, 이 기본입자는 크게 렙톤(lepton)과 하드론(hadron)의 두 가지로 나누어집니다. 렙톤에 해당하는 것으로는 전자, 중성미자, 뮤온, 뮤온중성미자, 타우, 타우중성미자의 여섯 가지가 있고, 하드론으로는 양성자, 중성자, 중간자를 비롯해 200가지가 넘는 야릇한 입자들이 있습니다. 하드론은 종류가 많다는 사실에서 짐작할 수 있듯 가장 기본적인 존재는 아닙니다. 그보다 더 기본적인 구성요소인 여섯 가지의 쿼크(quark)로 이루어져 있다고 생각하지요.

이런 것들은 서로 상호작용합니다. 곧 힘을 주고받는데, 현재 자연에는 모두 네 가지의 상호작용이 존재한다고 생각합니다. 그중 두 가지는 일상에서 친숙한 힘인 중력과 전자기력이고 나머지 두 가지는 원자핵 크기 정도의 매우 가까운 거리에서만 작용하는 약상호작용(약력)과 강상호작용(핵력)이지요. 핵발전을 이해하기 위해서는 이 강상호작용을 눈여겨보아야 합니다. 양성자와 중성자들이 핵력에 의해 서로 단단히 묶여서 원자핵을 이루는데, 그 묶어주는 힘인 핵력이 바로 강상호작용입니다. 현재 우리가 쓰는 전력의 30% 정도를 핵발전으로 생산하는데 핵발전이 바로 이 강상호작용에 기인하는 것이지요.

모든 에너지는 태양에서 온다, 핵에너지만 빼고

에너지에 대해서도 좀 더 자세히 말씀드리지요. 학교에서 에너지란 일을 할 수 있는 능력이라고 배우셨을 터인데 이것은 사실 제대로 된 정의가 아닙니다. 실제로는 일과 직접 관련되지 않은 에너지도 있거든요. 또한 일이란 에너지의 전달 형태이므로 에너지를 먼저 정의한 뒤에 일을 정의하는 쪽이 논리적으로 적절합니다.

일반적으로 에너지의 개념은 운동에너지에서 출발합니다. 어떤 물체가 움직일 때 그 물체는 운동에너지를 지닌다고 하며, 그 운동에너지 K는 물체의 질량 m에 속도 v의 제곱을 곱해서 반으로 나눈 양, 곧 $K=\frac{1}{2}mv^2$으로 주어집니다. 이것이 운동에너지의 정의지요. 따라서 에너지의 단위는 질량의 단위에 속도의 단위의 제곱을 곱해서 kgm^2/s^2이 되는데 이를 주울(Joule)이라고 하며 J로 표시합니다.

그러면 제가 들고 있는 이 컵을 봅시다. 움직이지 않으므로 이 컵은 운동에너지가 없습니다. 곧 K=0이지요. 그런데 제가 손을 가만히 놓으면 어떻게 되죠? 컵이 떨어지겠죠. 떨어지면 움직이게 되니까 운동에너지를 갖게 됩니다. 손에 들고 있을 때는 운동에너지가 없었는데, 어디서 생겨났을까요? '컵을 들고 있었을 때, 그것이 운동에너지는 없지만 숨어 있는 에너지가 있다. 내가 손을 놓으면 숨어 있는 에너지가 운동에너지로 옷을 바꾸어 입는 것이다.' 이렇게 해석하면 편리합니다. 이 경우에 숨어 있는 에너지를 잠재에너지라고 하며, 이 둘을 합쳐서 역학적 에너지라고 부릅니다.

한편 이 컵을 던지면 위로 올라가겠지요. 움직이므로 운동에너지를 가지고 있지만, 최고점에 다다르면 순간적으로 정지합니다. 따라서 운동에너지는 없어지지요. 그럼 그 에너지는 어디로 갔을까요? 잠재에너지로 옷을 갈아입었다고 볼 수 있습니다. 컵이 바닥으로 다시 떨어지게 되면 잠재에너지가 줄어드는 만큼 운동에너지가 생겨난다고 보고, 두 가지를 합한 역학적 에너지는 일정하다고 생각하면 운동을 편리하게 이해할 수 있습니다.

그런데 문제가 있어요. 운동에너지와 잠재에너지는 서로 옷을 갈아입기는 하지만 둘을 합친 것은 변하지 않고 일정하다고 했습니다. 하지만 일단 컵이 완전히 떨어지면 어떻게 될까요? 바닥에 부딪히고 나면 컵은 결국 정지하고, 따라서 운동에너지는 없어져버리죠. 그런데 높이도 0이니 놔둬봤자 운동에너지가 다시 나타나지 않아요. 곧 숨어 있는 잠재에너지도 없지요. 그렇다면 처음에 있던 에너지는 어디로 갔을까요?

한 가지 방법은 에너지는 없어졌다고 생각하는 겁니다. 이렇게 해석해도 원리적으로 잘못되었다고 할 수는 없지만, 그보다는 에너지라는 개념을 확장해서 에너지가 운동에너지, 잠재에너지 말고도 다른 옷으로 갈아입을 수 있다고 해석하면 편리합니다. 예컨대 열에너지, 소리에너지, 전기에너지, 빛에너지, 화학에너지 등 아주 다양한 형태로 옷을 갈아입을 수 있어서 한 가지만 보면 마치 없어진 듯하지만 사실은 다른 형태로 옷을 갈아입었을 뿐이고, 전체 에너지는 변하지 않는다고 이해하자는 겁니다. 이에 따라 에너지 보존 법칙, 곧 에너지는 없어지지도, 새로 생겨나지도 않으며 전체 에너지는 언제나 일정하다고 전제하면 많은 자연현상을 편리하게 해석할 수 있습니다.

그럼 이 에너지들은 어떻게 옷을 갈아입을까요? 에너지를 이용해서 산에 올라가는 다양한 방법을 생각해봅시다. 우선 전기 자동차를 타고 올라가는 방법이 있습니다. 햇빛이 쬘 때 태양전지를 이용해서 축전지를 충전한 뒤 여기서 얻은 전력으로 전동기를 돌리는 전기 자동차를 타고 가는 겁니다. 같은 전기 자동차를 다른 방법으로 전력을 얻어서 갈 수도 있습니다. 예컨대 해가 비치면 수증기가 증발했다가 구름이 되어 비가 내리고 강이 흐르지요. 이 물의 흐름을 이용해서 수차를 돌리고 발전기를 연결해서 전력을 얻은 뒤 이를 이용하는 전기 자동차를 타고 갈 수도 있어요.

그런가 하면 보통의 자동차를 타고 올라갈 수도 있습니다. 해가 비칠 때 식물이 광합성을 해서 자라나면 탄수화물 등의 화학에너지를 저장한 생물자원(biomass)이 많이 생겨납니다. 이를 연료로 쓸 수 있습니다. 장작을 비롯해서 석탄과 석유가 모두 이에 해당하며, 이를 태워서 뜨거워진 부분은 많은 내부에너지를 가지게 되지요. 이 에너지는 열이라는 형태로 외부로 전달되는데, 일부는 일로 바꿀 수 있습니다. 이를 수행하는 장치를 열기관이라 부르며 보통 자동차는 이런 열기관으로 움직이지요. 물론 가장 좋은 방법은 걸어서 올라가는 겁니다. 생물자원을 먹고 적절한 화학반응을 통해서 분해한 뒤 에너지를 얻어서 걸어 올라가는 것이지요. 왜 이것이 좋은 방법일까요? 가장 에너지 효율이 높기 때문입니다.

여기서 설명한 각 단계가 바로 에너지가 옷을 갈아입는 과정입니다. 빛에너지에서 전기에너지나 화학에너지로, 다시 운동에너지로, 결국은 잠재에너지로 바뀌는 과정이요. 그런데 이러한 에너지 변환을 보면 모든 에너지는 결국 해로부터 오는 빛에너지에서 출발한다는 사실을 알 수 있습니다. 물의 흐름이나 바람, 파도, 장작이나 석탄과 석유, 음식물을 포함해서 지구상에서 존재하는 모든 에너지는 햇빛에 근원을 두고 있지요. 그런데 단 하나의 예외가 있습니다. 바로 핵에너지입니다. 이는 햇빛에서 온 것이 아닙니다. 그러니까 핵에너지는 매우 특이하고, 자연스럽지 않은 에너지라고 할 수 있죠.

핵에너지는 핵반응을 통해 질량이 옷을 갈아입은 에너지

그럼 핵에너지는 어떤 에너지일까요? 그것을 본격적으로 살펴보기 전에 우선 강조할 점이 있습니다. 흔히 원자력발전소라는 표현을 쓰는데, 여기서 원자력이란 완전히 잘못된 말입니다. 핵에너지는 원자력이 아닙니다. 원자력이란 원자끼리 작용하는 힘을 가리키는데, 그것은 본질적으로 전자기력입니다. 원자의 주위에 전자가 있는데, 이 전자와 원자핵 사이의 힘이 바로 전자기력이지요. 그런데 핵에너지와 관련된 힘은 전자기력이 아니라 핵력, 곧 강상호작용입니다. 원자의 가운데에 있는 원자핵 안에 양성자와 중성자들을 강하게 묶는 힘이 핵력이지요. 다시 강조하면 핵에너지는 원자핵에서 나오는 것으로서 핵과 원자는 다른 것입니다. 그리고 에너지와 힘도 다른 양입니다. 원자력은 원자 사이의 힘이라는 뜻이지 에너지가 아니고, 핵발전은 핵에너지를 이용하는 것이지 원자력을 이용하는 것이 아닙니다.

그러니 원자력이란 말은 핵에너지로 바꿔 써야 합니다. 원자력발전도 핵발전으로 바꿔야 하고요. 원자로도 잘못된 말입니다. 핵반응로가 맞지요. 그런데 우리나라에서는 왜 굳이 이런 잘못된 용어를 쓸까요? 우리나라가 할 때는 '원자력'을 개발한다고 하면서 이북이 개발하는 것은 원자력이 아니라 '핵'이라고 하더군요.(웃음)

이제 본격적으로 핵에너지를 알아보지요. 앞서 아인슈타인의 상대성이론에 따르면 물질은 에너지의 한 형태임을 말씀드렸지요. 따라서 물질의 양, 곧 질량 m은 그 물질이 지닌 에너지 E와 같습니다. 이를 식으로 나타낸 것이 그 유명한 $E=mc^2$입니다. 여기서 c는 빛의 빠르기로써 매우 큰 값을 가집니다. 무려 30만km/s이지요. 따라서 1g의 질량에 해당하는 에너지를 구하기 위해 위의 식에 m=1g을 대입해서 계산해보면 E=250억kWh의 에너지가 얻어집니다. 이는 300만kW의 일률로 1년을 지속하는 양입니다. 표준의 핵발전소가 생산하는 전력을 100만kW라고 보면, 핵발전소 세 기로 1년 동안 발전해서 얻는 어마어마한 에너지지요. 따라서 이를 잘 이용해서, 질량을 조금씩 에너지로 형태를 바꿔줄 수 있다면 인류는 에너지를 걱정할 필요가 없을 겁니다.

하지만 아쉽게도 질량은 에너지로 쉽게 옷을 갈아입지 않습니다. 질량이 의미 있을 정도로 없어지고, 그만큼 에너지로 바뀌는 현상은 매우 특별한 경우에만 가능합니다. 일상에서는 일어나지 않고 단지 핵반응을 통해서만 일어날 수 있어요. 이러한 핵반응에는 방사성 붕괴, 핵분열, 그리고 핵융합의 세 가지가 있습니다.

어떤 원자핵은 불안정해서 가만히 놔둬도 저절로 무너져서 다른 핵으로 바뀌게 됩니다. 이를 방사성 붕괴라고 합니다. 프랑스의 물리학자 베크렐(Antoine Becquerel)이 우라늄에서 이러한 붕괴 현상을 처음 발견했고, 이를 기념해서 방사성 붕괴의 단위로 베크렐(Bq)을 씁니다. 1초에 원자핵 1개가 붕괴하는 방사성 물질의 양을 1Bq이라고 하지요. 이보다 조금 뒤에 퀴리 부부(Marie and Pierre Curie)가 라듐에서 훨씬 강한 방사성 붕괴를 발견했는데 안타깝게도 퀴리 부인은 이 연구 중에 쬔 방사선 때문에 백혈병으로 죽게 되지요.

우라늄 235는 가만히 놔둬도, 알파 붕괴라는 방사성 붕괴 현상을 보입니다. 양성자 두 개와 중성자 두 개로 이루어진 헬륨의 원자핵을 알파 입자라고 하는데 이 알파 입자를 내는 현상으로서 양성자와 중성자가 두 개씩 빠져나가니까 결국 원자 번호와 질량수가 각각 2, 4만큼 줄어들지요. 따라서 남은 원자핵은 원자 번호가 90, 질량수가 231인 토륨이 됩니다. 요약하면 우라늄 235는 불안정하기 때문에 알파 붕괴를 거쳐서 토륨 231로 바뀌는 것이지요. 이 과정이 바로 방사성 붕괴입니다. 이 과정은 얼마나 빠르게 일어날까요? 우라늄의 경우는 매우 서서히 일어납니다. 처음 양의 반이 붕괴하는 데 걸리는 시간을 반감기라고 하는데 우라늄의 경우 반감기가 무려 7억 년이므로 우라늄이 방사선을 내비치는 성질, 곧 방사능은 비교적 약하다고 할 수 있겠지요.

한편 핵분열은 무거운 핵이 쪼개져서 두 개의 핵으로 나누어지는 현상을 말합니다. 핵분열을 할 때 질량의 일부가 없어지면서, 없어진 질량이 에너지로 옷을 갈아입어요. 질량이 조금만 없어져도 엄청나게 많은 에너지가 나오게 되지요. 핵분열을 하는 대표적인 예가 우라늄과 플루토늄입니다. 그런데 모든 우라늄이 핵분열 현상을 보이는 것은 아닙니다. 우라늄 원자핵에는 양성자가 92개 있고 여기에 중성자 수를 합친 질량수는 대부분 238인데 이러한 우라늄 238은 핵분열하지 않지요. 드물게 존재하는 질량수 235인 우라늄 235만이 핵분열을 합니다. 그리고 플루토늄은 질량수 239인 것이 핵분열을 합니다.

우라늄 235에 중성자 하나를 부딪치게 하면 우라늄이 중성자를 흡수하고 질량수가 하나 늘어나서 잠시 우라늄 236이 됩니다. 그런데 이것은 불안정하므로 저절로 두 개의 핵으로 쪼개집니다. 예컨대 크립톤, 바륨, 요오드, 세슘, 스트론튬, 크세논, 지르코늄 따위 가운데에서 두 가지로 쪼개지고, 두 개나 세 개의 중성자와 함께 알파선, 베타선, 감마선 따위 방사선들이 나오게 되지요. 알파선이란 알파 입자, 곧 헬륨 원자핵의 흐름을 말합니다. 베타선은 베타 입자, 바로 전자의 흐름을 뜻하고, 감마선은 전자기파지만 X선보다도 높은 에너지를 지니고 있지요.

그런데 여기서 흥미로운 점이 있어요. 중성자 하나를 흡수하고 쪼개지면서 중성자가 다시 나오면 이 중성자가 옆에 있는 다른 우라늄 원자핵에 부딪칠 수 있습니다. 그런데 하나를 흡수했는데 세 개가 나오니까, 이들이 우라늄 핵 세 개에 흡수되고, 다시 각 핵에서 중성자가 세 개씩 나와서 핵반응을 일으키면 기하급수적으로 증가하게 되고 결국 핵반응이 엄청난 규모로 일어나게 됩니다. 이를 사슬반응, 한자로는 연쇄반응이라고 합니다.

이런 반응이 급격히 일어나면 감당하지 못할 만큼 엄청나게 많은 에너지가 나오게 됩니다. 위험하지요. 막대한 에너지가 급격하게 방출되면 어마어마한 파괴력을 가지게 되는데 이를 이용한 것이 바로 핵폭탄입니다. 핵발전에서는 이러한 반응이 서서히 일어나도록 조절하지요. 그러니 당연히 핵폭탄과 핵발전의 원리는 같습니다. 이 둘은 본질적으로 같은 핵에너지를 이용하는 것입니다. 단지 핵에너지를 방출하는 반응 속도를 조절하는 차이일 뿐이지요.

마지막으로 핵융합 반응에서는 가벼운 두 개의 핵이 모여 하나의 핵이 되면서 일부 질량이 에너지로 바뀌게 됩니다. 가장 가벼운 원자인 수소와 헬륨이 이러한 핵융합을 일으킬 수 있지요.

방사능, 핵에너지의 심각한 부작용

이러한 핵에너지에는 문제가 있습니다. 사실 자연스러운 원자핵은 안정한 상태에 있습니다. 핵분열은 이에 도전해서 인위적으로 불안정하게 만드는 것입니다. 매우 부자연스러운 현상이에요. 이는 유전자 조작에 비유할 수 있습니다. 생태계가 잘 유지되고 생물 종 하나하나가 잘 살고 있는 이유는 유전자가 상당히 안정적이고, 따라서 여러 종들이 안정적으로 존재하기 때문입니다. 이러한 안정성은 진화를 통해 도달했다고 할 수 있지요. 특히 개개의 종은 방어기전을 갖고 있으므로 바뀌지 않고 유지되는데, 유전자를 조작해 변형시키는 행위는 종의 방어기전을 인위적으로 허물어뜨리는 짓입니다. 자연의 본성을 거스른다는 점에서 핵분열과 비슷하지요.

이렇게 부자연스러운 짓을 하면, 심각한 부작용이 나오게 마련이죠. 핵분열에서는 방사선을 방출하게 됩니다. 알파선, 베타선, 감마선, 그리고 중성자 따위가 방출되지요. 우라늄 235, 플루토늄 239 같은 원자핵은 알파 입자를 배출하고 삼중수소나 탄소 14, 황 35, 테크네튬 99 같은 핵은 베타 입자를 방출합니다. 물론 이들은 안정된 보통의 황 32이나 탄소 12가 아니라 이른바 동위원소라고 부르는 불안정한 원자들이지요. 코발트 60이나 세슘 137 같은 원자핵은 감마선을 방출하는데, 이들도 자연 상태에서는 거의 없는 동위원소들입니다. 후쿠시마에서 방출되는 방사성 물질이 바로 이런 것들이죠.

사실 알파선이나 베타선은 투과력이 약해요. 알파선은 종이 한 장도 뚫지 못합니다. 따라서 옷만 제대로 입고 있어도 별 문제가 없죠. 베타선은 종이 정도는 뚫지만 알루미늄판은 뚫지 못합니다. 감마선은 투과력이 커서 막으려면 두꺼운 납판 같은 것이 필요합니다. 하지만 중성자는 투과력이 훨씬 커서 웬만한 납판이나 철판도 뚫고 지나갑니다. 이러한 성질을 이용한 중성자탄은 건물 등은 파괴하지 않으면서 사람만 죽일 수 있습니다. 공포를 느끼지 않을 수 없지요.

어쨌든 알파나 베타선은 쉽게 막을 수 있으므로 방출되어도 걱정할 필요가 없을까요? 그렇지 않아요. 이것들은 외부에 있으면 큰 문제가 없지만, 우리 몸속에 들어오면 훨씬 위험해집니다. 일단 숨을 쉬면 대기 중의 방사성 물질이 몸속으로 들어옵니다. 사람이 숨을 쉬지 않을 수는 없잖아요? 더욱이 물과 토양이 오염되고, 바다가 오염되면 거기서 얻어진 농축수산물이 방사능에 오염되어 음식을 통해 우리 몸속에 들어오는 것을 막을 길이 없습니다.

알파, 베타, 감마선이 몸속에 들어오면 어떤 일이 생길까요? 생체 조직을 구성하는 성분을 이온화하게 됩니다.(이온화란 원자가 지닌 전자를 일부 떼어내서 원자가 전기를 띠게 되는 현상을 뜻합니다.) 특히 우리 몸의 70% 정도를 차지하고 있는 물을 이온화하지요. 물이 이온화가 되면 이른바 자유 래디컬(free radical)이 만들어집니다. 자유 래디컬은 짝짓지 못한 전자를 지닌 원자나 분자를 말하는데 이것은 화학 반응성이 매우 커서 다른 원자들과 쉽게 반응할 수 있고 심각한 문제를 일으킵니다. 알파, 베타, 감마선은 몸속에 들어오면 자유 래디컬을 만들어서 단백질 등 생체 분자를 마구 파괴하고, 유전 정보를 담고 있는 DNA에도 손상을 유발해서 결국 암을 일으키고 기형을 만들어냅니다.

물론 방사선뿐 아니라 자외선이나 담배, 대기오염 등도 이런 손상을 유발할 수 있습니다. 또한 자연에는 원래 어느 정도 방사선이 존재합니다. 정상적인 경우 자연환경으로부터 받는 방사선이 우리가 받는 전체 방사선의 80% 정도를 차지하며, 이를 바탕 방사선이라고 부르지요. 나머지 20% 정도를 인공적으로 더 쬐게 되는데 평균적으로 이

20%의 절반 이상은 가슴 X선 촬영과 핵의학에서 하는 여러 치료가 차지합니다. 그리고 많은 사람이 평소에 이용하는 물건 중에 방사능을 가지고 있는 게 있는데, 대표적인 것이 바로 담배입니다.

담배에는 방사성 폴로늄이 포함되어 있어서 하루에 한 갑씩 피우면 1년에 10mSv, 많게는 무려 400mSv까지 피폭될 수 있습니다. 화학 비료로 쓰는 인산염으로부터 담배에 농축되었다고 추정하는데 이를 보면 흡연은 사실상 자살 행위인 셈이지요.

방사선 피폭량을 간단히 설명하지요. '흡수 방사선 당량'이란 용어가 있는데, 몸의 단위질량당 방사선으로 받은 에너지를 말합니다. 따라서 단위는 질량(kg)당 에너지(J)로서 J/kg인데 이를 그레이(Gray)라 부르며 Gy로 나타냅니다. 따라서 1Gy=1J/kg, 곧 1Gy는 우리 몸 1kg당 1J의 에너지를 방사선으로 받은 것이지요.

이것과 조금 다르게 '생물학적 방사선 당량'이라는 용어가 있습니다. 이것도 역시 우리 몸의 단위질량당 방사선으로 받은 에너지에서 출발하지만 실제로 우리 몸에 끼치는 영향을 나타냅니다. 예컨대 같은 에너지를 지닌 감마선과 알파선을 비교하면 알파선이 이온화를 더 많이 일으킵니다. 따라서 일단 우리 몸에 들어오면 알파선이 더 큰 영향을 주므로 더 위험하다고 할 수 있습니다. 이러한 차이를 고려하기 위해 흡수 방사선 당량에 방사선의 종류에 따른 가중치를 곱해서 생물학적 방사선 당량을 정의합니다. 감마선의 값이 1일 때, 베타선은 10 정도이고, 알파선은 100까지 큰 값을 가질 수도 있습니다. 이렇게 정해지는 생물학적 방사선 당량도 역시 몸 1kg당 몇 J의 에너지를 받았는가에 따라 정해지는데 그 단위는 Sv라고 씁니다. 즉 그레이라는 단위에 방사선의 종류에 따른 가중치를 곱한 단위가 Sv입니다.

그래서 생물학적 방사선 당량은 우리 몸에 미치는 영향을 직접 말해줍니다. 흔히 심각한 위험 수준이라고 이야기하는 방사선 피폭의 표준은 하루에 1Sv입니다. 여기서 심각하다는 것은 죽을 각오를 해야 한다는 뜻이지요. 가슴 X선을 촬영할 때 피폭량은 대체로 0.05~0.1mSv 정도라고 알려져 있습니다. 그런데 유방암 검사를 하는 경우에는 2~5mSv로서 이는 제법 높은 양이라 유방암 검사는 부득이한 경우가 아니면 하지 않는 편이 낫겠습니다. 특히 임산부들은 피해야 합니다.

바탕 방사선 피폭량은 평균 2mSv라고 합니다. 보통 화강암 같은 암석이나 대기, 그리고 동식물에 포함된 미량의 방사성 물질에서 방사선을 내비치기 때문입니다. 암석에 포함된 방사성 원소로 널리 알려져 있는 것이 라돈이지요. 동식물에도 가끔 있어요. 예컨대 바나나는 칼륨을 많이 포함하고 있는데 그중에는 미량이지만 방사성 동위원소도 있습니다. 따라서 바나나를 먹으면 내부 피폭을 받을 수 있겠네요. 물론 걱정할 필요는 없어요. 워낙 미량인데다가 칼륨은 몸의 구성 성분으로서 우리 몸에 이미 존재하므로 더 섭취한 양은 대부분 곧 배출됩니다. 그러니 바나나는 마음껏 먹어도 됩니다.

핵발전뿐 아니라 화력발전에서도 방사선이 나옵니다. 석탄을 때는 화력발전의 경우, 정상 가동하는 핵발전의 10배에서 많게는 100배까지 방사선이 내비칠 수 있지요. 그러나 핵발전소에서는 정상 가동하는 경우에도 여러 종류의 방사성 폐기물이 생겨나므로 안에서 일하는 운전원은 비교적 많은 방사선에 노출됩니다. 따라서 운전원의 피폭량은 일반적으로 화력발전이 핵발전보다 훨씬 적습니다.

핵발전의 경제성, 안전성, 지속 가능성

핵발전의 연료로는 우라늄 235을 많이 사용합니다. 그런데 천연 우라늄은 대부분 우라늄 238입니다. 이것은 상당히 안정되어 있고 핵분열 반응이 일어나지 않습니다. 핵분열 반응을 해서 연료로 쓸 수 있는 우라늄 235는 천연 우라늄 중 0.7%밖에 되지 않아요. 따라서 천연우라늄을 농축해서 우라늄 235의 구성비를 충분히 높여야 하는데, 이를 농축 우라늄이라고 부릅니다. 흔히 원심 분리기를 써서 이러한 농축 과정을 수행하지요.(한때 북쪽에서 원심 분리기를 대규모로 갖고 있다는 소문이 돌기도 했지요.)

우라늄을 농축해서 우라늄 235를 5% 수준으로 높인 농축 우라늄은 경수로에 쓰고 80% 이상으로 농축한 것은 핵폭탄으로 만듭니다.(최근에는 핵 기술이 발전해서 20%만 농축해도 핵무기를 만들 수 있다고 합니다.) 핵분열이 급격히 일어나서 핵폭탄으로 사용하려면 핵연료의 양이 충분히 많아야 하는데 그 문턱값을 고비질량 또는 임계질량이라 부르지요. 20% 농축 우라늄의 경우에 임계질량은 50kg 이상이 될 정도로 크므로 이렇게 많은 양을 확보해서 핵폭탄을 만들기가 그리 쉽지는 않을 것입니다. 하지만 플루토늄의 경우는 문제가 달라집니다. 플루토늄은 거의 모두 핵반응에서 만들어지는 부산물인데, 대체로 플루토늄 10kg, 최근에는 기술이 발전해서 5kg으로도 지름 10cm 정도의 폭탄을 만들 수 있다고 합니다. 이 정도면 그야말로 가방에 넣어 들고 다닐 수도 있겠네요. 이른바 핵 가방에 핵폭탄을 넣어서 들고 다니는 영화의 장면이 실제로 가능하다는 말이지요.

플루토늄은 독성이 강하다고 알려져 있습니다. 전이금속으로서 화학적 독성도 강한 편이지만 알파선을 방출하므로 방사성 독성이 강하며 흡입되어 몸속에 들어가면 허파와 골수에 영향을 미쳐서 폐암이나, 흔히 뼈암이라 부르는 골육종을 유발한다고 합니다. 반감기가 우라늄보다는 훨씬 짧지만 그래도 2만 4000년이나 되지요. 현재 만들어진 플루토늄은 2만 4000년이 지나야 겨우 반으로 줄어드는 겁니다. 커다란 골칫거리라고 하지 않을 수 없지요.

핵발전의 성격과 관련해서 무엇보다 그 기술적 의미를 검토해볼 필요가 있습니다. 일반적으로 핵발전을 이른바 첨단기술인 양 생각하기 쉬운데, 그렇게 보기 어렵습니다. 우선 발전 방식 자체는 구식인 증기터빈이고 효율이 30%밖에 되지 않습니다. 70%의 에너지는 아깝게도 다 버리는 겁니다. 그냥 버리기만 하면 괜찮은데, 뜨거워진 온배수 등을 통해 열을 버리기 때문에 또 다른 환경오염을 일으키지요.

최근 잘못된 소문 중 하나로 핵에너지는 친환경 녹색 에너지라는 이야기가 있더군요. 물론 온실가스 배출과 관련해서 발전 과정에는 이산화탄소 배출이 거의 없는 건 맞습니다. 당연히 화력발전보다 훨씬 적죠. 그러나 연료인 우라늄을 채굴하고 정련하고 재처리하는 과정에서 상당히 많은 양의 이산화탄소를 배출합니다. 물론 이를 다 합쳐도 화력발전보다는 적습니다. 그래도 화력발전의 이산화탄소 배출을 고려해서, 온난화 때문에 부득이 핵발전을 해야 한다는 주장도 있는데 사실 발전에서 차지하는 이산화탄소 배출량은 다른 산업 분야보다 훨씬 적습니다. 따라서 화력발전을 전부 핵발전으로 대체해봤자 온난화를 막는 데에는 별 도움이 안 됩니다. 게다가 방사능은 이산화탄소보다 훨씬 더 치명적입니다.

다른 발전 방식보다 핵발전이 월등히 싸기 때문에 경제성의 관점에서 핵발전을 해야 한다는 주장도 많이들 합니다. 그러나 핵발전소는 건설비가 같은 용량의 화력발전의 4~5배라고 합니다. 최근에는 안전시설이 더 많이 필요해져서 건설비가 크게 올랐다고 하지요. 사실 건설비에는 허수가 많습니다. 핵발전소 건설비는 세계 어디서나 모두 정부가 관여하는데 이자율을 얼마나 계산해놓았나에 따라 건설비가 크게 달라질 수 있지요.

운영비도 기대만큼 낮지 않을 수 있습니다. 연료 우라늄의 가격이 얼마나 낮게 유지되는가에 달렸는데 국제 시세가 상승하는 경향이 있습니다. 매장량이 얼마나 되는지 정확히는 모르지만 유한하다는 사실은 분명하지요. 더욱이 핵발전은 가동률이 보통 60~70%밖에 되지 않습니다. 핵발전소를 지어봤자 실제로 전력을 생산하는 날은 열흘 중 많아야 이레밖에 안 된다는 말이지요. 우리나라는 가동률이 높아서 80% 이상이라고 합니다만 이는 우리의 기술 수준이 높아서라기보다는 그만큼 안전 점검을 덜한다는 뜻인 듯합니다. 당연히 걱정되는 부분이지요.

그리고 핵발전소는 화력발전소에 비해 수명이 훨씬 짧습니다. 방사능 때문에 대체로 수명이 30~40년밖에 되지 않지요. 화력발전소보다 건설비는 높은데 수명은 짧기 때문에 자꾸만 수명을 연장하려는 유혹을 받게 됩니다. 그러면 그만큼 위험이 커지죠. 후쿠시마의 핵발전소도 수명이 끝났는데 연장한 상태에서 사고가 났습니다. 그런데 우리나라도 고리와 월성의 핵발전소의 수명을 연장했지요.

경제성에서 가장 중요한 요소는 폐기물 처리비인데, 이게 막대합니다. 얼마나 들어가는지 사실 아무도 모릅니다. 그러니 경제성을 정확히 따질 방법이 없어요. 고준위 폐기물 처리장은 아직 세계에 없고, 현재 유일하게 핀란드에서 건설하고 있습니다. 핀란드에서 건설하고 있는 폐기물 처리장에 대해서 재밌는 일화가 많아요. 고준위 폐기물, 예컨대 사용하고 난 핵연료는 최소한 10만 년은 격리시켜야 합니다. 그런데 안전하게 할 수 있는 방법이 있을까요?

지금 핀란드에서는 가장 안정된 지층의 암반을 지하에 500m 이상 뚫어서 거기에 저장하고 밀봉하려고 하는데, 그 암반이 아무리 안정되어 있다고 해도 10만 년 동안 지각변동이 안 생긴다는 보장은 없습니다. 지각변동이 한 번이라도 일어나면 파국이 될 수 있겠지요. 지각변동이 일어나지 않는다고 해도 문제가 많습니다. 예를 들어 그 입구를 어떻게 표시할까요? 이집트의 피라미드는 불과 수천 년 전에 만들어졌는데도 그것에 대해 잘 모르지 않습니까? 상형문자를 어느 정

154

도 해독하는 수준이지요. 그런데 10만 년 후의 후손들이 과연 지금의 문자를 해독할 수 있을까요? 혹시 그걸 잘못 이해해서 무언가 귀중한 것으로 오인하면 입구를 열고 들어갈 수도 있지 않을까요? 그래서 아무것도 쓰지 않는 편이 낫다고 생각하는 사람들도 있습니다. 그런데 아무런 표시가 없으면 누군가 이게 뭘까 하고 열어볼 수도 있겠지요. 이같이 쉽게 생각할 수 없는 문제들이 많은데 일부는 치명적일 수 있습니다.

이에 더해 홍보비, 배상비, 보험비 등도 막대하고, 수명이 다 되면 폐쇄해야 하는데 그 비용이 얼마가 될지도 아무도 모릅니다. 추정하기에 따라 예상 비용이 크게 달라서 건설비의 1/10에서 3배, 혹은 훨씬 더 많다는 추정도 있지요. 이런 차이는 폐자재를 어떻게 처리하느냐에 따라서 생깁니다. 저준위 폐자재를 엄격히 처리하지 않고 아무데나 버리면 1/10로 낮출 수 있겠죠. 저준위 폐자재란 핵발전소에서 일하는 사람들이 썼던 보호 장비 같은 것을 포함하는데, 상당한 양이라서 제대로 처리하면 그 비용이 막대할 수 있습니다.

핵발전소라도 안전하게 운영하면 좋다고 주장하는 사람도 있습니다. 하지만 핵반응로의 안정성은 그 자체로 불확실합니다. 핵반응로는 본질적으로 '비선형성'을 지니므로 시간이 흐름에 따라 어떻게 펼쳐질지 원리적으로 완벽하게 예측할 수 없습니다. 처음에 있던 약간의 차이가 크게 다른 결과를 가져올 수 있으므로, 사소한 잘못이 커다란 사고를 불러일으킬 수도 있거든요. 체르노빌 사고도 그렇게 일어났습니다. 출력을 낮추고 펌프의 비상 가동을 시험하다가, 출력이 급격히 내려가면서 갑자기 폭발했다고 알려졌습니다. 조작 실수가 원인이라고 하지요. 하지만 엄밀하게 말하면 아직도 정확한 이유를 모릅니다. 잘 모르는 게 당연합니다. 핵 사고에는 비선형성 때문에 이른바 나비효과로 나타나는 혼돈(chaos) 같은 속성이 있거든요.

그리고 고장은 언제나 발생합니다. 고장을 완전히 차단하기는 불가능해요. 특히 강한 방사선 때문에 핵발전소의 부품에는 일찍 결함이 생기게 됩니다. 엄밀하게 말해서 모든 경우를 고려한 완벽한 안전 수칙이란 본질적으로 불가능합니다. 괴델(Kurt Gödel)의 '불완전성 정리'가 이를 말해주고 있지요. 물론 이는 핵발전뿐만 아니라 모든 일상에 적용됩니다. 하지만 핵 이외의 다른 에너지는 근원이 햇빛이라서 사고가 나도 그렇게 치명적이지 않습니다. 핵발전의 경우는 사고가 한 번 나면 치명적이 될 수 있다는 점이 문제지요.

마지막으로 지속 가능성을 살펴볼까요? 경제성이 그리 좋지 않고, 안전성에도 문제가 있더라도 어쩔 수 없지 않느냐 하는 논리가 있을 수 있겠지요. 하지만 연료 우라늄의 추정 매장량은 에너지로 환산해서 대개 석탄의 1/10 정도입니다. 따라서 석유 등 화석연료를 대체한다면 30년도 쓰지 못합니다. 그러면 우리가 30년 동안 흥청망청 쓰자고 후손들에게 10만 년 동안 지옥을 남겨 줄 건가요?

사용한 핵연료를 재처리하면 된다는 주장도 많습니다. 재처리하면 다시 연료를 뽑아내서 쓸 수 있다는 것인데, 이는 기만에 가깝습니다. 재처리 과정이 위험하기도 하지만 현재로서 회수율은 1% 수준에 불과합니다. 더욱이 재처리를 하게 되면 고준위 폐기물이 증가하는데,

그 과정에서 핵무기를 만들 수 있는 플루토늄을 상당량 추출할 수 있지요. 그래서 재처리의 실제 목적은 사실 플루토늄 추출입니다. 예컨대 일본은 재처리를 많이 해놓아서 현재 플루토늄을 수십 톤 보유하고 있습니다. 핵폭탄을 1000개 이상 만들 수 있는 양이지요. 이북에서 핵폭탄을 서너 개 가지고 있다고 난리인데, 일본은 맘만 먹으면 몇 달 안에 수백 개를 만들 수 있을 겁니다.

고속증식로에서 인공태양까지

요즘엔 사용후핵연료를 재처리해서 쓰는, 이른바 '플루토늄 경제'라는 표현을 쓰면서 증식로의 가능성을 이야기하는 사람들도 많이 있습니다. 증식로를 이용하면 연료를 50배 이상으로 늘릴 수 있어서 에너지 문제가 해결된다는 장밋빛 전망을 이야기하지요. 여기서 증식로란 보통 고속증식로를 말하는데, 간단히 설명하면 감속재를 사용하지 않고 빠르게 나오는 중성자를 우라늄에 충돌시켜서 바로 플루토늄을 만드는 핵반응을 이용하는 것입니다. 핵폐기물을 연료로 쓸 수 있고, 중성자가 많이 나와서 핵연료를 증식할 수 있다는 점은 장점이 맞습니다. 그러나 감속재를 쓰면 중성자가 느려져서 핵반응을 일으키지 못하므로 감속재를 쓸 수 없다는 치명적인 문제점이 있습니다. 감속재가 없으면 조절이 잘 안 되어서 안정성을 확보하기 어렵습니다. 잘못하면 폭탄과 비슷해질 수도 있다는 뜻입니다. 심지어 물을 냉각재로 쓸 수

도 없습니다. 물이 감속재 구실을 하게 되기 때문이지요. 부득이 냉각
제로 물 대신 액체 나트륨을 쓰는데, 나트륨은 아주 위험합니다. 공기
와 접촉하면 바로 격렬하게 불이 붙지요. 몇 해 전에 우리나라의 어느
대학교 실험실에서 나트륨이 폭발해서 안타깝게도 몇 사람이 죽은 일
도 있었습니다.

그래서 몇 나라에서 고속증식로를 만들었지만 결국 그만두었습니
다. 프랑스에서 슈퍼피닉스, 곧 초불사조라는 이름의 고속증식로를
만들었다가 십여 년 운영하고는 폐쇄했고, 일본에서 몬주(文珠), 곧 문
수보살이라고 이름 붙인 고속증식로를 만들었는데 1994년에 시험 운
전 중에 화재가 나서 닫아버렸지요. 15년 후에 다시 시험 가동하다가
또 사고가 났어요. 그 사고란 것도 황당합니다. 핵반응로 안에 공구를
떨어뜨렸는데 꺼낼 방법이 없는 겁니다.(이 문제는 일단 해결했다고 하지만
재가동하지 못하고 결국 폐쇄하기로 정해졌지요.) 이렇듯 고속증식로에는 일
상적으로 생각할 수 없는 위험이 도처에 있습니다. 독일도 만들었다가
시험 가동도 안 하고 바로 폐기했습니다. 고속증식로는 일단 비용이
엄청나게 들어가는데 아직까지 실용성은 전혀 없습니다.(몬주의 경우,
그동안 들어간 총 경비가 무려 100조 원에 달한다고 합니다.)

이와 달리 우라늄 대신에 토륨을 연료로 쓰는 열증식로가 있습니
다. 토륨 자체는 핵분열하지 않지만 핵반응을 통해 우라늄233을 얻
어내고, 이를 핵연료로 쓰는 방법이지요. 토륨은 매장량이 많고, 증식
이 용이하며 안전한 편이지요. 더욱이 핵폐기물도 비교적 적다는 장점
이 있는데, 역설적으로 이 때문에 관심을 끌지 못했습니다. 핵무기를

만드는 데 불리하기 때문인데, 이는 핵발전과 핵무기가 밀접하게 관련되어 있음을 보여줍니다. 또 스스로 핵반응이 일어나지 않아서 불쏘시개로서 중성자를 공급해야 하므로 경제성 문제가 있고, 감속재의 어려움이 있을 수 있지요. 많이 다뤄지지 않아서 아직 기술적 문제가 남아 있고, 전망이 불확실합니다.

핵융합 반응에 기대를 갖고 있는 사람들도 있습니다. 핵융합은 별 또는 해가 에너지를 지속적으로 방출하는 방법입니다. 그러니 핵융합 반응을 이용하자는 건 간단히 말해 인공 태양을 만들자는 것이지요. 수소가 결합해서 헬륨이 만들어지는 핵융합 반응에서 질량의 일부가 없어지고 에너지로 옷을 갈아입는 현상을 이용하자는 건데, 성공만 한다면 엄청나다고 할 수 있지요. 중성자가 조금 나오긴 하지만 핵폐기물이 전혀 없는 깨끗한 에너지이고, 폭발 위험이 없으므로 안전하기까지 합니다. 게다가 연료인 중수소는 바닷물에서 사실상 무진장으로 얻을 수 있죠. 핵융합 발전이 성공하면 정말 에너지를 걱정할 필요가 없습니다. 지상낙원이 펼쳐질 듯하지요?

그런데 이러한 핵융합 반응이 일어나려면 매우 높은 온도와 밀도가 어느 정도 동안 유지되어야 합니다. 현재는 지상에서 이렇게 하려면 먼저 핵폭탄을 터뜨려서 관성에 의한 급격한 핵융합 반응을 유도하는 수밖에 없는데 이것이 바로 핵융합 폭탄입니다. 흔히 수소폭탄이라 부르죠. 발전 등에 이용하려면 서서히 핵융합 반응이 일어나도록 조절해야 하는데 몇 가지 방안이 연구되어왔지만 안타깝게도 아직까지는 성공한 적이 없습니다. 미국에서 수십 년 동안 엄청난 돈을 퍼부었는데 성공하지 못하고 거의 중단한 상태입니다. 우리나라에서도 이것을 하겠다고 2007년에 4000억을 투자했고, 앞으로 5조를 지원한다고 되어 있습니다. 미국이 연구하다가 밑 빠진 독이라고 여겨서 그만둔 것에 너무 큰돈을 붓는 것이 아닌지 모르겠네요. 현재 성공 가능성은 희박해 보이지만, 그래도 여러 나라가 모여서 한 번 연구해볼 가치는 있을 듯합니다. 최근에는 실제로 국제열핵실험반응로(International Thermonuclear Experimental Reactor, ITER)라는 것을, 유럽연합에서 주도하고 일본, 러시아, 중국, 한국, 미국, 인도 등이 연합해서 연구하고 있어요. 여기서 나라의 순서는 돈을 많이 낸 순서입니다. 한국이 미국보다 돈을 더 많이 냈다는 건데 좀 이상하지요? 미국은 돈을 별로 내지 않는데 안 될 거라 생각해서 그런 걸까요?(웃음) 우리나라는 이 연구에 1조 3000억 원 정도 내는 것으로 되어 있습니다. 하지만 과연 성공할지, 그리고 성공하더라도 언제 상용화할 수 있을지는 기약이 없습니다.

안전할 때 멈춰야 한다

핵발전과 관련해서 치명적인 사고가 나면 피해액은 얼마나 될까요? 후쿠시마의 경우, 핵발전소들의 폐쇄 비용은 200조 정도로 추산하고, 피해를 보상하는 데는 1400조 정도가 필요하리라 추산합니다. 이런 비용을 감당하려면 일본 경제가 엄청난 타격을 받을 겁니다.

최근 프랑스에서 만약 자국에서 체르노빌, 후쿠시마 같은 사고가 나면 피해액이 얼마나 될지 추산했는데, 최대 8000조 원을 얻었습니다. 그 정도 액수라면 프랑스도 견딜 수 없어 파산할 거라고 하지요. 그런데 한국은 인구가 훨씬 더 밀집되어 있어서 비용이 이보다도 많으리라 추정합니다. 고리 발전소의 경우 부산 바로 옆에 있거든요. 반지름 20km 안에 300만 명이 넘게 살고 있습니다. 사고가 나면 치명적이겠지요. 후쿠시마와 비교조차 할 수 없을 정도로 상상을 초월하는 피해를 입을 것입니다.

그래서 러시아 과학한림원의 야블로코프(Alexey Yablokov)는 핵 산업은 인류와 지구에 실질적으로 핵무기와 똑같은 수준의 위협을 준다고 지적했습니다. 핵발전소는 안전할 때 멈춰야 합니다. 계속 가동하다가 사고가 난 뒤에 멈추는 것은 의미가 없어요. 이미 모든 것이 끝난 다음이니까요. 지금 안전하니까 연장해서 가동하자는 말은 파국으로 가겠다는 말과 같습니다.

핵발전은 본질적으로 물질에 대한 끝없는 탐욕과 에너지 중독의 산물입니다. 인간성 파괴를 부추기는 '악마의 발명품'이 아닐 수 없습니다. 또한 이것은 가장 비민주적인 속성을 지녔지요. 핵발전은 핵무기와 직결되는 민감한 문제라서 공개적으로 운영할 수가 없습니다. 관련 정보가 공개되지 않고 제대로 보도도 되지 않지요. 독점적이고 대규모로 집중적이므로 반공동체, 반인권, 반생명적이라는 속성도 명백합니다. 가장 중요한 점은 핵발전은 자연의 질서를 근원적으로 교란하는 행위라는 것입니다. 인간은 자연의 일부로 자연과 별개로 존재할 수 없다는 점에서 핵에너지란 본질적으로 인간 능력의 한계 밖에 있는 문제입니다. 비유하자면 핵에너지는 현대판 판도라의 상자이자, 기독교의 관점으로 보자면 선악과에 해당한다고 할 수 있을 듯합니다. 아주 달콤해 보이는 에너지원이지만 자손 수천 대에 이르는 재앙을 가져올 수 있고 나아가 인류의 파멸을 초래할 수 있습니다.

6강

법과 인권의 이름으로
핵발전에 반대한다

·

이계수

·

2013년 4월 23일
서울 종로 평화박물관

이계수

•

건국대학교 법학전문대학원 교수. 민주주의법학연구회 회원이자 녹색전환연구소 이사이다. 후쿠시마 사고 이후 만들어진 '탈핵 법률가 모임, 해바라기'의 회원으로 활동하면서, 탈핵을 위한 재판 투쟁과 입법 운동에 힘쓰고 있다.

우리나라에는 월성원자력발전소가 있습니다. 월성군에 있기 때문에 그런 이름이 붙었죠. 그런데 지금 행정구역상 월성군이 있나요? 없습니다. 옛날 지명입니다. 연세가 있으신 분들은 월성이라고 하면 알지만 요즘 사람들은 잘 모릅니다. 월성은 현재 경주시에 속하는 곳입니다. 정확하게 이름을 붙이자면 월성원자력발전소가 아니라 경주원자력발전소라고 해야 맞지요.

고리원자력발전소도 마찬가지입니다. 고리라고 하면 어디인지 아는 사람이 드물 거예요. 고리는 현재 행정구역상으로는 부산시 기장군 장안읍 고리입니다. 지명으로 제대로 붙이면 부산원자력발전소라고 하는 게 맞습니다. 요즘에는 고리 1호기 고장 사건이 언론에 자주 보도되니까 고리라는 지명이 익숙해졌지만 그곳이 정확히 어디인지 아는 사람은 별로 없을 겁니다.

한편 영광원자력발전소가 생기고 난 뒤에는 영광 굴비라는 말이

쏙 들어가고 법성포 굴비라고 하는데요, 핵발전소 바로 옆에서 잡은 굴비라고 하면 누가 사 먹겠습니까? 그래서 바꾼 거죠. 이제는 영광원전에서 다시 이름을 바꾸어 한빛원전이라고 한다지요.

핵발전소의 이름을 지을 때 왜 이렇게 정확한 지명을 자꾸 숨기려는 걸까요? 이유를 추측하기는 어렵지 않습니다. 월성원전을 경주원전이라고 했다면 경주에 외국인들이 관광을 오겠습니까? 모르긴 해도 상당한 영향이 있을 겁니다.

이름을 감추는 데서 알 수 있듯 우리 사회는 핵발전소 문제를 쉬쉬하며 숨기려는 경향이 강합니다. 월성이든 고리든 영광이든 핵발전소는 모두 일반 시민과 멀리 있는 문제, 관계없는 문제로 생각하게끔 정부가 작업을 많이 해놓았지요.

발전소 이름뿐만 아니라 원자력발전이라는 표현 자체에도 문제가 있습니다. 사실 정확한 표현은 핵발전이 맞지요. 영어로는 nuclear power plant라고 하고요, 독일어로는 Kernkraftwerk입니다. 영어의 nuclear나 독일어의 Kern은 모두 핵이라는 뜻입니다. 그런데 우리나라 정부의 공식 용어, 법률상의 공식 표현은 원자력발전소입니다. 또 방사성폐기물관리법에서는 핵폐기물을 방사성폐기물이라고 부릅니다. 핵반응로의 수명 연장은 '계속 운전'이라고 표현하고요. 히로시마, 나가사키에 핵폭탄이 떨어진 것을 사람들이 다 알고 있으니, 핵에 대한 국민들의 공포와 부정적 인식을 숨기려고 핵발전과 관련한 어휘들을 이런 식으로 표현하는 것 아니겠습니까?

하지만 국민들이 더 이상 핵발전을 하지 말자고 하면서 후쿠시마 사고 이후 당장 눈앞에 닥친 위험을 해결하려고 나서지 않는 데에는 보다 본질적인 문제도 있습니다. 인간은 원래 그 자체로 모순적인 존재인데요, 그에 관해 환경정치학자인 존 드라이젝(John Dryzek)이 한 말이 있습니다.

미국 캘리포니아 주 세쿼이아국립공원에 미네랄킹이라는 계곡이 있습니다. 1960년대에 월트디즈니사가 이곳에 리조트를 개발하려고 했지요. 환경보존주의자들의 반대 운동으로 다행히 개발계획은 좌절되었습니다만, 이 사안을 두고 드라이젝은 이런 말을 해요. "사람들은 시민으로서는 개발로 인해 사라지는 생명들을 걱정하면서 계곡의 자연환경이 보존되는 것이 좋다고 느끼지만, 소비자로서는 빨리 그곳까지 고속도로를 타고 달려가서 스키를 즐기고 싶다고 생각한다." 인간은 누구나 이 두 가지 모습을 다 가지고 있는데, 둘 가운데 어느 쪽을 강화하고 어느 쪽을 통제 또는 견제할 것이냐를 결정하는 것은 개인의 의지만으로는 어렵다는 것을 잘 보여주는 말이지요.

후쿠시마 사고 이후 방사능의 위기에 대처하는 우리 사회의 모습 또한 이와 비슷합니다. 우리는 방사능으로부터 안전하게 살고자 하는 소망도 있지만 한편으로는 값싼 전기의 유혹을 쉽게 끊어내지 못합니다.(물론 그 전기는 결코 값싼 것이 아니지만요.) 작년 3.11 대참사 이후 한두 달쯤 지나 제가 회원으로 있는 생활협동조합 '한살림' 매장에 가서 약용 소금을 구입하려고 했는데 물건이 없다고 하더군요. 후쿠시마 핵발전소에서 방사능 오염수가 바다로 많이 유출되었지 않습니까? 그걸 안 소비자들이 후쿠시마 사고 이전의 바닷물로 만든 소금을 전부 사가버린 것이지요. 참 빠르지요. 많은 사람들이 환경 문제를 걱정하고 그에 따라 먹을거리 문제에도 민감하게 반응한 것이지요.

하지만 시민으로서 사람들은 그만큼 발 빠르지 못했습니다. 지난 2013년 4.11 총선이 지난 후에 한살림 매장에 가서 회원 수가 몇 명이냐고 물어보니 30만 명이라고 하더군요. 그 숫자를 들으니 왜 핵발전을 끝내자고 주장한 녹색당이 총선에서 11만 표밖에 얻지 못했는지 의아했습니다. 내 가족, 내 자식에게 안전한 소금을 먹이겠다고 하는 사람들이 정작 소금을 그렇게 만든 핵발전을 끝내자고 말하는 정당에 표를 주지는 않았다는 것 아닙니까? 여기에는 여러 가지 이유가 있겠지만 시민으로서의 입장과 소비자로서의 입장이 다르고, 시민으로서의 의식은 아직 미흡한 것도 한몫을 할 겁니다. 이것을 어떻게 변화시켜 나갈지 고민이 많이 됩니다.

핵발전과 인권의 관계

그러면 법은 어떤 방식으로 시민들의 의식을 바꾸고 시스템을 바꾸는데에 기여할 수 있을까요? 후쿠시마 사고 이후 저는 법의 관점에서 핵발전의 문제를 많이 고민하고 있습니다. 특히 저는 법학자로서 핵발전과 인권의 관계에 큰 관심을 갖고 있습니다.

일반 시민들은 핵발전을 과학기술의 문제, 경제의 문제로 생각할 뿐 인권의 문제라고는 잘 인식하지 못합니다. 하지만 핵발전은 인권과 아주 깊은 관계가 있습니다. 우선 핵발전소는 평화적 생존권이라는 인권 중의 인권을 침해합니다. 특히 일본은 후쿠시마 사고 이후 이 사실을 명확히 깨닫게 되었지요. 이 사고로 얼마나 많은 사람들이 죽고 고향을 잃었습니까? 일본은 이른바 '평화 헌법'을 가진 나라라는 점에서 더욱 안타깝습니다. 일본은 2차대전 때 전쟁을 일으킨 나라였지요. 또 세계에서 유일하게 두 번에 걸쳐 핵무기 공격을 받은 나라이기도 합니다. 그래서 패전 후에 새로 헌법을 만들면서 전쟁은 안 된다, 핵무기는 안 된다, 평화롭게 살 권리가 있다 하는 내용을 헌법 조문에 집어넣거나 해석상 그렇게 이해해왔습니다. 일본국헌법 제9조에 이런 내용이 들어 있어 이를 평화 헌법이라고도 부르기도 합니다. 그런데 일본 사람들이 놓친 게 있지요. 바로 핵발전소입니다. 즉 피폭국인 일본 사회는 평화 헌법을 통해 핵무기에 반대해왔지만, 핵발전소가 평화 헌법 조항에 반하는 위헌적인 시설이라는 생각은 못했던 겁니다.

평화적 생존권을 침해한다는 점에서 핵발전은 본질적으로 핵무기와 다를 바가 없습니다. 이것을 잘 보여주는 일화 하나를 들려드릴게요. 2001년에 9.11 테러가 발생했지요. 미국 상원에 제출된 9.11 테러 공격에 대한 공식 보고서에 실린 이들의 증언에 따르면, 보잉767기를 몰고 뉴욕의 세계무역센터 북쪽 건물로 돌진했던 모하메드 아타는 원래는 허드슨 강변의 인디언포인트 핵발전소의 핵반응로 두 곳도 타격 목표로 삼았다고 해요. 그러나 비행기를 몰았던 테러범들은 핵발전소로 향하는 비행이 지대공 미사일이나 요격 전투기로 저지될 수 있다고 판단하여 이 계획을 수정했지요.(놀라운 사실은 핵발전소를 방어하는 군사적인 안전 대책이 실제로는 존재하지 않았다는 거예요. 요즘의 핵반응로는 테러 공격에도 견딜 수 있게 설계되어 있다고도 합니다만, 다 그런 것은 아닙니다.) 이 에피소드 하나만으로도 핵발전소는 핵무기와 다를 바 없다는 주장이 설득력 있게 들리지 않습니까?

핵발전소는 노동 인권의 측면에서도 매우 중대한 문제입니다. 핵발전소는 여러 가지 면에서 노동 인권을 심대하게 침해합니다. 후쿠시마 사고 이후 일본에서 청소 노동자를 모집했는데 정규직 노동자들은 아무도 가려 하지 않았습니다. 결국 비정규직들이 가서 핵발전소 주변을 청소했습니다. 위험하기 짝이 없는 일을 비정규 노동자들이 하는 현실입니다. 일본에서는 핵발전소 노동의 하청 구조가 정말로 복잡합니다. 하청이 10단계 이상 넘어가는 경우도 흔하다고 하니 그 노동의 질이 인권과 결코 무관할 수 없습니다.

핵발전으로 인한 인권 침해는 사고 현장이나 발전소 안에서만 일어나는 것이 아닙니다. 핵발전의 연료인 우라늄 채굴 과정에서부터 인권 침해가 발생합니다. 미국은 인접국인 캐나다 광산에서 우라늄을 캤으며 구소련은 구동독 지역, 체코슬로바키아, 헝가리, 불가리아에서 우라늄 채굴을 독려했다고 합니다. 수천 명에 달하는 우라늄 광산 노동자들은 환기도 제대로 되지 않는 갱도에서 라돈 가스로 오염된 미세 먼지를 마시며 중노동을 해야 했고, 장기간 근무한 노동자들은 결국 폐암으로 시름시름 죽어갔다고 해요. 그 과정에서 우라늄을 채굴하는 광부들의 건강은 처음부터 문제조차 되지 않았다니 참으로 안타까운 일입니다.

프랑스에는 아레바(Areva)라는 핵발전 기업이 있습니다. 40년 넘게 아프리카 니제르에서 우라늄을 채굴하고 있지요. 이 기업은 비디오 자료를 통해 우라늄 광산에서의 노동과 복지 및 안전 기준이 유럽과 미국의 수준에 맞추어져 있다고 선전하고 있지만, 현지의 환경운동가, 인권운동가 및 언론인들의 주장에 의하면 이는 완전히 거짓말이라고 합니다. 환경 단체인 그린피스의 활동가들이 광산이 있는 아코칸 지역의 모래에서 방사능 오염도를 측정해보니 일반 모래보다 100배 높은 방사능이 검출됐다고 해요. 아코칸의 거리에서는 방사능이 무려 500배 많이 검출됐다는 결과도 나와 있습니다. 아레바 측은 1980년대 중반에야 광산 노동자들에게 마스크 등 보호 장비를 지급했는데, 이것도 1986년에 체르노빌 사고가 일어난 후에야 시행했습니다. 많은 광산 노동자들이 무섭게 마르고 원인 모를 병으로 죽어가지만, 아레바가 운영하는 현지 병원에서는 병명을 에이즈나 말라리아라고 진단하는 경우가 허다하다고 합니다. 노동자의 죽음 앞에서까지 심각한 인권 유린이 발생하고 있는 현실입니다.

우리나라는 후쿠시마 사고가 일어난 일본이나 아프리카만큼은 아니지만, 정부의 잘못된 정책으로 인해 핵발전소 노동자들의 노동 환경이 갈수록 나빠지고 있습니다. 2008년에 이명박 정부는 공공기관 선진화 방안을 내놓았습니다. 그래서 한국수력원자력 등 핵발전 산업체들이 정원을 대폭 줄였는데, 이로 인해 정규직 노동자들의 업무 과다와 피로 누적이 심화되고 있다고 합니다. 통계를 보면 한국수력원자력은 정원을 1067명(기존 정원의 13.1%)이나 줄였고, 한전KPS와 한국

전력기술도 각각 460명(10.2%)과 195명(10.2%)씩 감축한 걸로 나옵니다. 일부 발전소에서는 운영과 정비를 포함해 17~33%까지 근무 인원을 줄이기도 했다고 해요. 이것은 노동 인권 침해일 뿐만 아니라 핵발전소 운영상의 안전을 위협합니다.

어디 노동자만 그럴까요? 핵발전소와 직접적으로 관계가 없는 사람들 역시 큰 희생을 치르고 있습니다. 특히 사회적 약자들의 희생이 강요되고 있어요.

울리히 벡(Ulrich Beck)이라는 독일의 사회학자는 현대사회가 '위험 사회'라고 지적하면서 "스모그는 민주적이다."라는 말을 한 적이 있습니다. 산업사회의 핵심 위험은 빈곤이었어요. 부자들은 이런 위험에 노출될 리가 없지요. 그런데 위험 사회의 핵심 위험은 화학 오염으로 인한 리스크, 유해 폐기물, 핵에너지로 인한 위험 같은 것인데, 이때는 부자들도 이 핵심 위험으로부터 안전하지 않지요. 그러니 현대사회에서는 위험 부담이 공평 분배된다는 의미에서 이런 말을 했어요.

그런데 과연 그럴까요? 아마겟돈(세상의 종말에 마지막 전쟁이 일어나는 장소로 『요한계시록』에 나오는 표현입니다. 이를 소재로 한 영화도 만들어진 적이 있지요.)이 되어 지구가 멸망한다면 이것도 맞는 말이겠지만 위험 사회의 위험도 가난한 자들에게 집중되고 있어요. 미국에서 핵폐기물 처리장이 집중되어 있는 곳이 어딘지 아세요? 서부 지역의 목축민 거주지, 아메리카 원주민이 사는 지역 인근이에요. 또 가난한 라틴계 및 아프리카계 미국인이 많이 사는 곳에 이런 시설들을 짓습니다.

우리나라 역시 밀양과 청도를 비롯해 전국 곳곳에서 송전탑 건설 문제로 지역 주민들이 큰 곤란을 겪고 있습니다. 핵발전소는 지역적으로 가장 힘없는 지역에 집중적으로 건설되면서 마을에서 오래 터 잡고 살았던 노인들의 희생을 강요하고 있지요. 그뿐만이 아닙니다. 핵발전소는 지역적으로 약한 고리에 집중적으로 건설되고 있습니다. 송전탑 선로도 힘없는 지역을 지나갑니다. 서울 강남에 가보세요. 그곳에서 고압 송전탑을 본 적이 있습니까? 전기를 많이 쓰는 강남 3구가 전기를 훨씬 더 적게 쓰는 노원구, 강북구 등과 같은 지역에 비해 송전선 지중화율은 월등히 높아요. 이러한 모습에서 우리는 지역 차별적인 부분도 생각해볼 수 있는 겁니다.

물론 정부는 이런 것을 전부 감추고, 핵발전소나 송전탑 건설 모두 법대로 하는 것이라고 설명합니다. 그것조차도 자세히 들여다보면 편법, 탈법이 많지만 합법적으로 진행된다 하더라도 문제는 남습니다. 송전탑 건설 과정에서 발생하는 지역 주민 강제 퇴거 문제를 생각해봅시다. 밀양에서 벌어지고 있는 일이기도 한데요, 강제 퇴거가 '전원(電源) 개발 촉진법' 및 '공익사업을 위한 토지 등의 취득 및 보상에 관한 법률'에 따라 이루어진다고 하더라도, 그것 자체가 인간의 존엄성을 해치는 위헌적인 법 집행이 될 수 있고, 국제 인권법에 반하는 법 집행, 혹은 사업 진행이 될 수도 있습니다.

1997년에 유엔 사회권규약위원회에서 채택된 일반 논평 7에서는 강제 퇴거가 인정될 수 있는 요건 및 인정되는 경우라도 준수해야 할 원칙을 열거하고 있습니다. 이것은 국가가 공익사업을 진행하는 경우, 혹은 그 과정에서 주민들을 강제 퇴거하는 경우에는 국내법 외에도 국제 인권법상의 기준을 지켜야 한다는 취지에서 만들어진 것입니다. 그 기준 중에는 공익사업으로 인해 영향을 받는 주민들과 진정한 협의를 해야 한다는 것도 있습니다. 그런데 지금 밀양이나 여타 지역에서 송전탑을 건설하는 과정에서 이런 협의가 있었습니까? 있었다면 왜 일흔도 넘은 노인이 분신하는 사태까지 생겼겠습니까?

법과 인권의 이름으로 싸우는 법률 투쟁

정부가 탈법, 불법적으로 핵발전 관련 시설을 건설하거나 가동하면 이를 어떻게든 막아야 해요. 또 합법적이더라도 인권에 반하는 방식으로 밀어붙이면 이것에 대해서도 항의해야 합니다. 항의를 조직하고, 관료들이 일방적으로 정하는 '국익' 논리에 반대하는 방법은 여럿 있겠지만 오늘은 법과 인권을 중심으로 이야기를 해보겠습니다.

제가 생각하는 인권은 세상의 모든 권력과 대결하는 권리입니다. 세상의 어딘가에 권력이 있다면 그에 맞서서 목소리를 낼 수 있는 권리가 바로 인권이라는 뜻입니다. 그리고 핵발전을 촉진하고 계속해서 핵발전소를 지으려는 국가와, 그 국가권력과 결탁한 핵산업의 권력에 맞서는 권리를 반핵 인권이라고 부를 수 있습니다. 일본의 탈핵 운동가 이이다 데츠나리(飯田哲也)는 '원자력 마을(村)'이라는 말을 만들어 낸 바 있는데요, 이는 핵 산업을 추진하는 전력, 산업, 관료, 정치가(정계), 대학(학계), 미디어(언론계) 등으로 짜인 핵발전 공동체, 이른바 핵 마피아를 가리키는 말이지요. 이런 세력에 맞서는 권리가 반핵 인권입니다.

법과 인권의 이름으로 핵발전에 반대하는 방식, 반핵 인권을 지키는 방식에는 여러 가지가 있습니다. 법률 투쟁도 좋은 방법 중의 하나입니다. 법률 투쟁의 방식에는 여러 가지가 있습니다. 우선 핵발전을 말 그대로 '진흥'하겠다는 목적으로 만들어진 '원자력 진흥법' 폐지 운동을 하는 것을 생각해볼 수 있습니다.(후쿠시마 사고 이후 정부는 원래 하나였던 원자력법을 고쳐서 원자력 안전법과 원자력 진흥법으로 나누었습니다.) 3.11 대참사를 보고도 원자력을 진흥한다고요? 참 뻔뻔한 정부입니다. 다른 나라에서도 초기의 원자력법을 보면 대개 '진흥'이라는 말을 썼지만 늦어도 1986년 체르노빌 사고 이후에는 슬그머니 그 말을 빼지요. 실제로 여전히 진흥의 입장을 갖고 있다고 하더라도 말이에요. 그런데 우리 정부는 원자력 진흥법이라는 이름을 턱 내걸고 핵발전을 진흥하겠다는 입장입니다. 이런 것을 쉽게 용납해서는 안 됩니다.

국회가 적극적으로 핵발전소 건설과 가동에 대해 규제할 수 있도록 하는 법률, 예컨대 '탈핵 기본법'과 같은 법을 제정하라고 국회를 압박하는 방법도 있을 것입니다. 적어도 국회가 지금보다는 더 적극적으로 핵발전소 건설과 가동에 대해 규제하도록 촉구해야 합니다. 지금은 수명이 끝난 핵발전소의 수명을 연장하는 결정을 행정부가 독자적으로 하고 있습니다.

헌법 책을 보면 '의회 유보 이론'이라는 말이 나와요. 의회 유보란 쉽게 말하면, 국회는 국민의 생명과 안전과 같은 기본적 인권을 침해할 수 있는 사항에 대해서는 행정부에게 맡기지 말고 스스로 결정해야 한다는 원칙입니다. 이는 헌법재판소 판결에도 나오는 법리입니다. 핵발전소의 수명을 연장하는 것은 핵발전소의 안전과 관련한 중요한 사항입니다. 그런데 현행 원자력 안전법에 보면, 수명 연장에 대해 규정한 것이 없습니다. 핵심적인 내용은 전부 원자력 안전법 시행령에 들어가 있어요. 시행령은 행정부가 만드는 거거든요. 속된 말로 행정부 마음대로 기준을 정하고 절차를 정한 다음에, 수명을 연장하고 있습니다. 그리고 나서 사고가 나면 어떻게 할 겁니까? 왜 국민의 대리인들이 모인 국회가 그 부분에 대해 법률로 명확하게 규율하지 않는 것인지 참 모를 일입니다. 인권, 기본권을 침해할 수 있는 중요한 사안이라면, 그에 대해서는 반드시 국회가 먼저 결정해야 한다고 자꾸 요구해야 하고, 국회가 손 놓고 있으면 헌법재판소에 제소라도 해야 합니다.

국회는 탈핵 기본법을 통해 '국가에너지기본계획'에도 참여할 수 있어야 합니다. 국가에너지기본계획이란 이명박 정부가 만든 '저탄소 녹색 성장 기본법'에 근거한 것인데요, 2008년에 제1차 에너지기본계획이, 2013년에 다시 제2차 에너지기본계획이 수립되었어요. 여기서 에너지 수요 목표나 에너지원 구성 등이 다 정해지기 때문에 이 계획은 정말 중요합니다. 이 계획에 따라 핵발전소를 몇 기 더 지을지도 정해지지요. 그런데 이런 중요한 계획에 현재 국회가 관여할 수 있나요? 안타깝지만 없습니다.

행정 계획이란 원래 20세기 초에 행정부가 의회로부터 권력을 뺏어오기 위해 만든 수법입니다. 박정희 정권 시절에 익숙하게 들었던 경제개발계획을 떠올려보면 쉽게 이해할 수 있을 겁니다. 당시 경제개발 계획은 대통령과 관료들이 책상머리에서 다 세웠습니다. 그리고 그때 나 지금이나 회의 내용이나 자료, 회의록 같은 것을 공개하지 않습니다. 이런 것을 국회가 통제할 수 있다면 조금 달라질 수 있을 겁니다.(여기에 핵발전의 안전, 미래의 에너지 수요 예측과 관련하여 정부가 숨기고 있는 정보를 공개하도록 압박하는 시민운동이 가해진다면 더욱 좋겠지요.)

사실 가장 강력한 법률 투쟁은 '탈핵 헌법'을 제정하자는 헌법 운동입니다. 지금 세계에는 헌법으로 핵무기는 물론이고 핵발전도 금지한 나라가 여럿 있습니다. 오스트리아가 대표적인 나라입니다. 오스트리아의 비핵 헌법(1999년)은 오스트리아가 유럽연합(EU)에 가입할 당시에 보수파들이 북대서양조약기구(NATO)도 가입하자고 한 것이 계기가 되어 핵무기의 국내 배치는 물론 국내 통과도 금지하며, 동시에 핵발전소를 금지하는 내용으로 제정되었습니다. 오스트리아는 1978년에 건설 완료된 가동 직전의 핵발전소를 국민투표를 통해 폐쇄한 나라입니다. 그 직후 오스트리아 국회는 '핵발전 금지법'을 제정했는데, 그것을 헌법 차원으로까지 끌어올린 거지요.

남태평양의 몇몇 나라들도 핵발전소 금지를 헌법에 못 박았습니다. 마셜 제도에서 수없이 행해진 미국의 원자, 수소 폭탄 실험의 피해를 경험한 뒤에 이런 헌법 규정을 두었다고 합니다. 군대를 버린 나라, 코스타리카도 헌법에서 핵발전을 금지하고 있습니다. 우리나라도 통일을 준비하고 한반도 비핵화를 생각한다면 핵발전을 금지하는 헌법을 만들자는 운동도 해야 합니다.

독일의 반핵 소송은 어떻게 진행되었나

장기적으로는 이런 운동들을 열심히 해나가야 하지만, 당장에는 재판 투쟁이 아주 중요합니다. 실제로 많은 사람들이 법률 투쟁이라고 하면 재판 투쟁을 떠올릴 정도로 재판 투쟁은 아주 유명하고 또 그만큼 유용하지요. 그런데 한국의 시민사회는 이 재판 투쟁도 제대로 못했습니다. 과거에 몇몇 소송을 제기했지만 거의 패소했고, 시민사회의 주목도 받지 못했습니다. 그러나 3.11 이후 '탈핵 법률가 모임, 해바라기'가 결성되어 앞으로 재판 투쟁과 입법 운동을 열심히 하고자 법학자, 변호사 등이 모여서 공부하고 연구하고 있는 중입니다. 저도 이 단체에 소속해서 활동하고 있습니다.

재판 투쟁 하면 독일의 사례를 많이 듭니다. 독일은 탈핵 프로세스에서 매우 모범적인 나라인데, 이는 그 나라의 경제 구조와도 연관이 있는 것이지만, 시민들이 움직인 것도 아주 중요한 역할을 했습니다. 그리고 시민들의 항의를 조직하고 탈핵으로 나아가는 데 핵발전소 관련 소송이 일정한 기여를 했습니다.

독일에서 반핵 운동은 1970년대에 이미 전국 단위의 조직화가 이루어졌습니다. 그 힘으로 녹색당도 창당되었지요. 그런데 이 조직화에 기여한 것이 바로 독일 남부 슈바르츠발트(Schwarzwald) 지역의 빌(Whyl)이라는 작은 마을에서 일어난 반핵 운동입니다. 슈바르츠발트는 우리말로는 검은 숲으로 번역되는 산림 지대인데요, 그림동화에 나오는, 헨젤과 그레텔이 길을 잃은 숲도 바로 이 슈바르츠발트라고 해요. 이 지역에 위치한, 담배와 포도 농사가 주업인 농촌 마을에 주정부가 핵발전소를 건설하려고 하자 주민들이 격렬하게 반대합니다. 그 당시의 사진을 인터넷에서 검색해보면 참 대단해요. 주민들은 아예 건설 예정지에서 먹고 자면서 시민 학교까지 만들었어요. 주부들은 발전소 예정 부지에 텐트를 치고 아이를 키웠습니다. 이런 식으로 싸우면서 전국적으로 연대하고 여론을 형성해나간 거죠. 경찰이 폭력적으로 이들 주민들을 진압하는 영상이 전국 방송으로 나가자 독일 전역이 분노하기도 했습니다. 몇 차례 이런 충돌이 되풀이되면서 한 지역의 문제가 전국적인 문제로 전개되어 갑니다.

이 과정에서 발전소 예정지에서 3~7km 내에 살고 있는 주민들이 반대 운동의 일환으로 핵발전소 허가를 취소해달라는 행정 소송, 정확히 말하면 1975년 1월 22일자로 발령된 제1차 부분 허가에 대한 취소 소송을 제기합니다. 그리고 1977년 3월에 1심 법원인 프라이부르크(Freiburg) 행정법원이 이에 대해 아주 중요한 판결을 합니다. 이 판결에서 재판부는 핵반응로 가동으로 인해 담배와 포도 농사에 침해가 발생하지는 않는다, 방사능 위험도 그렇게 심각한 것은 아니다, 핵폐기물 문제도 해결 못할 것은 아니다라고 합니다. 그러다 예상을 깨고 핵반응로 압력 용기의 파열(破裂)을 방지할 새로운 안전 기준이 필요하다고 판결합니다. 핵반응로는 단단한 금속 통으로 만들어지는데 만약 이 금속이 파손되면 방사능이 외부로 누출되어 전국적인 재앙이 일어나게 됩니다. 그러니 핵반응로 밖에 콘크리트 방호벽을 새로 만들어야 한다고 판결한 것이지요. 그런 보호 장치 없이 핵전소를 건설하면 안 된다고 해서 제1차 부분 허가를 취소해버린 겁니다.

같은 해 슐레스비히(Schleswig) 행정법원(1977. 2. 9)과 뤼네부르크 (Lüneburg) 상급 행정법원(1977. 10. 17)이 브로크도르프(Brockdorff) 핵발전소에 대한 허가를 집행 정지 해달라는 신청인들의 주장을 받아들입니다. 집행 정지란 한마디로 말하면 행정이 내린 결정을 최종 판결이 내려지기 전까지 집행되지 않도록 막는 것을 말해요. 핵발전소에 대한 허가가 집행 정지가 되지 않으면 그냥 공사를 계속하게 됩니다. 나중에 최종 판결할 때가 되면 이미 발전소를 다 지은 상태가 되어버리지요. 그러면 기왕 다 지은 것이니 어쩔 수 없다는 식의 입장을 취할 수 있습니다.(실제로 우리나라 4대 강 사업이 그런 식으로 진행되었습니다.) 법원 역시 이미 발전소를 떡하니 지어놓았는데, 발전소 허가가 위법하니 취소하라고 판결하기란 쉽지 않겠지요.

집행 정지는 기성 상태를 만들어, 이제 와서 어쩔 것이냐 하는 것을 막는 데 아주 유용합니다. 그래서 집행 정지는 핵발전에 반대하는 사람들에게도 굉장히 큰 힘이 됩니다. 핵발전소 건설 프로세스가 더 이상 진행되지 못하고 있으면, 이후 정권이 바뀐 뒤에 건설하지 않는 것으로 방향을 바꾸기도 수월합니다. 그러면 비록 그 소송이 본안에서 패소한다고 하더라도 핵발전에 반대하는 사람들은 소기의 목적을 달성할 수 있게 되는 겁니다.

그럼 프라이부르크 행정법원 사건은 결국 어떻게 되었을까요? 2심 (1982년)과 최종심(1985년)인 연방행정법원에서 원고들이 패소했습니다. 그러면 뷜에 핵발전소가 건설되었을까요? 아닙니다. 소송에서는 졌지만 그 사이 상황에 변화가 오고, 정치적 판단도 달라져서 결국 핵발전소 건설은 중단됩니다.(독일은 연방 국가라서 핵발전소 건설 허가 시 연방정부와 주정부가 권한을 나누어 갖는 구조를 취하고 있습니다. 특히 안전 심사 부분은 연방정부가 주정부로 규제 권한을 대폭 위임해버렸기 때문에 사민당이 정권을 잡고 있는 주에서는 핵발전소의 신규 입지 자체가 거의 불가능했습니다.)

소송 기간 내내 상황은 극적으로 변화되었습니다. 뷜 마을이 있는 바덴뷔르템베르크(Baden-Württemberg) 주는 보수파가 전후 내내 정권을 잡은 지역입니다. 재판이 진행되는 동안에도 보수 정당인 기독교민주당이 줄곧 주정부의 집권당이었지요. 그런데도 1983년에 당시 주총리가 향후 10년 안에 뷜에 핵발전소를 지을 필요가 없다고 폭탄선언을 하지요. 1987년에는 재차 이 기간을 연장해 2000년까지 안 짓겠다고 했고요. 농민들이 저항하고(1982년에 2심에서 프라이부르크 법원의 판결이 뒤집혔을 때 그 시골 마을에 3만 명이 모여 항의 시위를 했지요.) 반핵 여론도 고양되고, 최종심 판결 직후 체르노빌 사건도 터진 것이 그런 선언을 이끌어낸 것입니다. 결국 1995년에 발전소 예정 지역이 자연보호구역으로 지정되면서 뷜 사태는 끝이 납니다. 이렇게 되기까지 무려 10년이 걸렸네요. 비록 소송에서는 패소했지만 재판 과정에서 결집된 저항 운동과 논리들을 모아 발전소 건설과 가동을 좌초시키고 탈핵이라는 방향성을 만들어낸 것이지요.

반핵 소송에서는 이렇게 법원이 시간을 끌어주는 것도 아주 유익한 견제 수단이 됩니다. 집행 정지를 한다거나, 아니면 1심 법원이 용기 있게 허가 취소를 해버리는 거죠. 그러면 소송이 진행되는 동안 시민

사회와 정치권이 이 문제를 진지하게, 새롭게 논의해서 정책을 바꾸어 나갈 수도 있습니다. 법원이 중요한 정책에 대한 행정부의 독단적 결정을 재고해보는 시간과 기회를 정치권과 시민사회에 제공해주는 것은 어느 나라나 필요합니다. 철학자 하버마스식으로 말하면 사법부가 개입하여 민주주의의 결함을 보충해야 합니다. 이것이 재판의 심의 민주주의 촉진적 기능입니다. 우리도 이런 가능성을 만들어가야 합니다.

패소, 패소, 패소, 그러나

일본에서도 핵발전소에 반대하는 소송을 많이 했습니다. 그런데 결과는 어떠했을까요? 독일과 같은 결과는 없었습니다. 그리고 후쿠시마 대재앙을 맞이하고 말았지요.(물론 독일도 앞서 말씀드린 사례 외에는 거의 패소했습니다. 예외적으로 뮐하임케를리히[Mülheim-Kärlich] 판결 정도가 있을 뿐입니다. 이 사건의 경우 최종심인 연방행정법원이 막 가동을 시작한 뮐하임케를리히 핵발전소에 대해 가동 중지 판결을 합니다.)

소송 결과만 놓고 보면 독일과 크게 다르지 않지만, 일본에서는 집행 정지 같은 것도 없었고, 1970년대, 1980년대에는 1심 법원이 핵발전소에 반대하는 주민 손을 들어준 예도 없습니다. 그러다 보니 소송이 사회적 논의를 촉발하지 못했습니다. 이 부분이 결정적인 차이인 것 같아요.

우리 상황도 일본과 거의 같다고 보면 됩니다. 그러면 이제 우리와 일본은 소송 같은 건 접어야 할까요? 그렇지 않습니다. 지더라도 계속 싸워야죠. 얼마 전에 카이도 유이치(海渡雄一)라는 일본 변호사를 만났습니다. 이분은 30년 동안 핵발전소에 반대하는 소송을 해왔습니다. 그리고 거의 매번 패소했습니다. 이분에게 그렇게 지고도 핵발전소 소송을 포기하지 않은 이유가 무엇인지 물어보았습니다. 그 답변이 참 감동적입니다.

"소송 결과만 놓고 보면 그렇게 말할 수 있다. 그러나 비록 패소지만, 판사들 중에는 판결문에 자신의 양심, 고민, 걱정거리를 적으면서 국가가 변하기를 촉구했던 이들도 적지 않았다. 그런 희망의 싹이 있었기에 용기를 낼 수 있었다. 때로는 승소 판결로 우리들의 주장을 인정해준 판사들도 있었다. 그들이 있었기에 계속할 수 있었다. 나는 우리에게 패소를 안긴 판사들을 원망하지는 않는다. 다만 하마오카(浜岡) 소송 1심 사건 재판장 같은 몇몇 이들은 정말 용서하기 힘들다고 생각한다. 중요한 것은 우리들이 이렇게 싸웠기 때문에, 특히 하마오카 소송은 후쿠시마 사고의 예언과도 같은 것이어서 이제 국민들은 정부가 얼마나 잘못했는지, 법원은 왜 저렇게밖에 못했는지를 알게 되었다는 사실이다. 우리가 싸우지 않았다면 법원의 잘못을 알지 못했을 수도 있다. 그래서 비록 계속 졌지만 싸운 것 자체에 큰 의미를 두고 있다."

참으로 뚝심 있는 변호사다운 말입니다. 이 변호사는 이런 말도 하더군요. 소송이라는 것은 원고와 피고의 싸움, 즉 서로 자기주장이 옳다고 이야기하는 공방이에요. 그 과정에서 서로가 서로에게 당신들의 주장을 입증해봐라, 당신들의 말이 옳다면 그것을 증명할 자료를 제출해달라 하고 요구하게 되지요. 그러면 그 과정에서 정부나 업계가 감추어두었던 자료들을 하나씩 얻게 되고 그러면서 그들의 거짓말을 하나씩 확인해나갈 수 있다는 겁니다. 핵발전처럼 정보를 얻는 것이 중요한 분야에서는 소송을 통해서 얻는 정보가 굉장히 유용할 수 있다는 뜻입니다.

또 소송을 제기하면 상대방도 긴장합니다. 어떻게 대응해야 하나 고민도 하지요. 그러면서 그들 나름대로 개선 방안을 찾아내기도 하겠지요. 그러면 핵발전소의 안전성은 그만큼 높아질 수 있습니다. 그래서 승소하면 정말 좋지만, 패소한다 하더라도 국민들이 합리적 판단을 할 수 있는 정보를 만천하에 드러내고, 핵발전 기업의 자체 점검 시스템도 강화하고, 시민사회 내에서 논의의 물꼬를 틀 수 있습니다. 소송이 그런 역할을 할 수 있도록 해야 합니다.

독일 시인 브레히트가 쓴 「바이마르 헌법 제2조」라는 풍자시에 이런 시구가 있습니다. "모든 국가권력은 국민으로부터 나온다. / 그런데 나와서 어디로 가지?" 핵발전이 바로 그렇습니다. 국민이 권력을 갖고 있는 것 같은데, 그게 나와서 어디로 가버렸는지 몰라요. 그것을 다시 회수해서 주권을 행사하려면 소송을 통해서라도, 비록 진다 하더라도 계속해서 정보를 요구해야 하죠.

판사와 법원의 변화가 필요하다

그러려면 판사들도 이제는 좀 달라져야 하고, 재판 시스템도 변화해야 합니다. 그런데 이것이 말처럼 쉬운 일은 아닙니다. 요즘 새로 임관하는 판사들은 대부분 '엄친아'들입니다. 보통 상류층이 많고, 보수적 성향이 강해요. 그러다 보니 정부 정책에 대해 견제하는 것을 잘 안 하려고 합니다. 그리고 재판 시스템 자체의 한계도 있습니다. 4대 강 재판에서 부산지방법원 행정부가 내린 판결에서 그것을 엿볼 수 있습니다.

> 그러나 원고들이 제출하는 증거들만으로는 피고들이 대운하 사업을 계획하고 있다고 인정하기에 부족한 이 사건에서, 홍수 예방과 수자원 확보라는 사업 목적의 정당성이 인정되고 이를 위한 사업 수단의 유용성이 인정되는 만큼, 사업 시행에 따른 문제점이 인정된다고 하더라도 사업 시행의 계속 여부, 그 범위를 판단하는 문제는 사법부가 감당하기에 버거운 주제임에 틀림없다. 왜냐하면 사법부는 적법성 여부를 심사하는 데 적합한 구조를 가지고 있고 판례와 경험의 축적으로 이를 충분히 감당할 수 있지만, 적절성 여부를 심사하는 데는 구조적·경험적 한계를 가지고 있고, 설령 사업 시행의 적절성에 문제가 있다고 하더라도 정치 및 행정의 영역에서 대화와 토론을 통하여 대안을 찾는 것이 사법의 영역에서 일도양단식으로 해결하는 것보다 더 효과적이기 때문이다.(부산지법 2010. 12. 10. 선고, 2009 구합5672 판결)

법원 스스로 '버겁다'고 이야기하고 있습니다. 그런 것은 법원에 가져오지 말고 정치 및 행정의 영역에서 대화와 토론으로 해결하라고 합니다. 그런데 그게 안 되니까 법원까지 오는 것 아닙니까? 그걸 법원은 내치고 있는 거지요. 물론 어느 나라에서나 이런 이야기들이 나오고 있습니다만, 판사들의 태도가 모든 나라에서 똑같은 것은 아닙니다.

후쿠시마 사고 이후, 일본 국민들의 분노야 다들 아시는 것이지만, 그 분노 중에는 제대로 역할을 못한 판사들에 대한 것도 적지 않습니다. 부산지방법원 판사들처럼 버겁다, 우리가 못한다고 했던 일본 판사들을 비판하는 책들이 쏟아지고 있는데요, 그중에는 '사법! 너에게도 죄가 있다—원전 소송과 관료 재판관'이라는 제목도 눈에 뜁니다. 이는 적어도 핵발전에 반대해온 변호사들 사이에서는 공통의 감정인 것 같습니다. 2011년에 제출된 이카다(伊方) 원전 운전 정지 청구 사건 소장(2011. 12. 8.)의 결론에 보면 이런 감정이 잘 드러나고 있어요. 이 부분을 같이 읽어보면서 강의를 마칠까 합니다.

제11원자력발전 소송의 과거, 그리고 이제부터 할 일

1. 과거의 원자력발전 소송에서, 원고가 승소한 것은 몬주 소송 파기 환송 재판의 항고심 판결(나고야 고등법원 가나자와 지부 2003년 1월 27일 판결) 과 시가 원자력발전 2호기 소송 1심 판결(가나자와 지방법원 2006년 3월 24일 판결)의 2개 판결뿐이다. 게다가 그 두 판결 모두, 상급심에서는 역전 패소로 끝났다. 이와 같이 과거의 원자력발전 소송에서 법관은 사법 구제를 요구하는 사람들을 구제해오지 않았다. 후쿠시마 제1원자력발전

사고의 배경에는, 과거의 원자력발전 소송에서의 법관의 이러한 소극적인 자세가 있다. 법관이 인권 옹호의 역할을 완수하지 않았던 결과, 사법 구제의 길이 끊어졌고, 그 반면 '원자력 마을'의 전횡은 더욱 제멋대로인 상태가 되어, 인재라고도 할 수 있는 후쿠시마 제1원자력발전 사고를 발생시킨 것이다. 과거의 원자력발전 소송과 관계된 법관의 책임은 엄하게 물어야 할 것이다.

2. 과거의 원자력발전 소송에 관련된 법관은, 추진 측이 말하는 중대 사고의 확률은 100만 년에 1회 등과 같은 안전 신화를 믿어버렸던 것 같다. 그러나 그것이 무책임한 꿈같은 이야기에 지나지 않았다는 것은 현실의 비참한 사고로 이미 분명해졌다.

3. 과거의 원자력발전 소송에 관련된 법관은 원자력발전을 멈추는 것에 의해 생길 전력 부족을 걱정했을지도 모른다. 그러나 원자력발전 사고에 의한 피해나 혼란이 전력 부족에 의한 손해나 혼란과는 질적으로 다른 것이라는 점, 그리고 원자력발전을 멈추어도 실제로는 전력 부족에 빠지지 않았다는 점, 원자력발전이야말로 파국적인 사고에 의해서 전력 부족을 일으키는 발전 방법이라는 것을 비참한 이번 사고를 통해 법관들도 충분히 배웠을 것이다.

4. 과거의 원자력발전 소송에 관련된 재판관은, 전력 회사와 같은 대기업이 원자력발전 사고를 초래할 리가 없다고 생각했을지도 모른다. 그러나 전력 회사는 지역 독점과 총괄 원가 방식 덕에 '놀고먹는' 기업에 지나지 않고, 윤리관이나 책임감이 부족해 사고를 은폐하고 여론 조작 메일까지 태연하게 보내는 기업이어서, 원자력발전과 같이 위험한 시설의 운전

을 이들에게 맡길 수 없다는 것은 이번 사고가 보여주는 교훈이다. 법관도 이점은 이제 알게 되었을 터이다.

5. 이제부터 원자력발전 소송에 관련될 법관은 과거 법관이 빠진 오류를 똑바로 인식하고, 약자 구제의 본래 사명을 제대로 해야 한다는 것을 마음 깊이 새기지 않으면 안 된다.

구구절절 통탄할 지적입니다. 준엄한 비판입니다. 부끄러운 이야기입니다. 이게 남의 나라 이야기 같지가 않습니다. 한국의 법원은 이러한 비판에서 자유로울까요? 판사들이, 법원이 제대로 자기 역할을 할 수 있게 하려면 어떻게 해야 할지 고민이 많이 됩니다. 같이 공부하고 사람들과 이야기하고 같은 생각을 가진 법률가들을 늘려가면서 많이 노력해야겠습니다.

탈핵은 거저 실현되는 것이 아닙니다. 문제를 제기하고, 논증하고, 대안을 제시하며, 함께할 사람들을 모아야 합니다. 이런 것이 탈핵을 위한 시민 행동입니다. 법을 공부하고 연구하는 사람들도 이 일에 함께해야 합니다. 가깝게는 탈핵을 주장하는 정치인에게 투표하는 일부터, 밀게는 탈핵 프로세스를 짜고 단계별로 국회를 압박하며, 탈핵을 위해 동아시아 시민들이 연대하는 방안을 구상하고 실행에 옮기는 일까지 우리가 해야 할 일은 많습니다. 브레이크 없는 핵발전 기관차를 멈출 힘은 행동하는 국민만이 갖고 있습니다.

그 과정에서 스스로도 변하고 다른 사람들의 생각도 바뀔 수 있도록 해야 합니다. 강의를 시작하면서 말씀드렸습니다만 소비자로서의 욕망을 최우선으로 내세우면 탈핵은 어렵습니다. 또 나만, 우리 가족만 편하고 안전하게 살면 된다는 생각에서 벗어나야 합니다. 독일의 고속철도 구간 중 슈바르츠발트를 지나는 곳이 있습니다. 대략 만하임에서 프라이부르크 구간으로(아까 말씀드린 농촌 마을 뷜도 이 구간 인근에 있습니다.) 다른 구간에 비해 시간이 훨씬 더 많이 걸린다고 합니다. 숲을 보호하기 위해 주민들이 정부에 철도 노선 변경을 요구했고 그로 인한 시간상의 불이익을 감수했기 때문에 가능했다고 하지요. 결코 쉬운 일은 아닐 겁니다. 그래도 포기하지 말고, 나를 바꾸고 세상을 바꾸기 위해 무엇부터 해야 하는가를 차근차근 생각하고 실천해나가야 합니다.

7강

핵 기술과
교회의 가르침

·

양기석

·

2013년 11월 19일
서울 종로 평화박물관

양기석

•

천주교창조보전연대 대표. 천주교 수원교구 환경위원장이기도 하다. 1999년 1월
에 사제 서품을 받은 뒤, 2014년 현재 천주교 수원교구 수원대리구 사회복음화
국장, 수원교구 환경위원장 등으로 활동 중이다. 핵발전과 핵무기는 하느님 나
라를 완성하고, 우리가 구원받는 데 가장 큰 걸림돌이라는 믿음으로 탈핵 운동
에 참여하고 있다.

저는 천주교 신부입니다. 신부 중에는 성당 안에서 활동하는, 이른바 본당이라는 공동체 안에서 일하는 신부들이 있고, 성당 안이 아닌 바깥세상에서 벌어지는 일을 담당하는 신부들이 있어요. 저는 주로 바깥으로 돌아다니는 일을 합니다. 일반 천주교 신자가 아닌 분들, 혹은 천주교 신자라고 하더라도 세부적인 사정을 잘 모르시는 분들에게는 다소 생소한 영역일 겁니다.

제가 하는 일은 '사회 복음화'라는 일입니다. 일반 사회에서 벌어지고 있는 여러 현상 안에서 하느님의 뜻이 어떻게 흘러가고 있는지 찾아내고, 그것을 통해 신자들이 세상 속에서 어떻게 하면 하느님의 자녀답게, 신앙인답게 살아갈 수 있는지를 제시해주고 지향점을 밝히는 일이지요. 특히 요즈음에는 환경과 관련된 일에 주안점을 두고 있습니다.

오늘 강의의 주제는 '핵기술과 교회의 가르침'인데요, 이것은 저희 천주교에서 2013년 10월에 발표한 문헌의 제목과 같습니다. 후쿠시마 사고가 터지고 난 뒤, 천주교에서 이 문제에 대한 입장을 표명해달라는 요구가 끊임없이 있었습니다. 천주교에서도 이에 대해 계속 고민을 해왔지요. 그리고 핵발전소나 방사능 문제는 단순히 경제 논리나 정치 논리로만 이해할 문제가 아니라 우리 신앙의 근간과 깊이 관계 있는 문제라는 인식을 하게 되었습니다.

그간 천주교에서는 이에 대해 한두 페이지의 성명서를 내기도 했습니다만, 이보다 신자들에게 구체적인 지침을 줄 수 있는 문헌을 준비하는 게 좋겠다는 생각에 책을 만드는 작업에 착수하게 된 것이지요. 이 책은 한국의 천주교 신자들이 핵을 어떻게 이해해야 되는지를 밝히는 공식 문헌입니다. 제가 아는 한 핵과 관련해서는 전 세계에서 최초로 나온 문헌이라고 말씀드릴 수 있습니다. 핵 문제를 언급하는 성명서들은 가끔 있었지만, 이것이 교리상으로 어떤 문제를 갖고 있는지를 본격적으로 다루는 것은 최초입니다.

그중에서도 오늘은 가장 근본이 되는 원리에 대해서 이야기를 나누고자 합니다. 일종의 천주교 교리 시간이라고 보셔도 되겠군요.

핵은 구원의 길에 놓인 걸림돌

천주교에는 '사회 교리'라는 것이 있습니다. 사회 복음화와 마찬가지로 세상 속에서 어떻게 하느님의 뜻을 찾아내고, 어떻게 신앙인답게 살아야 구원받을 수 있는가에 대한 고민들을 다룬 것이지요. 천주교 신자들뿐만 아니라 모든 신앙인들은 신앙인인 동시에 사회인입니다. 세상 속에서 살아갈 수밖에 없습니다. 모든 인간과 관계를 끊고 외딴 섬에 가서 혼자 수행한다면 모르지만 세상 속에서 다른 이와 어울려서 함께 살아가야 한다면 올바른 관계를 맺으며 살아가는 것이 무엇보다 중요합니다. 그런 매순간에 맺어지는 관계와 여러 상황들이 한 인간을 구원으로 이끄는 기회이자 길이기 때문입니다.

그러므로 종교인들도 사회에서 일어나는 여러 현상을 외면할 수 없습니다. 어떤 면에서는 신앙이 없는 사람들보다 더 적극적으로 사회 문제에 참여하는 것이 신앙인의 모습이라고 할 수 있습니다.

천주교에서 말하는 교리란 말 그대로 구원의 방향을 제시하는 지침이나 도구라고 볼 수 있습니다. 교회 안에서는 '복음화의 도구'라는 표현을 씁니다. 사회 교리는 참된 인간화를 지향합니다. 동시에 참된 사회와 새 하늘, 새 땅을 지향합니다. 성경에 보면 예수님께서 세상에 오셔서 처음 하신 복음 말씀이 "하늘나라가 이미 와 있다."라고 나와 있습니다. 하느님이 궁극적으로 원하시는 세상은 죽어서 가는 세상, 나중에 안식을 누리는 세상이 아니라 지금 모든 인간이 참된 행복을 누리는 세상이라는 뜻입니다. 또 새 하늘, 새 땅이라는 것은 모두가 차별받지 않고 억압받지 않는 행복한 세상, 존중받는 세상을 말합니다. 이데아 같은 세상을 이야기한다고 보시면 됩니다.

이러한 세상을 이루기 위해 꼭 지켜야 하는 몇 가지 교리가 있습니다. 그것을 사회 교리라고 합니다. 그런데 이 사회 교리에 의하면 핵과 인간은 양립할 수 없습니다. 천주교 신앙에 비춰볼 때 신앙인들이 구원의 길로 향해 가는 데 최대의 걸림돌 중의 하나가 바로 핵입니다. 어째서 그러한지 천주교의 사회 교리에 비추어 생각해보겠습니다.

사회 교리의 기본적인 원리로는 인간의 존엄성, 공동선, 재화의 보편적 목적과 공동 사용, 사회적 약자를 위한 우선적인 선택, 보조성, 참여와 책임, 연대성의 원리 등이 있습니다. 먼저 인간의 존엄성이라는 원리를 통해 핵을 살펴보도록 하지요.

1945년에 히로시마에 떨어졌던 인류 최초의 핵폭탄의 이름은 리틀보이입니다. 우라늄 235를 기반으로 만든 핵폭탄이지요. 또 나가사키에 떨어졌던 핵폭탄은 팻맨이라는 이름이 붙은, 플루토늄에 기반한 폭탄입니다. 이 폭탄들은 아주 갑작스러운 핵융합을 일으켜 초고온의 열을 발산하는 것으로 그 열 폭풍으로 사람을 살상하고 도시를 초토화시킵니다. 이 두 개의 폭탄 때문에 당시 일본에서만 20만 명이 넘는 사람들이 죽었습니다. 그리고 지금까지도 수만 명의 사람들이 끊임없이 고통받고 있습니다. 이로 인해 일본은 세계에서 가장 많은 피폭자를 보유한 나라가 되었습니다.

원폭의 피해는 당대로 끝나지 않습니다. 히로시마와 체르노빌 이후 벌써 2대, 3대를 거쳐 4대 피해자도 나왔을 만큼 시간이 흘렀습니다. 핵은 이렇게 인간의 생명을 해친다는 사실만으로도 인간의 존엄성을 위협하는 커다란 걸림돌입니다.

그런데 여기서 잠깐 생각해봅시다. 너무나 당연한 질문이지만, 인간은 어째서 존엄할까요? 흔히 서구 사회에서는 학교에서 이런 질문을 던지면 대부분의 학생들이 인간은 신을 닮은 존재로 태어났기 때문이라고 대답합니다. 이것이 교과서적인 대답이지요. 천주교 교리 안에서도 이와 비슷하게 생각합니다. 성경에서는 태초에 하느님이 인간을 만드실 때 '우리를 닮은 사람을 만들자'고 하시면서 인간을 만들었다고 나와 있습니다. 인간은 하느님과 똑같은 존재는 아니지만 하느님을 닮은 존재로 세상에 나왔다는 겁니다. 이는 샤머니즘에서 이야기하는, 인간에게 신이 깃들어 있다는 개념과는 조금 다릅니다. 성경 내용이 뜻하는 것은, 인간은 신을 닮은 존재로 태어났고 신이 가지고 있는 상당한 특성, 특히나 자유의지를 갖고 있으며 기도를 통해 신과 교감을 이룰 수 있는 유일한 존재라는 것이지요. 그것이 인간의 존엄성의 기반입니다. 천주교에서는 하느님(신)을 닮은 인간은 그 존엄성이 침해당하면 안 된다는 믿음을 갖고 있습니다.

이러한 인간의 존엄성의 틀 안에 생명권과 환경권이 있습니다. 창세기에 보면 하느님이 세상을 만드실 때 인간만 만드신 것이 아니라 자연만물을 먼저 만드시고 맨 마지막에 인간을 만드시면서 이것들을 '잘 다스리라'고 명령을 내리십니다. 옛날의 서구 신학에서는 잘 다스리라는 말씀을 지배하라는 것으로만 생각했습니다. 마음껏 쓰기만 하면 된다고 생각했지요. 만약 내 대에서 모든 게 끝난다면, 내 대에서 모든 것을 다 소진시키고 끝내도 상관없습니다. 그런데 그렇지 않지요. 이 세상을 자식에게 물려줘야 하고 또 그 후손들에게도 끊임없이 물려줘야 된다면 조절하는 것이 도리이지요.

그래서 요즈음에는 잘 다스리라는 것을 잘 관리하라는 것이라고 해석합니다. 그럼 언제까지 관리할까요? 모든 인간이 구원받는 그 순간, 하늘나라가 이 땅에 완성되는 그 순간까지입니다. 자연만물, 우리가 사는 생태계는 그때까지 잘 관리하다가 하느님께 되돌려 드려야 하는 것입니다. 그렇기 때문에 자연계를 내 마음대로 마구 훼손하고 파괴하고 남용해서는 안 됩니다. 그런데 방사능은 그런 자연계의 생명을 가장 크게 위협하는 물질입니다. 인간의 생명권과 환경권은 물론, 그 안에 사는 수많은 생명들을 위협합니다. 생명권과 환경권에 비추어 볼 때 방사능을 만들어내는 핵은 용납할 수 없는 물질입니다.

약자의 희생으로 생긴 이익은 그 자체로 악

또 천주교의 사회 교리에서는 공동선을 중요한 원리로 하고 있습니다. 천주교 신앙에서 말하는 공동선이란 인간의 존엄성이 이루어지는 선한 행위를 일컫습니다. 우리는 은연중에 공공의 이익을 위해서 소수가 희생할 수도 있다, 혹은 희생은 불가피하다는 생각을 많이 합니다. 천주교에서는 아주 단호하게 이러한 논리를 악하다고 이야기합니다. 힘없는 사람들의 희생을 바탕으로 생긴 이익은 그 자체로 악이라고 이야기합니다. 어떤 작은 사람의 권익이라도 침해받지 않고 존중받는 상태, 다수가 힘없는 소수의 사회적 약자들을 배려함으로써 이루어지는 여러 결과물들을 공동선이라고 이야기합니다.

　천주교에서는 단순히 돈이 없는 사람만 가난한 사람이라고 보지 않습니다. 지금 절박하게 다른 이의 연대와 도움이 필요한 모든 존재들, 사회적 약자나 소수자들을 모두 가난한 사람이라고 해석합니다. 자신의 존엄성이 침해당하는 위치에 있는 사람들을 외면해서는 안 된다는 것이 바로 천주교의 근본정신입니다.

그리고 이러한 공동선을 이루기 위해 정치가 존재한다고 생각합니다. 천주교에서 생각하는 정치는 특정 정파가 자신들의 이익을 위해 소신을 현실화시키는 과정이 아닙니다. 천주교가 생각하는 정치 공동체는 진리와 선을 지향하는 인간의 자연스러운 성향에 이끌려 공동선의 달성을 위해, 인간의 권리와 의무를 보장하기 위해 존재하는 공동체를 이야기합니다. 그런데 정작 현대 세계의 정치가들은 경제적 이윤이나 안보 같은 여러 이유를 대며 핵을 포기하지 않습니다. 천주교에서는 이것을 악하다고 이야기합니다.

핵은 절대로 공동선을 지향할 수 없습니다. 인간의 생명과 재산을 해치고, 수많은 사람들에게 고통을 가하는 핵이라는 물질은 공동선에 위배되는 물질입니다. 우리는 그것을 역사를 통해서 이미 경험한 바 있습니다. 1979년 스리마일 사고, 1986년 체르노빌 사고, 2011년 후쿠시마 사고의 예만 보아도, 핵 사고는 핵전쟁처럼 의도한 것이 아니라 할지라도 일단 일어난 뒤에는 사람들의 삶을 뿌리부터 흔듭니다. 공동체는 물론 그 후손들에게까지 수많은 피해를 주는 물질을 양산해내는 핵 시설은, 핵발전소까지 포함해서 결코 공동선에 부합하지 않습니다.

핵은 재화의 보편적 목적과 공동 사용이라는 천주교의 또 다른 사회 교리와도 부합하지 않습니다. 지상에서 얻어지는 수많은 환경과 자원들은 지상 재화라고 볼 수 있습니다. 이 지상 재화들은 공동선이라는 목적으로 사용해야 합니다. 또 우리 당대뿐만 아니라 후손들과 함께 공유해야 합니다.

하지만 방사능은 하느님이 만드신 창조 세계를 위협합니다. 후쿠시마 사고 이후 모양이 어그러진 꽃이나 과일의 모습을 많이 보셨을 겁니다. 기형 토마토, 기형 해바라기의 모습은 인터넷에서 어렵지 않게 찾아볼 수 있을 정도입니다. 하느님은 해바라기와 토마토를 최초에 그런 모습으로 만들지 않으셨습니다. 방사능은 하느님이 만드신 것을 변형시키고 왜곡하고 있습니다.

이는 지상 재화의 보편적 목적과 공동 사용권에도 위배되는 것입니다. 우리 세대가 전기를 편하게 쓰고 싶다고 핵발전소라는 것을 만들어서, 의도했든 하지 않았든 사고를 내어 땅과 바다를 방사능으로 오염시키는 것은 해서는 안 되는 일입니다.

게다가 핵 시설은 전 세계 어느 나라를 막론하고 끊임없이, 철저하게 시민들의 참여를 배제합니다. 독재 국가뿐만 아니라 시민사회가 굉장히 성숙되어 있다고 보는 OECD 국가들 역시 핵과 관련된 정보는 철저하게 베일에 감추고 있습니다. 전문성과 안보를 이유로 끊임없이 은폐합니다. 시민의 안전과 연관된 위험한 사고들조차 되도록 알리지 않으려고 합니다.

이명박 정부 시절, 한 장관은 "왜 사고를 은폐하는가?" 하는 기자들의 질문에 이렇게 답했습니다. "기계를 운전하다 보면 고장이 나는 것은 당연한데 핵발전소는 사고가 나면 사람들이 너무나 불안해합니다. 고장이 날 때마다 알게 되면 스트레스를 받아서 건강에 해롭기 때문에 국민들의 건강을 위해 알려드리지 않는 겁니다."

아주 황당한 이야기지요. 이렇듯 핵 시설은 국민들의 책임 있는 참여와 능동적인 역할을 근본적으로 막고 있습니다. 이는 주객이 전도된 현상을 초래합니다. 이는 천주교의 사회 교리 중 보조성의 원리를 침해합니다. 보조성이란 "국가기관이 시민들의 기능과 역할을 대신하려 하지 말아야 하며 필요하다면 보호해야 한다는 원리"입니다. 즉 보조성에는 정부가 국민을 보조해야 한다는 뜻도 담겨 있습니다. 시민 사회 진영이 적극적으로 정책에 참여하고 정책을 제안하면 국가는 그런 행위를 정책적으로 보장해주어야 합니다. 국민을 보호하기 위해 개입을 해야 하지, 법으로 강제하거나 통제해서는 안 된다는 것입니다. 그런데 핵 관련 시설, 핵에너지 시스템은 이런 보조성의 원칙을 심각하게 무시하고 있습니다. 국민의 참여가 크게 통제받는 시설물이 바로 핵에너지 시스템입니다.

핵은 인간 사이의 고리를 끊어버리는 물질

천주교 사회 교리의 또 다른 중요한 원리인 연대성의 원리에 비추어보아도 다르지 않습니다. 비슷한 사람들끼리 혹은 한 분야에서 서로 도움을 주고받을 수 있는 사람들이 결합하는 여러 형태를 연대라고 부롭니다. 이는 우리 몸에 비유해보면 쉽게 이해할 수 있어요. 사람의 눈과 입, 코, 귀, 손, 발은 모두 기능이 서로 다릅니다. 각 부분들이 하나가 되었을 때 인간으로서의 일상생활을 영위할 수 있지요. 이처럼 다양한 지향점을 갖고 있는 시민사회가 함께 각자의 역할을 다함으로써 인간의 존엄성과 공동선이라는 대전제를 이루어나가는 것이 바로 연대성의 원리입니다.

핵발전소는 이런 연대성의 원리에도 부합하지 않습니다. 잘 아시다시피 대부분의 핵발전소는 대도시에서 아주 먼 곳, 고령화된 지역, 경제적으로 낙후된 곳에 들어서 있습니다. 거기서 만든 전기는 대도시, 특히 수도권으로 공급됩니다. 수도권의 편의를 위해 다른 지역 사람들에게 손해나 피해를 감수하게 만드는 구조입니다. 지역과 지역, 계층과 계층 혹은 사람과 사람의 관계를 훼손하는 것은 핵발전소가 가진 큰 특징이지요.

방사능 역시 인간의 회복 능력, 관리 능력을 벗어난 물질이자 인간과 인간의 관계의 고리를 끊어버리는 물질입니다. 일단 한 번 피폭되면 후손에게까지 계속해서 고통이 이어지기 때문입니다. 저는 지난 2013년 9월에 일본 시모노세키에서 한일 탈핵 간담회가 열려서 다녀올 기회가 있었는데 그곳에서 피폭 노동자를 만났습니다. 후쿠시마는 아니고 일본의 다른 핵발전소 현장에서 일하시다가 피폭되신 분인데 이런 말씀을 하셨습니다.

"현장에서 노동자들한테 방사능 연간 허용 기준치 등에 대해 교육을 합니다. 교육을 하기는 하지만 실제 일을 할 때는 방호복이 너무나 불편해요. 그래서 방호복을 벗고 일을 했는데 제지하는 사람이 없었습니다. 오히려 일을 빨리 끝내기 위해서 관리자가 그것을 은근히 독려하는 분위기였습니다.”

이분은 핵발전소에서 2년밖에 일을 안 했는데, 검사해보니 체내에서 방사능 수치가 매우 높게 나왔다고 합니다. 그 후 지금까지 수십 년 동안 고통을 겪고 계십니다. 물론 이분은 방호복을 입지 않은 탓에 더욱 많이 피폭되기는 했지만, 방호복만 입는다고 해서 문제가 해결되지는 않습니다. 핵 산업은 끊임없이 이런 피폭 노동자들을 양산할 겁니다.

게다가 일본 정부뿐만 아니라 어느 나라의 정부든 피폭 피해자들에게 거의 보상을 해주지 않고 있습니다. 보상을 다 해주게 되면 그 비용이 엄청나기 때문에 인과관계가 명확한 경우를 제외하고는 해주지 않습니다. 하지만 피폭의 결과는 피폭 이후 10년도 훨씬 더 지난 이후에야 나타나기 때문에 피해자가 피해 사실을 증명하는 것이 여간 어려운 것이 아닙니다.

「0.23μSv―후쿠시마의 미래」라는, 후쿠시마와 체르노빌의 문제를 다룬 다큐멘터리가 있습니다. 이 작품에는 오사카대학의 명예 교수인 노무라 타이세이(野村大成)라는 학자가 등장합니다. 40년 넘게 피폭자들에 관한 연구를 해온 학자인데, 다소 충격적인 발언을 합니다. 후쿠시마에 가서 누군가를 도와주지 말라고 이야기해요. 왜 핵 전문가가 이렇게까지 발언했을까요? 어느 개인이 선한 뜻을 가지고 피해를 입은 사람을 도와주는 것은, 그 개인에게는 선한 행동이 될 수 있겠지만 그 이후에 벌어질 상황을 생각하면 오히려 그 주변 사람들에게 엄청난 피해를 줄 것이 명확하기 때문이라고 합니다. 선의를 가지고 피폭 지역의 사람들을 돕더라도, 돕는 과정에서 이들 또한 피폭될 위험이 많습니다. 피폭된 이들이 겪을, 암을 비롯한 많은 질병으로 인한 고통은 결국 그 자신뿐만 아니라 가족과 사회에 큰 부담과 고통을 안겨줄 것이기에 이렇게 냉정한 이야기를 할 수밖에 없는 것입니다. 방사능은 이렇게 남을 돕는 행위조차 선한 행위가 아니게 만듭니다. 인간과 인간의 관계를 심대하게 왜곡시키는 것이지요.

핵은 윤리의 문제이자 신앙의 문제

성경의 창세기에 보면 "처음에 하느님께서 하늘과 땅을 창조하셨다. 땅은 아직 꼴을 갖추지 못하고 비어 있었는데, 어둠이 심연을 덮고 있었다."는 이야기가 나옵니다. 이 상태를 질서 지어지지 않은 '혼돈'의 상태라고 해석합니다. 어떤 과학자들은 성경에 나오는 이 '어둠이 심연을 덮고 있던 혼돈의 상태'가 바로 지상에 방사능이 존재했던 상태라고 해석하기도 합니다. 지상에서 방사능이 사라지고 난 다음에 비로소 생명체가 나타났다고 추론하지요. 즉 방사능은 생명체와는 양립할 수 없는 물질이므로, 방사능이 지상에서 사라지고 난 이후에야 생명체가 이 지구 생태계에 존재할 수 있었다고 보는 것입니다.

그런데 사람들이 저 땅 밑에 있었던 우라늄을 끄집어내어 핵발전을 함으로써 인위적으로 수많은 방사능 물질을 만들어냈습니다. 지상에 다시 모습을 드러낸 방사능 물질들은 생명체들의 생존에 큰 위협을 가하고 있습니다.

마지막으로 천주교의 사회 윤리에서는 진리와 자유와 정의를 이야기합니다. 핵은 이 원칙들 또한 침해합니다. 천주교는 '행사할 권리로서의 자유'뿐만 아니라 '제아무리 그럴싸하게 포장된 것이라도 도덕적으로 그릇된 것은 무엇이든 거부할 수 있는 능력으로 표현되는 것으로서의 자유'를 가장 숭고한 가치로 생각합니다. 그러나 핵발전은 관련 시설이 들어서게 될 지역 주민들의 권리를 크게 침해하고 있습니다. 거기에 더해 핵 산업의 부도덕함을 제기하는 이들의 당연한 권리인, 핵을 거부하고 비판하는 행위에도 통제와 제한이 가해지고 있습니다. 이는 자유를 크게 위협하고 훼손하는 행위입니다.

천주교는 고전적 의미에서 정의를 "마땅히 하느님께 드릴 것을 드리고, 이웃에게 주어야 할 것을 주려는 확고한 의지"라고 믿습니다. 그러므로 교환 정의, 분배 정의, 법적 정의에 대한 존중을 요구합니다. 대도시의 전력 소비를 위해 해안가의 시골 마을에 희생을 강요하는 것은 정의롭지 못합니다. 현 세대의 이익을 위해 다음 세대에게 희생과 부담을 강요하는 것 또한 정의롭지 못한 것입니다. 다수가 합의한 것이라고 해서 반드시 옳은 것은 아닙니다. 도덕적이지 않은 것은 그 자체로 불의한 것입니다.

일각에서는 왜 종교가 정치에 관여를 하느냐 하고 비난합니다. 저역시 이런 항의를 많이 받습니다. 하지만 사회적 약자를 우선적으로 선택해야 한다는 천주교의 일반 행동 원칙에 가장 위배되는 상황들이 벌어지고 있는데 모른 척할 수는 없습니다. 이는 윤리의 문제이자 신앙의 문제입니다. 그리고 그 윤리와 신앙에 가장 위배되는 것이 바로 핵발전입니다. 신앙인이라면, 우리가 구원받을 수 있는 방법을 알려주는 이 사회 교리들을 받아들여야 합니다. 다른 선택을 한다는 것은 구원받지 않겠다는 의지의 표현이 될 수도 있습니다.

더불어 천주교가 이렇게 이해하고 행동하는 것은 단순히 천주교 신자들만의 구원을 위한 것이 아니라 우리 신자들과 같은 세상에서 살아가고 있는 대다수의 선한 일반 시민들에게 드리는 호소이자 외침이기도 합니다.

8강

원폭 피해자 2세로
살아간다는 것

·

한정순

·

2013년 11월 19일
서울 종로 평화박물관

한정순
●

한국원폭2세환우회 회장. 히로시마 원폭 피해자의 2세로 태어나 간병사로 일하다 고통의 근원이 원폭임을 발견한 뒤, 한국원폭2세환우회의 일에 뛰어들었다. 원폭 2세 피해자임을 처음 세상에 알린 고(故) 김형률과, 역시 원폭 2세인 정숙희의 뒤를 이어 2008년부터 환우회의 3대 회장으로 활동하면서 다른 원폭 2세들의 발굴과 구호 활동을 하는 한편 '원폭 피해자 및 자녀를 위한 특별법' 제정을 위해 동분서주하고 있다. 자신의 삶을 다룬 다큐멘터리 「잔인한 내림—遺傳」(김환태 작품)을 통해 대물림되는 원폭의 고통에 대해 이야기하기도 했다.

태평양 전쟁 때인 1945년 8월 6일과 8월 9일에 히로시마와 나가사키에 각각 투하된 원자폭탄으로 큰 피해를 입은 사람들이 많다는 이야기는 다들 들어보셨을 겁니다. 당시에 70만 명가량이 그 자리에서 사망했다고 하지요. 그중 10%인 약 7만 명이 우리나라 사람이라고 해요. 강제 징용으로, 혹은 먹고살 길을 찾아 건너가 있던 사람들이 죽음을 맞은 것이지요. 물론 이 숫자는 정확한 데이터는 아니에요. 누가, 몇 명이 히로시마에 갔고 어떤 일로 갔는지조차 역사적으로 전혀 남아 있지 않기 때문에 정확한 인원은 알 수가 없어요. 추측만 할 수 있을 뿐이지요.

원폭이 투하되었을 때 현장에서 바로 돌아가신 분도 많지만, 다행히 살아남아 해방 후 고향으로 돌아오신 분들도 적지 않습니다. 이분들은 돌아온 후에도 원폭의 피해 때문에 평생 고통을 겪어야 했지요.

현재 경상남도 합천에 그런 원폭 피해자 분들이 많이 있습니다.

합천은 산골이라 전답이 모두 계단식인데다 비가 오지 않으면 농사를 지을 수 없을 만큼 힘들었대요. 요즘에야 농사 기술이 많이 발달했지만 당시엔 오직 하늘만 처다보고 살아야 했지요. 그렇게 어렵게 살다 보니 일제 강점기에는 먹고살기 위해 일본으로 간 사람들이 많았습니다. 그래서 태평양 전쟁 때 피폭을 당한 분들도 많았지요. 그래서 합천은 '한국의 히로시마'라고 불릴 만큼 피폭자가 많습니다.

합천이 고향인 저희 부모님도 그런 피폭자였습니다.

한국의 히로시마, 합천

1945년 8월 6일, 저희 아버지와 어머니, 할아버지, 할머니, 7명의 삼촌을 비롯해 저희 가족 14명은 히로시마에 살고 있었습니다. 폭심지에서 멀지 않은 곳이었지요. 미국이 히로시마에 원폭을 투하하던 그날, 할머니와 삼촌 두 분은 다리와 얼굴에 화상을 입었습니다. 삼촌 한 분은 아예 발뒤꿈치가 날아가 버렸어요. 그 상처는 돌아가실 때까지 평생 아물지 않았습니다. 다 나은 것 같아서 손으로 눌러보면 다시 진물이 나왔어요. 신발을 신고 한참 일을 하다 보면 진물이 나와서 양말이 축축하게 젖곤 했지요. 저도 어릴 때 진물에 젖은 삼촌의 발을 본 적이 있습니다.

원폭 투하 당시 임신한 몸으로 집에 남아 청소를 하고 있던 어머니는 집이 무너지면서 벽에 깔렸습니다. 목숨은 간신히 구했지만 척추에 큰 손상을 입었어요. 어머니는 휘어진 척추로 인해 평생을 고통 속에서 사셨습니다. 또 그로부터 몇 달 후에 태어난 아기는 원인 모를 병으로 세상을 떠났습니다. 열병 같은 증세도 없었다고 해요. 어머니는 그저 배가 고파서 세상을 떠난 것이라고만 말씀하십니다. 먹을 게 없으니 떠났다고요. 하지만 저희들은 그렇게 생각하지 않아요. 어른이 물이라도 한 모금 먹을 정도가 되면 부모는 자식 입에 뭐라도 넣어주게 되지요. 모성애라는 게 있잖아요. 첫아이의 죽음은 원폭과 무관하지 않을 겁니다.

어머니는 현재 합천에 있는 '원폭피해자 복지회관'에 머물고 계십니다. 1996년도에 설립된 이 회관에는 저희 어머니를 포함해 모두 110명의 원폭 피해자 분들이 지내고 계셔요. 거기에 가면 그때 그 폭격이 얼마나 잔인했던 것인지, 특히 저희 2세 환우들의 눈에는 명백하게 보입니다. 폭격으로부터 이미 70년 가까이 세월이 흘렀지만 우리 눈에는 선명하게 보이지요.

저는 어릴 적에 원폭에 대한 이야기를 할머니, 할아버지와 부모님에게 여러 번 들었습니다. 하지만 제가 직접 겪은 일이 아니다 보니, 그저 '할아버지, 할머니가 예전에 일본에 갔다 오셨구나.' 하는 정도로만 알고 있었어요. 그 피해가 이토록 어마어마하다는 것은 잘 몰랐지요. 하지만 성장 과정에서 여러 질병을 앓게 되고 우리 형제들이 모두 제2의 피해자가 되면서 그 심각성을 깨닫게 되었습니다.

해방 후 한국으로 돌아온 뒤 어머니는 저희 6남매를 낳으셨어요. 저희 남매는 모두 이런저런 질병으로 평생을 고통 속에 살고 있습니다. 맏언니와 둘째 언니는 뇌경색 때문에 약을 먹고 있습니다. 둘째 언니는 양쪽 어깨 관절 수술도 받았지요. 셋째 언니는 대퇴부무혈성괴사증을 앓고 있어요. 고관절이 녹아버리는 병이지요. 제 바로 위인 넷째 오빠는 심근경색과 협심증으로 수차례 수술을 받았어요. 혈관이 막힐 때마다 수술을 해야 해서 죽을 고비도 여러 번 넘겨야 했지요. 다섯째인 저는 셋째 언니랑 똑같은 대퇴부무혈성괴사증을 앓고 있어요. 이 병은 걷기가 힘들 정도로 고통스럽습니다. 관절이 한꺼번에 녹아내리는 게 아니라 서서히 녹아내리는 병인데, 병원에서는 원인을 알 수 없다고 해요. 여섯째인 막내 남동생은 치아가 모두 내려앉아 빠져버렸어요. 20, 30대부터 잇몸에 힘이 없어지더니 그냥 흘러내리더군요. 이것도 원인을 알 수가 없다고 해요.

원폭의 고통은 우리 남매에서 끝나지 않았습니다. 제 큰아들은 뇌성마비 장애를 가지고 태어났습니다. 지금 서른한 살인 아이는 늘 누워 있어서 혼자서는 아무것도 할 수 없습니다. 나무토막같이 굳어버린 아들의 몸을 보면서 피눈물을 흘리는 어미의 심정을 누가 알아줄까요.

물론 히로시마나 나가사키에서 피폭되신 분들의 자녀라고 해서 다 이렇게 아픈 것은 아니에요. 병으로 고생하는 사람도 있지만, 아무 문제 없이 잘 살아가는 사람도 있습니다. 또 원폭으로 인한 병이라고 해서 어느 한 가지 질병이 정해져 있는 것도 아니에요. 어떤 사람은 갑상선에 병이 나타나고 어떤 사람은 관절이나 폐에 문제가 생기기도 하지요. 이렇게 아픈 사람도 다르고, 질병도 다양하다 보니 피폭된 지 68

년이 지났지만 환우들은 아직까지 그 존재를 인정받지 못하고 소외된 삶을 살고 있습니다.

왜 나에게 이런 고통을 주는 걸까

제가 겪은 원폭의 고통에 대해서 조금 말씀드리지요. 저는 어릴 때부터 유난히 허약했습니다. 걸음마를 배울 때도 자주 넘어졌다고 해요. 하지만 본격적인 고통은 중학생 시절인, 열다섯 살 때부터 시작되었어요. 그때부터 다리에 통증이 느껴졌지요. 학교에 갔다 오면 한참을 앉아서 다리를 주물러야 했어요. 시간이 흐를수록 통증은 점점 심해져서 나중에는 주먹이나 방망이로 때려야 조금 견딜 수 있는 정도가 되더군요. 요즘에는 약도 여러 가지가 있고 검사도 X선부터 CT, MRI까지 많지만 그때는 그런 게 없었어요. X선 정도만 있었는데, 그것으로는 제 몸 어디에 문제가 있는 것인지 발견되지 않았지요. 그래서 그 고통을 겪으면서도 병원에서 괜찮다고 하니까 그냥 살 수밖에 없었어요. 남들처럼 결혼도 하게 됐고요. 저는 때때로 처음부터 내 고통이 원폭 때문이라는 것을 알았더라면, 그래서 결혼도 하지 않았더라면 다른 고통은 없었으려나 하는 생각을 해봐요. 다 부질없는 생각이지요.

저는 1982년에 결혼을 하고, 1983년에 첫아이를 낳았습니다. 그리고 청천벽력과도 같은 소식을 들었습니다. 아이가 뇌성마비라는 거예요. 내 몸도 간수하기가 정말 힘든데 아기까지 그렇다는 거예요. 요즘 같으면 재활 치료라도 해볼 수 있겠지만, 그때는 그런 것이 쉽지 않았어요. 그냥 태어난 그대로 키울 수밖에 없었지요. 이런 몸으로 아픈 아기를 돌보자니 정말 힘들었어요. 그렇지만 자식을 버릴 수는 없잖아요. 정말 많이 울었어요. 아기를 품에 안고서 '아, 내 아픔도 감당하기 힘든데 아들까지 이런 자식을 주면 어떡하라는 걸까? 나는 그렇게 잘못 살지도 않았는데 왜 나에게만 이런 고통을 주는 걸까?' 하는 생각에 하늘을 원망하고 세상을 원망했어요. 내 몸의 고통도 고통이지만 아픈 아이를 평생 안고 살자니 너무 막막했어요.

그때는 시부모님도 모시고 살았는데 시어른들의 불같은 성화도 혼자 감당하기에는 버거웠어요. 시어머니의 무서운 눈초리와 외면하는 남편, 넉넉지 않은 살림과 장애아를 낳았다는 아픔으로 하루하루가 숨을 쉴 수 없을 만큼 힘겨웠지요. 그 어려운 삶을 살면서 참 많은 고비를 넘겼어요. 그래도 세월은 가더군요. 시간이 가면 나아지는 게 아니라 더 악화되는 삶인데도 시간이 쉬지 않고 간다는 게 참 신기하더군요.

그러다 둘째를 가지게 됐어요. 걱정이 많이 들었어요. 만약 둘째도 장애를 갖고 태어나면 나는 세상 어디에 몸을 붙이고 살아야 할까 하는 생각에 아이를 지우려는 생각도 많이 했어요. 하지만 병원까지 갔다가도 그 문턱을 넘지 못했지요. 병원 문턱이 참 높더라고요. 발만 한 번 들여놓으면 되는데, 그게 안 되더라고요. 그래서 '그래, 그러면 죽을힘을 다해 살아 보자. 어차피 죽느냐, 사느냐 두 갈래 길인데 어느 쪽이든 선택을 해야 한다면 살아야 한다.' 하고 생각하면서 그냥 돌아왔지요.

아기를 낳고 보니 참 다행스럽게도 둘째는 아픈 곳이 없었어요. 하지만 그 기쁨도 잠시였어요. 첫째는 아프고 둘째는 어리니 엄마가 다 보살펴줘야 하잖아요. 힘겨운 나날이 계속되었지요. 그런 상황에 놓이니 남편도 마음이 돌아서더군요. 집이 안식처가 되어야 하는데 힘들게 일하고 와도 부인은 부인대로 아파서 일어서지도 못한 채 엉덩이로 밀고 다니지, 큰아들은 장애를 갖고 태어나서 이 방 저 방 굴러다니니 남편도 마음이 돌아서지 않으면 사람이 아니지 하는 생각이 들었지요. 내 마음을 달래기 위해 그렇게 이해하기로 했지요. 한 번 돌아선 남편의 마음은 다시 돌아오지 않더군요.

'차라리 끝을 내고 말까, 왜 살아야 할까?' 하는 생각을 하며 살던 와중에 한번은 이런 일이 있었어요. 천지도 모르는 애 둘을 안고서 먹일 것을 찾아보는데 아무것도 없는 거예요. 쌀통에는 쌀이 한 톨도 없고, 방에 불을 때려고 보니 연탄도 하나 없는 거예요. 그때는 정말이지 쌀통에 쌀을 가득 채워놓고 밥을 푹푹 퍼서 먹는 게 꿈이었던 적도 있었어요. 아이들에게 마음 놓고 밥을 해줄 수만 있으면 더 바랄 게 없던 시절이었지요.

먹을 게 없어서 라면을 하나 끓여놓고 셋이 먹으려고 하는데 눈물이 나서 아이들에게 도무지 먹이지를 못하겠더군요. 셋이 끌어안고 얼마나 울었던지……. 실컷 울고 나니 라면이 불어서 냄비에 가득 차 있더라고요. 다 불어터진 라면을 자식 입에 넣을 때 그 부모의 심정이란 아마 직접 겪지 않고는 모를 거예요. 그때 그런 생각을 했더랬어요.

'이 라면이 마지막이다. 우리가 이 세상에 와서 먹는 마지막 밥이다.' 이제는 더 이상 선택할 여지도 없다고 생각했지요.

그런데 라면을 다 먹이고 나서 큰아이를 안고 막 울고 있으니 눈물이 큰아이 얼굴에 뚝뚝 떨어지는 거예요. 아이는 엄마가 왜 우는지, 무엇 때문에 힘들어하는지도 모르고 그저 얼굴에 눈물이 떨어지는게 재밌었는지 웃더라고요. 웃는 모습을 보니 퍼뜩 그런 생각이 들었어요. '아, 이건 정말 잔인한 짓이다. 어떻게든 살아야 끝을 볼 수 있는 것이지, 여기서 죽는다고 다 끝이 나는 건 아니다.' 이 아이들이 무슨죄가 있어요? 어떻게든 살아볼 수밖에 없다고 생각하고 아이들을 이웃집 아줌마한테 맡겨놓고 갖은 일을 하기 시작했어요.

한번은 어떤 다방에서 빨래를 해달라고 해서 갔어요. 그때는 세탁기가 없어서 전부 손빨래를 해야 했지요. 여자들이 보통 쪼그리고 앉아서 빨래를 하잖아요. 그런데 저는 다리가 너무 아파서 그렇게 앉아서 할 수가 없었어요. 그래서 그냥 물에 주저앉아서 빨았어요. 내 옷은 집에 와서 다시 빨더라도 그럴 수밖에 없었지요. 손목이 시큰시큰 아플 정도로 빨래를 다 해서 널어놓고, 빨래한 삯을 몇 푼 받아서 오면, 그래도 아이들에게 밥을 먹일 수 있다는 생각에 발걸음이 참 가볍고 마음이 뿌듯하더라고요.

세월이 흘러서 둘째가 네 살 정도 되었을 즈음에는 제가 다리가 너무 아파서 아예 걷지도, 일어서지도 못하게 됐어요. 늘 손으로 밀고 다니다 보면 손바닥에 피가 나고 살이 다 물러 터졌지요. 방바닥에 핏자국이 묻을 정도였어요. 그때 다시 병원에 가서 X선을 한 번 더 찍어보자고 생각했지요. 찍어보니 골반 뼈의 관절이 다 녹아 없어져버려서 아래위의 뼈가 같이 붙어 있더라고요. 그래서 움직이려고 할 때마다 그렇게 아프고 일어설 수도 없었던 거예요.

어쨌든 녹아버린 상태이기 때문에 인공 관절 수술 외에 다른 치료 방법은 없대요. 정말 이해할 수가 없었어요. 저는 살면서 엄청 심한 노동을 하지는 않았거든요. 결혼한 뒤에는 힘들었지만 엄마 품에 있을 때는 심하게 일한 적도 없고 직장 생활도 오래 한 적이 없었어요. 고등학교 진학을 포기하고 처음 다닌 직장이 섬유 회사였는데 근무를 할 때면 밤새도록 서서 걸어 다녀야 했어요. 그런 일을 하다 보니 다리가 너무 아파서 얼마 하지 못하고 집으로 돌아오곤 했어요. 그렇게 회사도 다니다 말다를 되풀이할 수밖에 없었기 때문에 몸을 많이 쓰지는 않았어요. 그래서 의사 선생님한테 물어봤어요. "왜 내 뼈가 다 녹아버렸나요, 뼈가 녹는다면 무슨 원인이 있어야 될 것 아닌가요?" 하고요. 의사 선생님이 하시는 말씀이 역시나 원인을 알 수 없다고 해요. 이 병은 술을 아주 많이 마시는 50, 60대 남자들에게 오는 병이래요. 젊은 여자에게 이런 질병이 있는 것은 의사들도 한 번도 본 적이 없대요. 술을 아주 많이 먹으면 관절이 녹을 수도 있지만 그런 게 아니라면 이럴 수가 없대요.

그런데 인공 관절이라는 것이 우리나라에서 만드는 게 아니라 수입을 해야 해서 엄청 비쌌어요. 저는 다리 양쪽을 다 해야 했는데, 한쪽 하는 데만 인공 관절이 430만 원 정도였어요. 거기에 수술비까지 합치면 500만 원이 넘는다는 거예요. 벌써 26년 전 이야기지요. 그때는 우리가 사는 집이 260만 원짜리 전세였어요. 재산이라곤 전세금 260만 원이 고작이었지요. 게다가 인공 관절은 수명이 10년이래요. 10년 후가 되면 다시 재수술을 해서 교체해야 된다는 거예요. 영원한 것도 아니고, 한 번으로 끝나는 것도 아니고, 10년 후에 재수술을 해야 한다니 수술을 할 엄두가 안 났지요.

세상이 저에게만 모질구나 싶었는데 꼭 그렇지만은 않더라고요. 찾아보니 살 길이 생기더라고요. 당시 전라남도에 있는 애향재활병원에서 수술을 받을 수 있었어요. 수소문을 하다 보니 거기 가면 좀 싸게 할 수 있다고 해서 100만 원도 채 안 주고 저렴하게 수술을 받았지요. 그 비용도 가족들이 많이 도와주었어요.

양쪽 관절 수술을 하고 나니 정말 그렇게 기쁠 수가 없었습니다. 이제는 살았다는 생각이 들었어요. 그전에는 걸을 때마다 너무 아파서 평생 걷지 못할 거라고 생각했거든요. 그런데 수술을 하고 나니 일어서지고, 자연스럽게 걸어졌어요. 뛰어보니까 뛰어지기도 했지요. 정말 신기했어요. 세상을 다 얻은 듯했어요. '사람이 산다는 게 이런 거구나. 힘든 일이 있으면 그만큼 기쁜 일도 곱절로 있구나!' 하고 느꼈어요. 한 번도 느끼지 못했던 행복이었지요. 그리고 나니 세상을 보는 눈도 조금 달라지더군요. 일단 내가 살아야 주위도 있다, 내가 없으면 아무것도 없는 것이다, 그러니 어떻게 해서라도 살아야겠다는 생각을 했어요. 그 뒤에는 정말 열심히 살았어요. 열심히 사니 마음에도, 금전에도 조금 여유가 생겨서 옆 사람도 돌아보게 되었어요. 돌아보니까 힘든 사람이 있는가 하면 정말 행복하게 잘 사는 사람도 있더라고요. 주위에 사람들이 하나씩 생기기 시작했어요. 그전에는 너무 살기에 급급해서 내 주위에 누가 살고 있었는지조차 몰랐어요.

1991년에 첫 수술을 한 뒤 1999년에 재수술을 했어요. 두 번째 수술을 할 때는 저희 어머님이 간병을 해주셨어요. 그 먼 대구에서 전라도까지 딸을 간병해주려고 오셨지요. 어머니가 보호자 간이침대에서 새우잠을 주무시는 걸 볼 때면 정말 안타까웠어요. 왜 나 때문에 어머니가 이런 고생을 하시나 하는 생각에 잠든 어머니를 깨우지 못하겠더라고요. 그런데 그때 옆에 어떤 간병사가 있었어요. 그분이 제가 누워 있을 때 한 번씩 등허리에 손을 넣어주는데 그 손이 정말 따뜻했어요. 하늘을 날 듯한 느낌이었지요.

그래서 나도 회복하면 그 사람과 같은 손이 되어서 아픈 사람들의 마음을 쓰다듬어 주고 싶다는 생각을 하게 되었어요. 내가 아파봤으니까 아픈 사람이 있으면 안아줄 줄 알고 따뜻한 손을 내밀어서 잡아줄 줄도 알고 하면서 살면 참 좋겠다는 생각을 했어요. 그래서 회복한 뒤에 간병사 자격증을 땄지요. 그 뒤부터 계속 간병사로 일하며 살았어요. 아픈 사람들의 손과 발이 되어서 같이 움직여주고 수건을 빨아서 몸이나 손을 닦아주면 그 사람이 정말로 행복해하고 편안해해요. 그런 모습을 보면 '이것이 사는 보람이구나!' 하고 느껴요. 저는 지금까지도 간병사를 한 것은 정말 잘한 일이라고 생각해요. 따뜻한 마음을 주고받는 건 거짓말을 하지 않으니까요.

지금은 원폭2세환우회 활동 때문에 잠시 일을 접어뒀지만 간병사로 일하는 동안에는 정말 행복한 시간을 보냈지요.

고 김형률, 원폭 2세 피해자임을 커밍아웃하다

이제 제가 활동하고 있는 원폭2세환우회 이야기를 본격적으로 드리 겠습니다. 우리나라에는 원폭 후유증을 대물림받은 원폭 2세 피해자 가 약 7000명가량 있는 것으로 알려져 있어요. 많게는 1만 명까지 있을 겁니다. 그리고 지금도 계속해서 2세, 3세 피해자들이 생겨나고 있지요. 그중에서 스스로 직접 나서서 피해자라고 이야기한 사람은 1300명 정도입니다.

원폭2세환우회는 이름 그대로 원폭 2세 피해자들을 위한 단체로 2002년도에 조직되었어요. 이 단체를 처음 만든 사람은 지금은 고인 이 되신 김형률 회장님입니다. 이분 역시 원폭 피해자 2세로 2002년 3월에 국내에서 최초로 자신이 원폭 후유증 때문에 유전적 질환을 갖 고 있다고 세상에 알렸습니다. 국가인권위원회에 가서 원폭 2세 피해 자라는 사실을 커밍아웃 하기도 했어요. 이후 저희 단체가 농성을 하 면서 당시 김근태 보건복지부 장관이 2004년에 처음으로 합천에 와 서 피해자 실태 조사를 하기도 했지요.

김형률 회장님 역시 참 아픔이 많은 사람이었어요. 처음에 이란성 쌍둥이로 태어났대요. 그런데 한 사람은 1년 6개월 정도 살다가 세상 을 떠나고, 김형률 회장님만 자랐는데 성장하면서 계속 폐렴으로 고통 받았지요. 폐활량이 보통 사람의 1/5 정도밖에 안 되어서 늘 숨이 찼 대요. 평생 병원과 집을 오가며 살아야 했지요.

김형률 회장님 역시 어머님이 원폭 피해자셨어요. 원폭이 떨어질 때 어머님은 두세 살 무렵으로 일본에 살고 있었다고 하지요. 김형률 회장님은 그 영향 때문에 자기가 이토록 아프다는 것을 우연히 알게 된 뒤 한국에 다른 누군가 역시 이런 고통 속에 있을 것이라고 생각하고 이들을 위해 원폭2세환우회를 만들었어요. 폐렴의 고통 속에서도 꿋꿋하게 일을 하셨어요.

저는 김형률 회장님을 KBS-2TV의 '추적60분'이라는 프로그램을 통해서 알게 되었어요. 이 프로그램에서 원폭 피해자의 자녀 유전성에 대한 이야기를 다룬 적이 있지요. 저는 그 방송을 보면서 비로소 제 고통의 근원이 원자폭탄이라는 것을 알았어요.

사실 우리 형제들은 다 모일 때면 우리의 고통에 원폭의 영향이 있지 않을까 이야기하곤 했지요. 하지만 그런 이야기를 하면 어머니가 크게 화를 내셨어요. 어머니는 지금도 그것을 인정하지 않아요. 당신 탓으로 우리가 모두 아프다고 생각하고 싶지 않으시겠지요. 우리가 아무리 어머니를 전혀 원망하지 않는다고 이야기해도 그러셨지요. 사실 저희도 의심은 있었지만, 정보가 없으니 확실히 알 수 있는 건 없었지요.

그러던 중에 추적60분에 원폭 피해자에 대한 프로그램이 방영된다는 예고편이 나오길래 관심을 가지고 본 것이지요. 그 방송에서는 환우회 2대 회장이었던 정숙희 회장님의 이야기도 나왔는데 그분의 사례가 저하고 똑같은 거예요! 저와 병명도, 증상도 똑같았어요. 그분도 저처럼 관절이 괴사되어서 인공 관절 수술을 받고 힘들게 살고 계시더라고요. 저와 조금도 다른 점이 없었어요. 그 방송을 본 뒤, 저는 제 고통의 원인을 확신하게 되었고 환우회의 일에 함께하고 싶다고 생각했어요.

한번은 합천원폭복지회관에서 원폭 피해자 자녀들이 모인다는 소식을 듣고 참석했어요. 거기서 김형률 회장님을 처음으로 실제로 뵈었지요. 정말 놀랐어요. 아주 작은 체구에 깡마른 체격에, 여름이었는데도 긴팔 점퍼에 손수건까지 목에 감고 나오셨더라고요. 그런 몸으로 손수 만든 자료를 나누어주며 해준 이야기가 아직도 생생히 기억납니다.

"저는 부산에 사는 김형률입니다. 병명은 선천성면역성글로불린결핍증으로, 어머님이 히로시마에서 피폭을 당하셨습니다. 저는 폐 기능이 일반인의 20~30%로, 시도 때도 없이 찾아오는 폐렴 때문에 집과 병원을 오가며 힘겹게 생활하고 있습니다. 원폭 후유증으로 고생하는 2세 분들이 저 말고도 많을 것이라 생각하고 여러분 앞에 섰습니다. 우리는 함께 우리의 인권 문제를 해결해야 합니다."

그런 이야기를 듣는데 정말로 눈물이 나더군요. '저렇게 피해를 본 분들도 있었구나. 나 혼자만이 아니었구나!' 하는 생각이 들었어요. 그래서 저도 한 사람의 피해자로서, 도울 일이 있으면 도와야겠다고 결심했어요. 나 자신이 아니라 다른 사람을 위해서 살고 싶다는 희망이 생겼어요.

하지만 우리가 함께할 수 있는 세월이 길지가 않더라고요. 2005년 5월 어느 날 김형률 회장님이 세상을 떠났다는 이야기를 접했지요. '아, 김형률이라는 꽃은 피기도 전에, 봉우리도 만들어지기 전에 이렇게 져버리는가? 내가 왜 이렇게 아팠는지 터놓고 속 시원히 이야기할 사람이 비로소 생겼는데, 나도 이렇게 아프다는 이야기를 하고 싶었는데 그 이야기를 하기도 전에 사라지는가?' 하는 절망감이 들었지요.

그의 죽음 이후에 원폭2세환우회라는 존재 자체가 없어질까 걱정했는데 다행히 여러 시민 단체에서 도와주어서 환우회는 계속 활동할 수 있게 되었어요. 김형률 회장님이 문을 두드리고 지나간 자리에서 힘을 보태준 것이지요. 그 후 저는 2대 정숙희 회장님과 함께 환우회의 총무가 되어 같이 일하게 됐어요.

지워도 지워지지 않는 원폭의 흔적

원폭2세 환우들은 다양한 질병을 앓고 있어요. 선천성면역성글로불린결핍증, 피부병, 대퇴부무혈성괴사증, 정신장애, 지적 장애, 시각 장애, 심장병, 협심증, 갑상선 질환, 우울증, 백혈병, 근이완증, 각종 암 등 여러 병으로 고통을 겪고 있지요. 그러나 우리 정부는 과학적인 인과관계를 알 수 없다는 이유 등으로 인정하지 않고 있지요. 하지만 실제로 아픈 사람들을 만난다면 그렇게 쉽게 외면하지 못할 거예요.

환우회에서 활동하면서 가정 방문을 참 많이 했어요. 일일이 찾아가 아픈 사람이 없느냐 물었는데 그러면 먹고살기에 걱정이 없는 사람들은 환자가 있어도 숨겨요. 우리 자녀들은 괜찮다고 하시면서 세상에 드러내기를 꺼리지요. 피해자라는 낙인이 찍히면 결혼이나 사회생활이 여러모로 힘들어지니 피해자라는 사실을 지워버리고 싶어 해요. 긁어 부스럼을 만들고 싶지 않은 거예요. 하지만 지운다고 지워지지 않는 게 바로 원폭입니다.

정 회장님도 건강 문제로 결국 그만두게 되어서, 2008년부터는 제가 3대 회장으로 활동하게 되었어요. 앞장설 사람이 저밖에 없었지요. 모든 환우들의 아픔을 함께하겠다는 생각으로 계속 환우 분들의 집을 방문하고 있어요. 그때마다 눈물 없이는 볼 수 없는 사정을 많이 보게 됩니다. 이 모든 환우들을 안기에는 내 가슴이 너무 작구나 하는 안타까움에 눈물을 많이 흘렸지요.

젊은 나이에 자궁에 종양이 생겨 자식을 품어본 적이 없는 여성 환우, 계속되는 유산으로 출산 경험을 해본 적이 없는 환우, 아기를 품에 안았지만 지적 장애가 있어 동화책 한 권을 읽어줄 수 없는 환우, 건강하게 태어났지만 성장 과정에서 정신 질환이 발병해 입원해 있는 환우 등 정말 많은 환우들이 있습니다.

저희 환우회에서 가장 대표적인 사례로 문택주 씨가 있어요. 언론에서 취재를 많이 했지요. 이분도 처음에는 건강하게 태어났대요. 하지만 성장 과정에서 시력을 조금씩 잃어가다가 스물다섯 살 무렵 완전히 시력을 잃고 1급 시각 장애 판정을 받았지요. 그 뒤 청각 장애까지 와서 보청기가 없으면 듣지도 못하는 상황이 되어버렸어요. 또 그 동생 분도 현재 시력을 잃어가고 있어요.

세상에 알려지지 않은 사연은 더욱 많아요. 합천에 있는 어느 여성 분은 정신 지적 장애 2급이었어요. 학교 다닐 때는 성격도 활발했고 직장 생활까지 했는데 나중에 정신적으로 문제가 와서 환청이 들리는 등 생활이 무척 어려워졌지요. 그 동생 분도 정신 지적 장애 1급이에요. 그분은 집의 구석진 자리를 정해놓고 밤이고 낮이고 거기에만 앉아 있어요. 대소변을 밖에 나와서 보기는 하지만 뒤처리를 하지는 못해요. 시골 마당 아무 곳에나 볼일을 보고 들어가지요. 여성이다 보니 가장 힘든 것은 월경 때이지요. 두 자녀를 수십 년간 돌보고 있는 어머님이 얼마나 고생을 하시는지 몰라요. 그런데 그 집안의 자녀들이 다 그런가 하면 그렇지는 않아요. 1남 4녀인데 나머지는 잘 살고 있어요. 그래서 결혼한 다른 자식에게 피해가 갈까 봐 취재를 꺼리지요.

환우회에 회원 가입을 하신 분들 중에는 제발 공문 좀 보내지 말아달라고 하시는 분들이 많아요. '원폭2세환우회'라고 찍힌 우편물 때문에 아픈 사실이 알려져서 혹시나 피해를 입을까 봐 조심하는 것이지요. 고통이 있어도 세상에 나가면 다른 가족들에게 피해를 준다는 생각에 나서지 못하는 분들이 참 많습니다.

이들의 사연을 들으면 가슴이 아프다 못해 피멍이 듭니다. 평생 병마에 삶을 유린당하는 현실을 개인이 혼자 짊어지고 가기란 결코 쉬운 일이 아니에요.

원폭 2세 환우들은 전쟁 범죄의 피해자

저는 지금 세 번째 수술을 해야 될 상황에 놓여 있어요. 참 다행스럽게도, 검사를 해보니 아직 몇 년은 더 버틸 수 있다고 해요. 그 이야기를 들었을 때는 정말 종교도 없는 제 입에서 "하느님!" 소리가 나오더라고요. 좀 더 활동을 하라고 시간을 주시는가 보다 하는 생각이 들었어요. 수술이 조금만 더 미루어져서, 평생 한 번만 더 수술을 하는 것으로 끝났으면 좋겠다는 기대를 해요. 간단히 관절을 교체만 하면 되지 않느냐고들 하지만 수술을 한 번 하고 나면 그 회복 기간이 1년이 넘게 걸리거든요.

제 남은 시간 동안 저는 계속 호소하고 싶어요. 현재 우리나라에서 원폭 2세들은 사실상 방치되어 있어요. 정부는 원폭 피해자와 그 자녀를 위해 특별법을 만들어야 합니다. 이 법을 통해 원폭 피해자들에 대한 진상 조사를 제대로 하고 1세는 물론 2, 3세를 대상으로 의료와 생계를 지원해야 합니다. 그리고 법이 실제로 시행되기까지의 공백을 메울 수 있도록 선 지원 후 규명을 해야 해요. 저보다 더한 질병을 안고서도 중환자실에서 숨이 끊어지는 그 순간까지 병원비를 걱정해야 하는 것이 원폭 2세 환우들의 실정이에요. 게다가 원폭 2세들의 평균 나이가 이미 40, 50대에 이른 만큼 하루빨리 서둘러야 합니다.

원폭 2세 환우들은 일본의 침략 전쟁의 피해자입니다. 일본에 핵무기를 투하한 미국 정부가 저지른 전쟁 범죄의 피해자들입니다. 우리 환우들은 핵폭탄 투하라는, 다시는 벌어져서는 안 되는 인류에 대한 범죄를 증언하는 증언자들입니다. 원폭이 아니라면 우리가 이렇게 고통받을 이유가 없어요. 이런 환우들을 정부가 먼저 알아주고 돌보아야 합니다.

정부가 그간 외면만 하다 보니 이것이 마치 우리의 죄인 양 되어 환우들은 죄인 아닌 죄인, 피해자 아닌 피해자로 살아가고 있어요. 우리 의지와는 관계없이 평생을 피해자로 낙인 찍혀 살아야 하는 안타까운 심정을 조금이라도 안다면 이렇게 내버려두어서는 안 되지요.

원폭 피해자를 위한 특별법이라는 대책이 마련되어야만 피해자들도 숨을 쉴 수가 있어요. 우리의 숨통을 틔워줄 수 있는 것은 그것밖에 없습니다. 저는 가진 것도 없고, 배운 것도 없습니다. 그런 제가 앞장서서 그동안 어떻게 살아왔는지 이야기를 하는 것도 그것을 위해서예요.

앞으로 핵으로 인한 피해자가 더는 발생하지 않기를 간절히 바랍니다. 후쿠시마 사고를 보면서 저는 원자폭탄이나 핵발전이나 다 똑같은 것임을 확실히 알게 되었어요. 그전에는 원자폭탄이 제일 큰 문제라고 생각했지만, 사고가 나면 피해자가 생기는 것은 핵발전이나 원폭이나 다를 바가 없어요.

우리가 너무나 많이 아파봤기 때문에 이 고통에 대해서는 누구보다도 잘 압니다. 이 고통은 끝나지 않는 싸움이에요. 저희들의 가슴에서 영원히 사라지지 않는 상처입니다. 이런 상처를 입는 사람이 두 번다시 없었으면 합니다.

저는 핵 없는 평화로운 세상을 향해 아픈 몸을 이끌고 나아갈 겁니다. 우리의 발걸음이 핵 없는 세상을 위한 역사의 발걸음이라고 믿습니다. 우리 환우들을 위한 일이라면 저는 언제든지 앞장서서 이야기할 겁니다.

3부

에너지와
우리의 미래

9강

탈핵의 윤리와
상상력

·

김종철

·

2014년 1월 14일
서울 명동 가톨릭회관

김종철

•

《녹색평론》 발행 및 편집인. 서울대학교 영문과를 졸업하고 영남대학교 영문과
교수로 재직했다. 지은 책으로 『간디의 물레』, 『땅의 옹호』, 『비판적 상상력을 위
하여』, 『시적 인간과 생태적 인간』 등이 있고, 옮긴 책으로 『경제성장이 안 되면
우리는 풍요롭지 못할 것인가』(공역), 『정의의 길로 비틀거리며 가다』 등이 있다.

먼저 말씀드리고 싶은 것이 있습니다. 다름 아니라 환경론자나 환경운동가 중에도 핵발전을 옹호하는 사람들이 있다는 사실입니다. 그들의 논리는 핵발전이 기후변화에 대해 하나의 대응책이 될 수 있다는 것입니다. 이 논리는 그동안 세계적으로 상당히 설득력 있게 받아들여져 왔습니다. 이런 논리를 강하게 주장해온 대표적인 인물이 제임스 러브록(James Lovelock)입니다. 러브록은 '가이아 가설'을 주창한 과학자이자 세계적인 환경 사상가, 생태주의자로 널리 알려져 있지요. 저도 《녹색평론》 발간 초창기에 러브록의 글을 여러 편 번역해서 소개한 바 있습니다. 과학자로서의 자세가 존경할 만한 사람이지요.

그 러브록이 지금 가장 두려워하는 게 기후변화입니다. 러브록은 원래 기후학자이기도 한데, 벌써 수십 년 전부터 지구온난화 문제를 크게 염려해왔습니다. 사실 온난화 문제에 대응하려면 이른바 힘 있는 나라의 정치 지도자들이 각성하고 노력해야 하는데도 다들 아주 편협한 국익 논리에만 붙들려 있습니다. 그래서 러브록 같은 학자들의 마음이 더욱 다급해진 것이지요. 이들은 기후변화의 주범인 이산화탄소의 방출량을 극적으로 감소시키기 위해서는 무엇이든 해야 한다고 생각합니다. 그래서 화석연료 에너지 시스템을 가능한 한 빨리 축소하고, 그 대신 핵발전을 더 많이 활용해야 한다고 주장합니다. 많은 사람들이 재생가능에너지를 이야기하지만, 러브록은 그것으로는 현실적인 대처 방법이 될 수 없다고 생각하지요.

러브록의 생각에도 일리가 있습니다. 지금과 같은 문명 생활을 계속 유지하는 것을 전제로 한다면, 재생가능에너지만으로 불가능한 것은 분명합니다. 그것은 우리가 솔직하게 인정해야 합니다. 마치 재생가능에너지만 확보하면 모든 것이 다 해결될 것처럼 이야기하는 것은 거짓입니다. 그것만으로는 에너지 문제를 해결할 수 없습니다.

세계 인구 상황만 보아도 그렇습니다. 지금 세계 인구가 70억 정도 됩니다. 하지만 화석연료 시대(저는 석탄, 석유에 더해서 핵에너지도 화석연료의 하나라고 간주합니다. 석탄과 석유가 없으면 핵발전소가 움직이지 못하니까요.) 이전에 즉 인류가 석탄, 석유를 본격적으로 태우기 이전에 지구 인구는 최대 10억이었습니다. 화석연료 시대를 지나면서 7배나 늘어난 겁니다. 그리고 생활수준도 엄청나게 높아졌습니다.(물론 실제로 혜택을 본 인구는 세계 전체 인구의 15%를 넘은 적이 없다는 통계도 있습니다.) 그러니까 화석연료를 바탕으로 급격하게 증가한 인구와 높아진 생활수준을 재생가능에너지로 모두 대체하는 것은 현실적으로 불가능한 것이 사실입니다. 물론 지금은 기술이 많이 발달했기 때문에 태양에너지를 아주 합리적으로 이용한다면 10억보다는 훨씬 많은 인구가 에너지를 풍요롭게 쓰는 생활을 누릴 수 있을 겁니다. 하지만 70억이나 되는 인구가 지금과 같은 생활수준을 유지하는 것은 있을 수 없는 일이죠.

저는 얼마 전《녹색평론》132호에 미국의 사회과학자 돈 피츠 (Don Fitz)가 쓴 '후쿠시마, 대안은 태양에너지가 아니다'라는 제목의 글을 번역하여 실었습니다. 피츠는 인간이 기후변화에도 대응하면서 인간다운 생활을 영위할 수 있는 사회시스템을 유지하려면 에너지 사용량을 약간 축소하는 정도로는 안 된다고 말합니다. 덜 쓰는 정도가 아니라 완전히 생활 패턴을 바꿔서 대폭 축소해야 한다고 합니다. 이것은 그만의 예외적인 생각이 아닙니다. 벌써 20년 전에 그린피스 의장을 지낸 독일의 볼프강 작스(Wolfgang Sachs)는『유럽의 녹색화 (Greening the North)』라는 책에서 독일인들의 생활수준을 기준으로 할 때, 서구 사회가 에너지 사용량을 현재의 1/10, 즉 90% 정도까지 극단적으로 줄이지 않으면 인류에게 지속 가능한 삶은 존재하지 않을 것이라는 예측을 한 바 있습니다.

이런 점을 생각하면 핵발전을 활용해야 한다는 러브록의 주장은 일리가 있습니다. 그러니까 러브록은 이른바 서구식 삶을 누리고 있는 사회에서 생활수준을 자발적으로 낮춘다는 것은 상상할 수 없다고 보는 것입니다. 사실상 불가능하다고 보는 거죠. 그 결과 그가 생각한 대안이 핵발전인 것입니다.

비슷한 생각을 하는 또 다른 저명한 환경론자로 조지 몬비어트 (George Monbiot)라는, 영국《가디언》지의 고정 칼럼니스트가 있습니다.(저도 핵발전 문제를 제외하면 이 사람의 글을 좋아합니다.) 몬비어트는 바로 이런 입장 때문에 후쿠시마 사고가 터지고 난 뒤에 헬렌 칼디콧(Helen Caldicott)이라는 세계적인 반핵운동가와 치열한 논쟁을 벌였습니다.

핵발전은 기후변화의 대안이 될 수 없다

헬렌 칼디콧은 원래 오스트레일리아의 소아과 의사였습니다. 그런데 1970년대부터 진료소에 오는 어린이들이 한창 건강해야 할 나이에 병을 많이 앓는다는 사실, 특히 백혈병에 걸린 아이들이 의외로 많다는 사실을 발견하고 매우 의아하게 여겼습니다. 그리고 이것은 남태평양에서 프랑스가 계속해왔던 대기 중 핵실험의 영향이라고 직감했습니다. 그 후 칼디콧은 프랑스로 가서 관계자들을 만나 핵실험 중단을 요구하는 등 항의 운동을 하다가 의사 생활을 접고 세계적인 반핵운동가로 변신합니다.

저는 칼디콧의 책 『핵의 광기(Nuclear Madness)』를 1983년에 읽었습니다. 제게 핵이나 핵발전 문제에 관해 최초로 체계적인 지식을 갖게 해준 책입니다. 이 책은 주로 핵무기 문제를 다루고 있지만, 핵에너지 문제도 동시에 이해할 수 있게 설명하고 있었습니다.

1983년이라면 미국의 레이건 정부가 서유럽의 북대서양조약기구 가맹국에 크루즈 미사일이라는, 명중률이 높은 고도로 정밀한 핵무기를 배치하려는 계획이 알려지면서 유럽과 미국 전역에서 대규모로 치열한 반핵운동이 일어난 때입니다. 당시 미국에 체류하고 있던 저는 구체적으로 무엇이 문제인가를 자세히 알기 위해서 책을 여러 권 읽었는데, 그중에서도 이 책이 가장 큰 도움이 되었어요. 그때 제가 처음 알게 된 것은, 핵무기는 정밀하게 발달된 것일수록 위험이 더 크다는 것이었습니다. 왜냐하면 핵무기는 보통 광범위하게 치명적인 피해를 끼치는 그 가공할 파괴력 때문에 실제로 사용할 수 없다고 여겨지지만, 일단 국지적인 목표물을 정확히 타격할 수만 있다면 실제로 사용하고자 하는 유혹을 뿌리치기가 어려워지기 때문이라는 것이었습니다. 미국의 군부 지도자들이 그런 생각을 하고 있다는 근거를 제시하며 설명하고 있는 이 책을 읽으면서 저는 전율을 느꼈습니다. 세계가 우리처럼 순진한 사람들이 생각하는 것보다 훨씬 더 위험한 생각을 하고 있는 자들에 의해 지배되고 있다는 생각에 한동안 심각한 우울과 절망감 속에서 지냈던 기억이 납니다.

그리고 이 책 덕분에 핵발전도 결국은 핵무기와 쌍둥이 시스템이라는 사실, 핵발전소가 전 세계로 확대되기 시작한 것 역시 그 출발점은 근본적으로 미국의 정치적, 군사적 지배 욕구였다는 사실을 알게 되었습니다. 무엇보다도 핵무기는 말할 것도 없고 핵발전 시스템은 그 폐기물을 합리적으로 처리하는 것이 불가능한 시스템이라는 것을 명확히 이해하게 되었습니다. 칼디콧의 책을 읽으며, 저는 생물권과 절대로 양립할 수 없는 방사능이라는 것을, 인간 사회가 핵실험과 전력 생산 시스템이라는 형태로 끊임없이 생태계로 방출하고 있으면서도 아무 일 없다는 듯 태연히 지내고 있다는 점에 굉장히 큰 충격을 받았습니다.

칼디콧은 2013년에 서울시의 초청으로 한국을 방문하기도 했습니다. 30년 전에 처음 책을 통해 봤을 때는 아주 젊은 미인이었는데 이제는 호호 할머니가 되어 있더군요. 이 할머니가 아직까지도 열렬히 반핵운동에 헌신하고 있는 모습을 보니 한편으로는 이 세상이 참 한심하다는 생각도 들고, 다른 한편으로는 용기도 얻게 됩니다.

그런데 조지 몬비어트와 헬렌 칼디콧은 왜 싸워야 했을까요? 몬비어트는 체르노빌과 후쿠시마로 인한 피해를 반핵운동가들이 지나치게 과장한다고 주장합니다. 사실 화력발전소에서 뿜어져 나오는 분진 속에도 방사능이 들어 있습니다. 또 자동차에서 나오는 매연 속에도 중금속과 독성 물질이 많아요. 현재 온 세계에 자동차가 얼마나 많습니까? 이로 인해 희생되는 사람이 해마다 수십만 명이 넘는데, 체르노빌 이후의 희생자는 세계보건기구의 공식 통계로 보면 몇천 명밖에 되지 않는다는 겁니다. 물론 그것은 공식적인 통계일 뿐입니다. 실제로 러시아, 우크라이나, 벨라루스 등 직접 피해를 입은 현지의 과학자들과 의료 전문가들은 세계보건기구의 공식 통계와는 비교가 안 될 만큼 막대한 수의 희생자가 발생했고, 지금도 피해가 계속되고 있다고 증언해왔습니다. 그럼에도 불구하고 몬비어트는 체르노빌이나 후쿠시마 사고 이후에 지금까지 방사능으로 희생당한 사람의 수는 그리 많지 않다고 주장합니다.

몬비어트가 이런 주장을 하는 이유도 러브록과 마찬가지로 기후변화 때문입니다. 몬비어트 역시 기후변화가 가장 다급한 문제라고 생각합니다. 기후변화는 틀림없이 굉장히 무서운 사태입니다. 이는 몇백 년 후의 문제가 아니라 현재 닥치기 시작한 문제입니다. 세계 각지에서 점점 강도 높게 밀어닥치고 있는 태풍, 홍수, 가뭄, 고온 및 저온 현상 등 기후변화로 인한 피해는 갈수록 걷잡을 수 없게 될 것이 분명합니다.

하지만 제가 볼 때는 제임스 러브록이나 조지 몬비어트 같은 사람들이 결국 착각을 하고 있습니다. 방사능 문제는 지금 당장 몇 사람이 죽느냐 하는 문제가 아니기 때문입니다. 중요한 것은 방사능은 장기적으로 볼 때 결국 생태계를 거주 불가능한 불모의 공간으로 만들고 만다는 사실입니다. 오늘《경향신문》을 보니, 제러미 리프킨(Jeremy Rifkin)이 연초에 가진 어느 한국인과의 대담에서 이 점을 아주 명쾌하게 지적하고 있더군요. 리프킨은 핵발전 시스템으로 기후변화에 대응한다는 것은 말이 안 된다고 설명하고 있습니다. 그 기사를 잠시 인용해보겠습니다.

> 기후변화에 최소한의 영향력을 미치려면 (원자력발전으로만 전체 에너지의) 20%를 생산해야 하는데 원자력은 지금 6%뿐입니다. 그렇다고 20%를 채우려면 노후된 원자력발전소를 다 제거하고 매달 1개씩 40년간 세워야 합니다.[●]

● 「문명, 그 길을 묻다―세계 지성과의 대화, 제러미 리프킨 미 펜실베이니아대 교수」《경향신

40년 동안 매달 세계 어디선가 핵발전소를 하나씩 건설해야 기후변화에 대응할 수 있다는 것인데 이게 말이 되나요? 작고한 일본의 반핵운동가 다카기 진자부로(高木仁三郎)* 선생 등의 연구로는, 지금 전 세계에 있는 240여 개의 핵발전소만으로도 10년 혹은 20년에 1번 꼴로 대형 사고가 나게 되어 있습니다. 이런 상황에서 기후변화에 대응한다는 구실로 매달 핵발전소가 세계 어딘가에 하나씩 들어선다면 어떻게 되겠습니까? 세상은 방사능 오염으로 지옥이 될 겁니다.

제임스 러브록과 조지 몬비어트는 기후변화에만 일방적으로 집중하다 보니 핵발전이라는, 근본적으로 허망한 시스템에 대해 비현실적인 기대를 걸고 있는 겁니다.

지금 칼디콧이 제일 걱정하는 것은 후쿠시마 근처에서 일어날지 모르는 지진입니다. 만약 후쿠시마 근처에서 강진이 일어나서 지반이 한 번 더 요동친다면 지금 간신히 관리하고 있는 발전소 안의 사용후 핵연료봉들은 더 이상 통제 불가능하게 됩니다. 칼디콧은 혹시 일본으로부터 그런 소식이 들려올까 봐 노심초사하면서 뉴스를 보고 있다고 해요. 실제로 그런 일이 일어나면 지금 미국 보스턴에 있는 손자들을 남반구로 보낼 거라고 합니다. 남반구로 갈 수 없는 우리들은 그냥 기도나 해야겠지요.

문》(2014년 1월 13일)
● 　일본의 시민 과학자이자 반핵운동가. '원자력자료정보실'을 설립하고 대표직을 역임했다. 저서로 『시민 과학자로 살다』가 있다.

핵발전은 사양 산업이어서 더 위험하다

사실 핵발전소는 굉장히 복합적인 문제들을 안고 있습니다. 우선 발전소 현장 노동자의 인권 문제가 심각합니다. 당장 후쿠시마만 봐도 알수 있습니다. 현재 후쿠시마에서 들려오는 소문 가운데에는 사고 현장에 투입되어 일하는 노동자들의 명부를 제대로 작성하지 않는다는 이야기도 있어요. 제대로 작성하면 법적인 피폭 허용량을 넘은 사람을 현장에 재투입할 수가 없기 때문이지요. 그러면 노동자들을 충분히 확보할 수 없으니 아예 명부 작성을 엉터리로 하는 겁니다. 기록이 남아 있지 않으면 누가 얼마나 피폭되었는지 알 수 없으니까요. 그래서 노동자들이 절박한 생계 문제나 다른 이유로 들어가서 작업을 하겠다고 하면 내버려두는 겁니다.

후쿠시마 사고 직후부터 야쿠자들이 노숙자들을 강제로 모집해서 현장에 투입시킨다는 소문도 들려옵니다. 그런 의미에서 핵발전소 사고 현장은 최악의 인권 유린이 일어나고 있는 현장이라 할 수 있습니다.

또 중요한 것으로, 지금 후쿠시마 사고 피해 지역에서 피난도 가지 못한 채 살고 있는 주민들의 생활 문제가 있습니다. 며칠 전에 생활협동조합인 '한살림' 사무실에 항의 전화가 하루 종일 빗발친 적이 있습니다. 《녹색평론》으로도 항의 전화가 왔어요. 무슨 사연인가 하면, 후쿠시마에 살고 있는 일본인 몇 분이 한국에 초청되어 온 일과 관련해서였습니다.

후쿠시마 사고 지역 중 선택적 피난 구역에는 사고 수습을 기다리면서 원래의 생활을 되찾으려고 눈물겹게 노력하는 주민들이 있습니다. 국가가 따로 살 데를 마련해주는 것도 아니고 피난을 해서 정주할 곳도 마땅히 없으니, 생활의 근거지라곤 고향밖에 없는 이들 중에는 어떻게든 거기서 계속 살기 위해 아예 피난을 가지 않았거나 갔다가 되돌아온 사람들이 적지 않습니다. 하지만 그 땅은 아무리 제염을 했다고 해도 더 이상 안심하고 농사를 지을 수는 없습니다. 먹거리 농사는 아무래도 불안하지요. 그래서 주민들은 고심 끝에 목화를 키우기로 결정했고, 수확한 목화를 가지고 면 티셔츠도 만들고, 인형도 만들어서 일종의 관광 상품을 만든 겁니다. 그것을 팔아 얻은 수입으로 생활하는 패턴을 만들어서 서로 다독여가며 살아남으려고 애쓰고 있지요.

이런 이야기를 해외로도 발신하고 싶다는 목적으로, 이 후쿠시마 주민들은 한살림을 비롯한 여러 생활협동조합과 사회운동 단체들, 녹색당, 《녹색평론》 등 여러 단체들의 공동 초청에 응해서 한국으로 와서 강연도 하고, 간담회도 하고, 밀양에도 가 보기로 계획이 잡혀 있었어요. 그리고 그 행사에 대한 공고가 나갔지요. 그러자 생협 조합원을 포함하여 상당수 사람들이 왜 방사능으로 오염된 티셔츠와 인형을 한국에서 팔려고 하느냐, 왜 일본 방사능으로 한국까지 오염시키려고 하느냐 하고 거세게 항의한 것입니다.

이 이야기를 들으니 기분이 착잡하더군요. 이런 문제는 명확한 답이 무엇인지 쉽게 가리기 어렵습니다. 한국이든 일본이든, 반핵 혹은 탈핵 운동이 확대되자면 방사능의 위험을 예리하게 인식하는 사람들이 많아질 필요가 있습니다. 방사능이라고 하면 자다가도 일어나서 "나는 방사능이 싫어요."라고 할 사람들이 많아져야 해요. 그런 점에서 저는 이렇게 항의하는 목소리들이 나왔다는 것 자체를 나쁘게 봐서는 안 된다고 생각합니다. 그러나 어딘가 조금 각박하다는 느낌이 드는 것도 사실입니다.

그리고 또 한 가지 복잡한 문제는 설사 핵발전 시스템을 포기하기로 한다 하더라도 그 과정이 결코 만만치 않다는 겁니다. 사실 핵발전은 이미 세계적으로 사양 산업으로 접어들었습니다. 그런데 바로 사양 산업이라는 데에 위험 요소가 있습니다. 예를 들어, 지금 한국의 핵발전소들에서 계속해서 부품 때문에 문제가 생기고 있습니다. 그것은 물론 기본적으로 발전소 관리에 책임을 진 사람들의 도덕적 해이, 부정부패, 비리로 인한 것이지만 간과할 수 없는 또 다른 요인도 있습니다. 30~40년 전에 지은 핵발전소는 시간이 지나면 당연히 부품을 교체해야 합니다. 그런데 어떤 산업이든 계속 번창을 해야 그 산업을 유지하는 데 필요한 부속품들도 계속 탈 없이 생산이 되는 법입니다. 자동차도 몇십 년 전에 나온 차들은 고장이 났을 때 부품이 없어서 못 고치기도 하잖아요. 핵발전이 현재 바로 그런 운명에 처해 있습니다. 핵발전은 미국에서 시작한 것이지만, 정작 미국에서는 발전소 건설이 스리마일 사고 이후 전면적으로 중단되었습니다. 그래서 세계적으로 핵발전소 관련 부속 기계나 부품들의 원활한 공급에 차질이 생길 가능성이 점점 높아지는 것입니다. 어쨌든 새로 짓지는 않아도, 지금 가동 중인 핵발전소는 반드시 안전하게 유지되어야 한다는 점을 생각하면, 이것은 심각한 문제입니다.

후쿠시마 사고 직후에 미국 시카고대학의 일본학과가 중심이 되어 핵발전에 관한 심포지엄이 열린 적이 있습니다. 그때 일본과 미국의 중요한 지식인과 과학자 들이 나와서 발언한 기록을 봤는데, 아주 골치 아픈 문제를 지적하는 발언이 있었습니다. 미국의 저명한 아르곤 연구소의 소장으로 있는 과학자의 발언이었습니다.

"핵발전소들을 당장 폐쇄하는 것은 불가능하고 바람직하지도 않다. 그렇게 되면 핵발전을 전공하는 우수한 후속 과학자 세대가 없어진다. 그리하여 후속 전문가들이 양성되지 않으면 앞으로 핵발전 시스템을 폐쇄하려 해도 필요한 전문가들이 없어서 폐쇄할 수도 없게 될 것이다. 핵발전소 폐쇄 작업은 결코 아마추어들이 할 수 있는 일이 아니다. 그러니 최소한 우수한 인재들을 계속 길러내기 위해서라도 핵발전 시스템은 유지해야 한다."

참 골치 아프더군요. 우리처럼 순진한 환경론자들은 "핵발전소를 당장 폐기하라."고 주장해왔지만, 그게 현실적으로 불가능한 것이 반드시 정치적, 경제적인 문제 때문만은 아니라는 겁니다. 제가 핵발전 문제는 너무나 복잡하고 어려운 문제라고 말하는 이유가 여기에 있습니다. 결국 전문가들이 공부를 계속할 수 있는 여건을 만들어주면서 점진적으로 줄여나가는 방법을 생각하는 수밖에 없을 것 같습니다.

후쿠시마 사고가 터진 직후에 우리 모두는 '생명이 중요한 것이지, 전기가 다 뭐냐? 촛불로 살자. 핵발전소를 당장 없애자.' 하는 절박한 심정이었지요. 그렇지만 촛불로 살 때 살더라도 핵발전소를 없애는 과정 자체가 급작스럽게 되지는 않는다는 것을 생각해야 합니다. 근본적으로는 핵발전소를 줄이는 방향으로 나아가되, 동시에 현재 가동 중인 핵발전소의 안전을 위해서 온갖 합리적인 방안을 치밀하게 강구하는 것이 무엇보다 중요한 과제입니다.

도쿄보다 심각한 서울의 방사능 오염

지금 우리는 모두 방사능으로 둘러싸인 곳에서 살고 있습니다. 2차대전 이후에, 히로시마와 나가사키 이후에 대기 중 핵실험을 수천 회에 걸쳐서 진행했기 때문입니다. 미국, 구소련, 중국, 프랑스, 영국 할 것 없이 핵실험을 했어요. 그래서 요즘은 지구 전체가 방사능으로 오염되어버렸지요.

원래 지구 생태계에는 방사능이 거의 없어야 해요. 생물과 생태계와 방사능은 양립 불가능합니다. 서로 상종해서는 안 되는 사이입니다. 왜 지구 생성 이후에 생물이 출현하기까지 20억 년이 걸렸을까요? 방사능을 제거하느라 그런 겁니다. 원시 지구는 방사능투성이였어요. 그래서 생물이 살지 못했지요. 방사능이 사라지고 대기권이 형성되고 나서야 생물이 나타난 것이지요.

저는 우리의 일상 환경이 방사능으로 오염되었다는 사실을 실제로 경험하고 있습니다. 얼마 전에 휴대용 방사능 측정기를 하나 구해서 얼마 동안 몸에 지니고 다녔습니다. 그랬더니 서울 시내는 물론이고, 전국적으로 제가 가는 곳에 방사능이 다소간 측정되지 않는 데가 없었습니다. 문제는 그 방사능 수준이 얼마나 되는가 하는 것인데, 간단히 말하면 서울의 방사능 수치가 도쿄보다 높습니다. 엄밀한 과학적 조사가 아니니 함부로 말할 수는 없지만, 서울의 지하철 역사는 말할 것도 없고 길거리, 일반 건축물에서 측정되는 방사능 수치가 도쿄 시내의 그것보다 높다는 것은, 여러 공식적 혹은 비공식적 웹사이트에서도 확인할 수 있습니다.

서울의 방사능이 왜 이렇게 도쿄보다 높은지 그 이유는 정확히 모르지만, 환경운동가인 최병성 목사님의 설명에 따르면 우리나라의 건축이나 도로 포장에 쓰이는 시멘트와 아스팔트에는 방사능이 섞인 산업 쓰레기와 철근들이 무차별로 들어가 있다고 합니다. 한심한 일입니다. 저질 시멘트나 아스팔트도 문제겠지만, 후쿠시마 사고의 영향을 지금 우리나라도 전국적으로 계속 받고 있다고 보아야 합니다. 저는 한동안 휴대용 방사능 측정기를 가지고 다니다가 포기했습니다. 방사능이 전국적으로 다 나오니 갖고 다니는 게 의미가 없더군요.

이제 우리는 방사능이 없는 유토피아는 꿈도 꿀 수 없는 상황이 되었습니다. 그러므로 중요한 것은 이 상태가 더 악화되지 않도록 하는 것입니다. 이미 오염되었다고 해서 조금 더 오염되면 어떠랴 하는 생각을 해서는 안 됩니다. 그러다 보면 결국 생물이 전혀 살 수 없는 환경이 되고 맙니다.

이런 것을 생각하면 정말 우리의 생활환경이 자식들을 안심하고 키울 수 있는 곳이 아니라는 두려움을 느끼지 않을 수 없습니다. 하지만 그런 두려움에만 빠져 있으면 앞으로 나아갈 수가 없어요. 출구를 열려면 화석연료 시스템과 핵에너지 시스템이 갖고 있는 근본적인 문제점을 좀 더 면밀하게 검토하고, 이것을 우리가 과연 인간적으로 받아들일 수 있을지 적극적으로 판단하고 행동해야 합니다. 여기서 윤리 문제가 대두됩니다.

약자를 희생시키지 않으면 유지되지 않는 사회

송전탑 건설을 둘러싸고 밀양의 할머니, 할아버지들이 벌써 몇 년 동안이나 말 못할 큰 희생을 치르고 있습니다. 그 모습을 보면서 적지 않은 이들이 마음 아파하고, 원만하게 수습되기를 바랍니다. 그런데 이런 문제를 해결하자면 국민들 사이에서 지역민의 고통을 분담하자는 기운이 일어나야 합니다. 정부에 대안을 마련하라고 요구하는 목소리가 높아져야 합니다. 하지만 그게 잘 안 됩니다. 대부분의 사람들이 밀양 주민들이 겪는 고통을 자신의 일로 생각하지 않기 때문입니다. 가정 교육이나 학교 교육을 통해서 윤리를 배우지 않아서 그런 걸까요? 그게 아닙니다.

우리의 현대 생활 자체가 누군가를 희생시키지 않고는 유지가 안 되는 구조입니다. 오늘날의 사회구조가 약자를 희생시키는 구조적인 악행을 하지 않을 수 없도록 만들어져 있습니다. 비단 핵발전만의 문제가 아닙니다. 자본주의 근대 문명 자체의 본질적 성격이 그렇습니다.

우리는 신문을 통해 동티모르 사람들의 고난이나 팔레스타인 사람들의 고난에 대해 들을 때 어느 정도 동정심은 생기지만 진심으로 마음 아파하지는 못합니다. 인간의 실존적인 한계 때문이겠지요. 밀양의 할머니, 할아버지들의 고통에 대해서도 마찬가지입니다. 핵문제나 전기, 환경에 관심이 많은 사람들이라면 밀양 사태를 보며 마음이 아프겠지만, 대부분의 시민들은 사건 자체에 별로 관심이 없어요. 사람의 삶이라는 게 결국 그런 것 아니겠느냐, 다수의 행복을 위해서 소수가 희생하는 것은 어쩔 수 없지 않느냐 하는 생각이 구조적으로 만연해 있습니다. 즉 우리는 개인적인 감정이나 원한이 없으면서도 늘 약자에게 폭력을 가하면서 살고 있는 셈이죠.

유태인 출신의 세계적인 작가인 프리모 레비(Primo Levi)는 아우슈비츠 수용소에서 겪은 실제 체험을 바탕으로, 인간은 아무런 개인적 감정 없이 타인에게 폭력을 가할 수 있다는 '놀라운' 사실을 알게 되었다고 말한 바 있습니다. 사람들이 남을 때리고, 학대하고, 괴롭힐 때는 대개 분노나 증오 같은 감정을 느낄 때입니다. 그런데 아우슈비츠의 독일 군인들은 유태인들에게 개인적인 원한 관계가 있을 리 없습니다. 그럼에도 불구하고 아무런 이유도 없이 수시로 유태인을 구타하고, 때로는 완전히 발가벗겨서 영하 20도나 되는 추위 속에 몇 시간씩 세워 놓곤 합니다. 흙 묻은 손을 수건이 아니라 유태인이 입고 있는 옷에 마구 닦는 일도 있습니다. 유태인이 사람으로 보이지 않는 거죠. 그런다고 해서 자신에게 득이 되는 것도 아닌데 그냥 해코지를 하는 거예요.

레비는 이 상황을 '증오 없는 폭력(violence without anger)'이라는 말로 설명합니다. 워낙 예민한 작가라서 이것을 아주 섬세하게 묘사해냈습니다.

그런데 좀 더 생각해보면, 이것은 아우슈비츠 수용소에서 끝나는 이야기가 아닙니다. 한국 사회뿐만 아니라 이른바 현대 산업사회가 기본적으로 모두 그런 구조로 되어 있습니다. 우리는 약자들에게 아무런 감정도, 원한도 없으면서 구조적으로 악행을 가하고, 당연한 듯이 이들의 삶을 희생시키고 학대하며 살고 있습니다. 가장 대표적인 것이 핵발전 시스템입니다. 일본 도쿄대학의 철학 교수 다카하시 데쓰야는 핵발전 시스템을 한마디로 '희생의 시스템'이라고 규정합니다. 핵발전만 희생의 시스템인 것은 아니지만, 핵발전은 가장 전형적인 희생의 시스템이라는 것이지요.

이 사실은 핵무기를 보유한 국가들이 그동안 어디서 핵실험을 해왔는지만 보더라도 명백합니다. 미국, 영국, 프랑스는 말할 것도 없고 중국의 경우도 핵실험을 한 곳은 꼭 변두리 지역, 즉 서북 변경의 소수민족 위구르족의 거주지였습니다. 그 유명한 실크로드 지역입니다. 중국은 한족이 사는 데에서는 핵실험을 하지 않았어요.

후쿠시마도 일본에서는 역사적으로 낙후된 지역인 동북 지역에 있습니다. 이 지방은 일본의 근대화 과정에서 공업화가 제일 늦은 곳이에요. 그 대신 전통적인 농사 형태가 비교적 많이 보존되어 있는 지역입니다. 원래 후쿠시마는 농토가 비옥하고, 그 해안도 풍요로운 어장이었습니다. 그런 곳이 핵발전소 사고로 완전히 못쓰게 되었으니 안타까운 일이지요.

우리나라도 한국수력원자력이나 정부의 내부 지침을 보면, 핵발전소를 세우기에 적당한 입지 조건으로 교육 수준이 낮고, 가난한 사람들이 사는 인구 과소 지역이라고 규정하고 있습니다. 시골 사람들을 처음부터 완전히 능멸하고 시작하는 겁니다. 그런 시골 지역은 실제로 방사능 피해를 보기 전에 이미 문자 그대로 내부 식민지로 취급되는 것입니다.

히로시마 조종사가 느낀 양심의 가책

그런데 허다한 교육을 받고 높은 문화생활을 하는 서울 사람들이 왜 이런 문제를 충분히 인식하지 못할까요? 어째서 송전탑 싸움을 하는 밀양 시골 사람들의 심리나 내면을 이해하지 못할까요? 정보가 부족해서일까요? 지금은 결코 정보가 부족한 시대가 아닙니다. 마음만 있으면 인터넷 검색만으로도 정보를 수두룩하게 얻을 수 있습니다. 하지만 볼 마음이 없는 거지요.

『불타는 양심(Burning Conscience)』이라는 책이 있습니다. 이 책은 1945년 8월 6일 히로시마에 원자폭탄을 투하하기 위해서 동원된 군인 중의 한 명이었던 공군 소령 클로드 이덜리(Claude Eatherly)가 전쟁이 끝나고 제대한 뒤에 독일 철학자 귄터 안더스(Günther Anders)와 주고받은 편지들을 모은 것입니다.

히로시마에 원자폭탄을 투하할 당시 동원된 B-29 비행기는 8대나 되었습니다. 새벽 일찍 남태평양 티니안 섬에서 출격한 이 비행 편대 중에는 날씨를 측정하는 기상 관측기가 있었습니다. 원폭을 탑재한 비행기보다 한 시간 먼저 출격해서 히로시마의 날씨가 어떤지, 구름이 어느 정도 끼어 있는지 등 정보를 알려주는 미션을 수행하는 비행기였는데 이덜리는 그 비행기의 조종사였습니다.

그런데 전쟁이 끝나고 제대한 뒤에 그는 심각한 정신 이상 증세를 보이기 시작했습니다. 심한 불면증을 앓으면서 노이로제에 걸려서 거리를 방황하다가 좀도둑질도 하고 은행 강도도 시도했다고 합니다. 전쟁 영웅으로 대접받고 있는 자신은 오히려 감옥에 가야 할 사람이라는 생각에 감옥에 가기 위해 일부러 범죄를 저지른 것입니다. 원폭 투하로 일시에 10만 명의 무고한 민간인을 학살한 데 대한 양심의 가책이 컸기 때문입니다.

이덜리의 고난은 바로 그 양심 때문에 시작되었습니다. 우선 동료들에게서 미움을 받기 시작했습니다. 너만 양심이 있느냐는 비난이 쏟아진 것이지요. 미국 군대의 시선도 곱지 않았습니다. 미국 정부와 군부는 히로시마와 나가사키에 대한 원폭 투하 직후 미국 국민들이 그 실상을 제대로 알지 못하도록 거의 모든 자료를 은폐했습니다. 원폭 투하로 인한 가공할 참상이 그대로 알려지면 여론이 악화되어 국회에서 차후에 핵무기나 핵에너지 개발에 필요한 예산을 승인해주지 않을 테니까요. 그런 상황에서 제대 군인 이덜리가 계속 이 문제로 시끄럽게 하면 당국으로서는 매우 곤란한 처지가 되겠지요. 그래서 미군 당국은 이덜리를 정신병원에 강제로 입원시킵니다.

그 이야기가 《뉴스위크》지에 짤막하게 기사로 실렸는데, 그것을 독일의 철학자 안더스가 우연히 읽고, 두 사람 사이에 편지 교환이 시작되었다고 합니다. 안더스는 유태계 철학자로 하이데거의 제자였습니다. 보통 유태인 철학자라면 아우슈비츠의 홀로코스트에 집중해서 사색하고 발언하는 게 통례인데, 안더스는 특이하게도 주로 히로시마와 핵을 문제 삼아서 2차대전 이후 세계적으로 가장 치열한 반핵 철학자의 삶을 살았습니다. 그런 사람이기에 이덜리의 이야기에 남다른 관심을 갖게 된 것이지요.

이 책에는 버트란드 러셀이 쓴 짤막한 추천문이 붙어 있고 『원자력 제국』의 저자인 로버트 융크(Robert Jungk)가 쓴 서문이 들어 있습니다. 융크는 한때 오스트리아에서 녹색당 후보로 대통령 선거에 출마한 적도 있는 사람이지요. 이 책에서 융크가 주장하는 핵심 논리는, 핵발전 시스템이 존재하는 한 결코 민주주의는 성립하지 않는다는 것입니다. 대규모 화석연료 시스템도 그렇지만, 특히 핵발전 시스템은 무엇보다도 중앙 집중적인 권력을 불가피하게 필요로 하고, 관련된 정보나 자료가 철저히 차단되거나 통제되는 시스템이기 때문입니다. 국가의 적이나 테러리스트가 핵발전 시설에 접근하면 절대로 안 되기 때문에 막강한 군대나 경찰력이 절대적으로 요구됩니다. 또한 핵무기나 핵발전에 관련된 시설을 보호한다는 명분으로 국민의 기본권에 대한 제한이 정당화됩니다. 그런 점에서 민주주의와는 근원적으로 양립할 수 없다는 것이 융크의 기본 논리입니다.

저는 『불타는 양심』을 읽으면서, 히로시마 원폭 투하 작전에 참가한 수십 명이나 되는 군인들 가운데 왜 이덜리라는 개인만이 유독 죄책감을 느끼고 그 양심의 가책 때문에 고통스러운 인생을 살 수밖에 없었을까 하는 의문이 들었습니다.

책을 읽어보면 이덜리는 정신이 아주 멀쩡한 사람입니다. 논리도 정연하고 표현력도 뛰어납니다. 그런 이덜리가 결국 예외적인 인물이고, 다른 많은 군인들은 일반적으로 별 죄책감을 느끼지 못했다는 사실은 어떤 점에서 현대에 와서 전쟁의 양상이 달라진 탓이라고도 할 수 있습니다.

전통적으로 전쟁이란 전사들끼리의 전쟁이었습니다. 무기를 가진 자들끼리의 싸움이었지요. 그래서 칼싸움을 할 때면 서로 얼굴을 대하고, 눈을 보며 싸웠습니다. 하지만 기술이 발달할수록 싸우는 방식은 비겁해집니다. 현대전은 대체로 기술전이고, 기술전은 원래 비인간적일 뿐만 아니라 대단히 천박한 싸움이라고 할 수 있습니다. 등 뒤에서 칼을 꽂는 것도 이제는 목가적인 이야기가 되었습니다. 오늘날에는 단추 하나만 누르면 끝입니다. 단추 하나로 군인들뿐 아니라 무고한 민간인까지 남녀노소 가리지 않고 무차별적으로 일시에 목숨을 빼앗아갑니다. 얼굴을 볼 필요는 전혀 없습니다. 최근엔 원격 조종을 하는 무인 전투기까지 나왔잖아요. 이렇게 전쟁의 본질을 바꿔놓은 기점이 된 것이 히로시마라고 할 수 있습니다. 전쟁의 본질과 양상이 달라지니, 전쟁 행위를 통해서 패배한 자, 피해를 입은 자, 희생당한 자들의 입장을 이해하는 것이 갈수록 어려워지는 것입니다.

권터 안더스는 이것이 결국 상상력의 문제라고 말합니다. 상상력의 결핍은 현대인들의 보편적인 운명이 되었다고 지적합니다. 상상력이란 남의 마음을 읽고, 타자의 내면에 들어갈 수 있는 능력입니다. 그런데 현대인들은 자신의 생활이 궁극적으로 어떤 구조 속에 있으며 거기에서 어떤 사람들이 희생되고 있는지에 대해 별다른 생각이 없습니다. 상상력의 결핍은 기술 시대를 사는 현대인의 가장 핵심적인 비극입니다.

그래서 안더스는 어른, 아이 할 것 없이 도덕적, 사회적 상상력을 훈련하는 것이 필요하다고 했습니다. 현대사회는 분업이 지나치게 극단화된 사회입니다. 정신노동자는 육체노동을 전혀 모르고, 육체노동자는 정신노동에서 멀어졌습니다. 또 정신노동이든 육체노동이든 다양하고 복잡한 분야로 세분화되어 기계적으로 처리되고 있습니다. 예전에는 일에 대한 자부심과 신념을 가진 일꾼들이 많이 있었지요. 일을 맡긴 주인이 이래라 저래라 해도 고집스럽게 말을 듣지 않고 자기 나름대로 완벽하게 일을 하는 사람들이 많았습니다. 자기 직업에 자부심을 갖고, 일에 결함이 생기지 않도록 최선을 다하는 지독한 성실성이 있었던 겁니다. 그런 모습은 참 보기 좋았습니다. 오늘날에는 그런 모습이 다 사라졌습니다. 이렇게 된 결정적인 원인의 하나는 일이 지나치게 분업화되고 표준화되어서 특별히 개성적인 능력이나 기술 혹은 성실성이 필요하지 않게 되었기 때문입니다.

전통적으로 농사는 전인적인 일이었습니다. 농사는 육체와 정신의 통합적인 능력을 요구하는 대표적인 노동이라고 할 수 있습니다. 농민들은 다소간 상상력이 없으면 농사를 지을 수 없습니다. 기계에 덜 의존하는 유기농일수록 더욱 그렇습니다. 하지만 농업 시대가 끝나고 기술 시대로 들어와 분업이 극단화되면서 사람들은 자신이 일하는 좁은 분야를 넘어 전체적인 테두리에 대한 시야를 잃게 되었습니다. 말하자면 통합적인 상상력의 결핍 현상이 일반화된 것이죠.

상상력은 윤리의 출발점

안더스식으로 말하면, 상상력은 윤리 의식의 출발점입니다. 상상력의 결핍이 곧바로 윤리 의식의 부재로 연결되는 사례를 보여주는 유명한 에피소드가 있습니다. 미국의 제33대 대통령인 트루먼(Harry Truman)에 관한 이야기입니다. 알다시피 트루먼은 히로시마에 원폭 투하를 명령했던 대통령입니다. 원래 부통령으로 있다가 루스벨트 대통령이 급사하는 바람에 대통령이 되었죠. 루스벨트가 살아 있었다면 태평양전쟁은 원폭 투하 없이 끝났을 가능성이 크다고 생각합니다. 하지만 트루먼이 졸지에 대통령이 되면서 원자폭탄을 쓰지 않을 수 없게 되었습니다. 트루먼은 대통령이 되고 나서야 비로소 '맨해튼 프로젝트'●에 대해 알게 되었거든요. 이 프로젝트는 부통령이었던 트루먼조차 몰랐

● 2차대전 중 미국이 극비리에 진행한 원자폭탄 제조 계획의 암호명. 히로시마와 나가사키에 각각 투하된 원자폭탄인 '리틀보이'와 '팻맨'이 이 프로젝트의 결실이었다.

을 만큼 극비리에 진행되고 있었습니다. 그런데 이 프로젝트에 막대한 돈이 들어갔기 때문에 대통령은 의회에서 돈의 용도에 대해 설명해야 할 입장에 서게 됩니다. 루스벨트 대통령이라면 맨해튼 프로젝트라는 것을 계획했으나 결국 원폭을 쓸 필요가 없었다고 설명하면 국민들이 납득했을 겁니다. 루스벨트는 카리스마가 있는 지도자였고 뉴딜 정책으로 국민들의 절대적인 지지를 받고 있었으니까요. 하지만 트루먼은 그럴 자신이 없었습니다. 국민들에게 맨해튼 프로젝트에 들어간 돈에 대해 설득력 있게 해명하자면 실물을 보여줄 수밖에 없는 처지였을지 모릅니다. 결국 일본에 원폭을 실제로 투하하지 않으면 안 된다고 생각했을 것입니다. 물론 그 이외에 다른 여러 이유들이 있었겠지만 이것도 중요한 이유였을 거예요.

그런 트루먼이 퇴임 후 75세 생일을 맞아 열린 연회에서 어느 기자의 질문을 받았습니다. "평생 후회되는 일은 없습니까?" 의례적인 질문이지만, 그 기자는 트루먼이 역사상 유일하게 원폭 투하를 결정한 정치 지도자라는 사실을 염두에 두고 그 질문을 했을 것임이 틀림없습니다. 그런데도 트루먼은 옆에 있는 부인을 가리키며 "내가 결혼을 좀 더 일찍 못한 것이 유일하게 후회되는 일"이라고 대답했다고 합니다. 그러니까 트루먼의 머릿속에서 히로시마는 아주 사소한 문제였던 것이지요.

트루먼의 그 내면 심리를 한번 보십시오. 거기에는 상상력도, 윤리 의식도 전혀 없습니다. 자기로 인해 어린아이들까지 포함해 수많은 무고한 사람들이 처참하게 희생되었다는 인식도, 일말의 양심의 가책도 없습니다. 상상력의 완벽한 결핍입니다.

우리가 사람답게 살려면 기본적으로 인간다운 위엄을 갖춰야 합니다. 품위 있게, 예의 바르게 남의 처지를 이해해야 사회가 성립됩니다. 아무리 제도와 시스템이 중요하다고 하지만 기본적으로 모든 것은 한 사람, 한사람에게서 출발합니다. 현대인들이 옛날 사람들에 비해 인간적으로 왜소한 것은 틀림없어요. 하지만 지금 현대사회가 직면하고 있는 복합적인 위기 상황은, 과거의 그 어떤 세대도 경험하지 못했던 정신력과 지혜를 요구하고 있습니다. 녹색 사회로의 전환을 위해서 재생 가능한 태양에너지와 식량 자급 시스템을 확보하고, 전쟁을 그만두고, 평화 체제를 확립하고, 무엇보다 경제성장을 멈추고 생활수준을 낮추어 가난하고 소박한 상부상조의 생활에 만족을 느끼는 삶의 방식을 재창조하지 않으면 안 됩니다. 그러기 위해서는 과거 어느 때보다도 강인한 정신력과 탁월한 지혜가 필요한데, 지금같이 상상력이 결핍된 사람들이 넘쳐나는 세상에서 이것이 과연 가능할지 참으로 걱정입니다.

탈핵은 숙의 민주주의와 함께 가야 한다

우리가 좁게는 핵발전 시스템에서 벗어나고, 넓게는 지금과 같은 지속 불가능한 문명의 방식을 극복하기 위해서는 결국 정치적인 선택을 해야 합니다. 그러자면 풀뿌리에서 자립, 자치적인 삶을 일궈 나가는 것도 중요하지만 국가적 차원에서 이루어지는 정치에 대해 방관해서는 안 됩니다. 핵발전소를 짓느냐 마느냐 하는 것도 모두 정부가, 국가권력이 결정합니다. 그런 점을 생각하면, 지금과 같은 민주주의, 즉 껍데기뿐인 정당 정치와 대의제 민주주의 시스템만 믿어서는 죽도 밥도 안돼요.

그래서 저는 숙의 민주주의에 대해서 우리 사회가 진지한 관심을 가져볼 필요가 있다고 생각합니다. 예를 들어 덴마크에서 하고 있는 '시민합의회의' 같은 것 말입니다. 물론 이를 그대로 모방할 수는 없겠지만, 우리 풍토에 맞게 변형해서 적용하는 방법을 고민할 필요가 있습니다.

지금 덴마크에서는 과학기술 문제에 한해서 '시민합의회의'라는 제도를 운영하고 있습니다. 예를 들어 유전자 조작 식품을 덴마크에 들여오고 판매하는 것을 허용할 것인가 하는 문제를 결정할 때, 최종적으로 정부의 유관 기관이나 전문가가 아니라 시민들이 결정하도록 하는 시스템입니다. 진정한 민주주의 정신에 입각한 제도이죠. 그 절차를 보면 이렇습니다. 덴마크 의회에 '기술 위원회'가 있어서 여기에서 먼저 어떤 주제에 대해 시민합의회의를 개최한다고 알리면서 시민들로부터 참가 신청을 받습니다. 그러면 전국에서 몇백 명, 때로는 수천 명이 신청합니다. 신청을 받은 후에는 아주 기본적인 신상 조사 외에는 일절 자격 심사를 하지 않고 무작위로 제비뽑기를 해요. 그런 추첨을 통해 20명 정도가 선발됩니다.

제비뽑기란 참 재미난 거예요. 일찍이 루소가 민주주의의 대원칙으로서 일반의지(general will)에 관해서 말했지만, 국민의 일반의지라는 것이 현실적으로 어떻게 표현될 수 있는지는 난제입니다. 지금과 같은 대의제 민주주의에서는 다수결로 의안을 결정하도록 되어 있지만, 다수결로는 공동체 구성원들의 진실한 의사를 드러낼 수 없습니다. 선거 역시 진실하게 국민의 의사를 반영하는 것이 아닙니다. 오늘날 선거란 것이 대개 돈과 인맥, 대중적 인기도에 좌우된다는 것은 더 길게 말할 필요도 없는 사실인데, 그러한 선거를 통해서 뽑힌 대표자들이 의회에서 어떻게 국민의 진실한 뜻을 반영해서 정치적 결정을 내릴 수 있겠습니까?

하지만 제비뽑기를 하면, 일반의지에 비교적 가까운, 근사치에 도달할 수 있습니다. 제비뽑기는 생각보다 훨씬 더 사회 구성원들의 의자를 고르게 공평하게 드러낼 수 있습니다. 여태까지 덴마크가 이 회의를 열 차례 이상 했는데 제비뽑기로 뽑힌 사람 중에는 대학교수나 철학자, 종교인뿐만 아니라 택시기사나 거리의 청소부도 있었습니다. 사회의 각 계층, 연령, 성별, 이해관계를 다양하게 대변하는 사람들로 자연스럽게 구성되는 것입니다. 뽑힌 사람들은 지적 수준이나 교육 배경도 다릅니다. 이런 사람들이 약 6개월간 주말마다 모입니다. 찬반 양쪽의 전문가들을 초빙해서 그들의 자세한 설명과 그들이 제공하는 모든 자료와 정보를 검토함으로써 주제에 대해 충분히 숙지하게 됩니다. 그리고 마지막에는 국회에 모여서 텔레비전으로 생중계되는 자리에서 최종 토론을 하고, 공개적으로 결정을 합니다. 그런데 이때 결정은 다수결로 하지 않고 대개 합의를 본다고 합니다.

259

생각해보면 합의를 이룬다는 것은 별로 놀라운 일이 아닙니다. 온갖 정보를 충분히 숙지하게 되면, 상식적이고 건전한 이성을 가진 사람이라면 결코 엉터리 판단을 하지 않습니다. 뭔가 특별한 이권이나 이해관계가 걸려 있으면 다르겠지만, 제비뽑기로 뽑힌 사람들에게 그런 이해관계가 있을 리 없습니다.

저는 덴마크의 이 시민합의회의 방식이야말로 오늘날의 현실에서 실제로 가능한 가장 바람직한 숙의 민주주의의 형태가 아닌가 생각합니다. 흔히 말하는 참여 민주주의보다 한걸음 더 나아가 민주주의의 질을 높이는 제도라고 할 수 있죠.

이 시민합의회의의 결론이 법적인 구속력은 없답니다. 합의된 결정을 덴마크 의회가 그대로 받아들일 의무는 없다는 거죠. 그런데 여태까지는 대부분 받아들였어요. 그럴 수밖에 없습니다. 아무런 이해관계가 없는 시민들의 기탄없는 결정인데 국회가 왜 거부하겠습니까? 거부할 명분이 없지요. 저는 덴마크도 여기서 한 걸음 더 나아가야 된다고 생각해요. 비단 과학기술 문제뿐만 아니라 정치, 사회 문제로도 범위를 확장할 필요가 있다고 봅니다. 다수결로 결정하면 반드시 이의를 가진 소수파가 존재하고, 그들은 계속해서 억울하다는 느낌을 떨쳐버리지 못합니다. 억울한 사람들이 있는 동안에는 정치도, 사회도 안정되지 않습니다.

우리도 이런 시민합의회의 같은 것을 만들어서 실질적인 민주주의를 만들어가야 합니다. 핵발전 문제를 포함해서 쉽게 해결하기 어려운 정치, 사회의 문제들을 시민들의 자율적이고 합리적인 숙의 과정을 통해 풀어나가야만 인간다운 삶이 열립니다. 강압적인 권력 행사를 통해 문제를 해결하려고 해서는 절대로 평화롭고 조화로운 민주 사회를 만들 수 없습니다. 요컨대 지금 우리에게 가장 절박한 것은 민주주의 질을 높이는 것입니다. 실질적으로 민주주의를 강화하려는 노력을 하지 않고, 핵발전이라는 단일 이슈만을 대상으로 싸워봤자 헛일입니다. 그러므로 탈핵 운동은 근본적으로 민주화 운동이라고 할 수 있습니다.

10강

핵발전의 역사와
그 오랜 관성을 깨는 방법

윤순진

2013년 4월 23일
서울 종로 평화박물관

윤순진
•

서울대학교 환경대학원 교수. 서울대학교 사회학과를 졸업하고, 미국 델라웨어
대학교에서 환경에너지정책학으로 박사 학위를 받았다. 독일 총리실 산하 지속
가능발전위원회 동료평가위원, 산업통상자원부 에너지위원회 위원 등으로 활동
했으며 현재 탈핵에너지교수모임에서 공동집행위원장을 맡고 있다.

저는 지난 2012년에 일본의 기타큐슈(北九州)라는 지역을 다녀왔습니다. 기타큐슈에는 후쿠시마 근처와 도쿄 등지에서 피난을 온 사람들이 만든 '100인의 어머니들'이라는 모임이 있었어요. 후쿠시마 사고 이후, 사고 지역에서 20~30km에 있는 지역은 머물러도 되고 떠나도 되는, 이른바 선택적 피난 지역으로 되었는데, 주로 이 지역에서 피난을 온 분들이었어요. 아버지들은 생계를 위해 살던 곳에서 계속 돈을 벌어야 하니 대부분 어머니들이 아이들만 데리고 와 있었지요.

피난 오느라 아예 가족이 해체된 경우도 있었습니다. 도쿄에서 온 한 젊은 아기 엄마가 저희 일행에게 피난을 오게 된 과정을 이야기해 주었는데요, 후쿠시마 사고 이후 남편에게 피난 가자고 했더니 남편은 다들 그냥 사는데 왜 유별나게 구느냐고 하더랍니다. 그래서 피난을 못 가고 있던 차에 큰아이가 갑자기 코피를 쏟더래요. 그 모습을 보면서 거기 그냥 살다가는 아이한테 큰일이 날 것 같아서 남편과 이혼하고 피난을 왔다고 합니다. 안타까운 사연이지요.

그렇게 피난 온 어머니들이 모인 '100인의 어머니들'은 투표를 잘 하자는 플래카드를 직접 만들어서 온 도시를 돌며 캠페인을 벌이고 있었습니다. 당시는 일본의 총선 직전이었어요. 2030년까지 단계적으로 탈핵을 하자고 천명한 민주당이 의석을 많이 차지했으면, 적어도 탈핵 의지가 없는 자민당이 집권하지 않았으면 하는 바람에서 캠페인을 벌인 것이지요. 얼마나 절박한 심정이었을까요?

하지만 그런 노력에도 불구하고 당시 선거에서 자민당이 압승을 했습니다. 그래서 지금 일본은 체르노빌보다 더 심각한 사고가 났음에도 핵발전소를 폐쇄하겠다는 결정을 내리지 못하는 상태입니다.

이런 것을 보면 대단히 안타깝기도 하면서 이런 궁금증이 생깁니다. 왜 당연히 변화되어야 한다고 생각하는 것들이 빨리 변화되지 않을까요? 핵발전에 문제가 많다고 생각하는 사람들이 주변에 꽤 있는 것 같은데 왜 세상은 바뀌지 않을까요? 후쿠시마 사고 이후 핵발전에 대해 사회적으로 경각심이 커졌는데도 왜 생각만큼 빠르게 변하지 않을까요? 핵발전을 하지 않으면, 석기시대로 돌아갈 것만 같아서 그런 걸까요? 오늘은 이에 대해 이야기 나누고자 합니다.

핵발전은 어떻게 시작되어 여기까지 왔나

먼저 우리나라와 일본을 중심으로, 핵발전소가 어떤 과정을 거쳐 오늘날에 이르렀는지 그 역사를 간단히 살펴보겠습니다. 핵발전을 세계에서 가장 먼저 시작한 나라는 러시아입니다. 1954년에 세계 최초로 5MW(메가와트)의 오브닌스크(Obninsk) 핵반응로를 가동하기 시작했지요. 하지만 이는 실험로 수준이었어요. 상업 핵반응로를 가장 먼저 개발해 가동한 나라는 영국으로, 1956년에 60MW 규모의 콜더 홀(Calder Hall) 핵반응로를 가동하기 시작했습니다. 바로 한 해 뒤인 1957년에는 미국도 시핑포트(Shippingport)라는 가압 경수로형 핵반응로를 가동하기 시작해요. 의욕적으로 시작했지만 이후 미국에서는 1976년부터 신규 핵발전소에 대한 시장 수요가 사라집니다. 전기에 대한 시장 수요에 비해 공급이 많아져서 신규 건설이 수익을 크게 남기지 못했기 때문이지요.•

일본에서는 아이젠하워 미 대통령이 1953년 유엔 연설에서 핵 기술을 평화적으로 이용하자는, 이른바 '원자력의 평화적 이용'을 주창하자마자 기다렸다는 듯 그 이듬해인 1954년부터 핵발전 연구를 시작했습니다. 핵분열 원료인 우라늄 235를 상징적으로 표현한, 2억 3500만 엔의 예산을 들여 시작했지요. 그리고 1966년에 첫 핵반응로를 가동합니다. 일본은 참 아이로니컬합니다. 핵무기로 히로시마, 나가사키에 피폭을 당했으니 절대로 핵 프로그램을 시작하지 않을 것 같은데, 일본은 오히려 바로 그 때문에 핵 프로그램을 시작합니다. 핵에 공포

•   미국은 최근에서야 대규모 정부 지원을 기초로, 중단되었던 핵발전소 건설이 완료되어 1기가 완공되었고 2012년 3월에 34년 만에 조지아 주와 사우스캐롤라이나 주에 2기씩 총 4기의 신규 핵발전소 건설을 승인한 상태이다.

감을 가지고 있었던 국민들과 달리 위정자들은 핵을 가지고 있었다면 그렇게 당하지 않았을 것이라는 논리를 갖고 있었거든요.

반면 우리나라는 미국의 요청으로 1950년대 후반부터 핵 연구를 시작했습니다. 왜 미국이 우리에게 그런 요청을 했을까요? 여러 이유가 있겠지만 당시는 구소련이 핵 프로그램을 가동할 때이니, 구소련 주변의 동맹국들에게 (비확산을 전제로) 핵 기술을 주어서 구소련을 견제하는 한편, 자신들이 개발한 핵발전 기술을 판매함으로써 돈도 벌겠다는 의도였다고 볼 수 있습니다.

그런데 아이젠하워의 연설 이후에도 핵무기 개발을 비롯한 군비경쟁이 세계적으로 지속되었습니다. 그래서 핵 확산을 막기 위한 국제적 규제가 필요해졌고 핵무기비확산조약(혹은 핵무기확산금지조약, Non-Proliferation Treaty of Nuclear Weapon, NPP)이 맺어집니다. 이 조약은 1968년에 채택되어 1970년에 발효되었는데 핵무기 비보유국은 새로 핵무기를 보유하는 것을 금지하고, 보유국은 비보유국에 대해 핵무기를 양여하거나 개발을 지원하지 못하도록 금지한다는 내용을 담고 있습니다. 이 조약에도 불구하고 1974년에 인도가 핵폭발 실험에 성공하게 됩니다. 이를 계기로 미국은 국제적으로 핵 비확산 조약과 법 등을 강화해서 핵발전 기술 선진국들이 핵발전 기술과 관련 시설을 이전하는 것을 중단하라고 촉구했습니다. 미국, 영국, 구소련, 프랑스, 서독, 일본, 캐나다 등 핵발전 기술 선진 7개국은 1976년에 핵발전 기기 수출 규제에 합의하기에 이르지요.

이러한 국제적인 핵 비확산 분위기는 우리나라에도 일정한 영향을 미칩니다. 특히 사용후핵연료 재처리 체계 확립에 영향을 주지요. 한국이나 일본은 모두 우라늄이 없어서 미국에서 농축한 핵연료를 수입해서 사용했는데, 이 핵연료는 분열 후에 사용후핵연료의 형태로 남게 돼요. 일본은 핵발전을 하면서 핵연료 주기를 자체적으로 완성한다는 계획을 갖고 있었습니다. 핵연료 주기를 완성한다는 것은 사용후핵연료를 재처리해서 핵분열 물질을 끄집어내어 핵연료를 제작하는 것을 일컬어요. 이렇게 하면 핵연료가 사용후핵폐기물로, 그리고 그것이 다시 핵연료로 변환되어 처음과 마지막이 맞물려 돌아가니 사용후핵연료도 재활용하면서 핵연료도 확보할 수 있지요. 게다가 재처리 후에는 플루토늄이 나오는데 이것이 핵무기의 원료가 됩니다. 즉 일본은 표면적으로는 핵연료를 지속적으로 확보하기 위해 핵연료 주기를 완성한다고 했지만 내심으로는 플루토늄을 확보하려는 의도가 있었던 것으로 보입니다.

물론 당시 미국은 세계 모든 국가들에 대해 재처리를 허가하지 않았습니다. 하지만 일본은 독자적인 핵연료 주기 완성을 최대의 정책 목표로 추진하면서 1977년에 도카이무라(東海村) 재처리 시설의 본격 가동을 위해 미국과 교섭을 시작했지요. 그리고 교섭에 성공해서 가동 허가를 획득합니다. 핵무기 비보유국으로서는 최초로 상용 재처리 시설을 가동할 수 있게 된 겁니다.

우리나라도 일본처럼 사용후핵연료 재처리로 핵연료를 확보하려 했지만 국제 핵 비확산 조약이 강화되면서 그 계획이 무산됩니다. 1970년대 중반에 프랑스와의 기술 협력으로 재처리 사업을 도입하기로 되어 있었는데 미국의 재처리 허가를 받지 못한 거예요.

그런 와중에 1973년에 제1차 석유 파동이 일어나면서 석유를 대체할 에너지원이 필요하다는 논리로 핵발전을 강화하는 흐름이 국제적으로 생겨납니다. 하지만 1980년 이후로 오면서 각종 핵발전소 사고가 일어나기 시작합니다. 1980년대 직전인 1979년에 스리마일 사고가, 1986년에 체르노빌 사고가 발생하지요. 일본에서도 1995년에 후쿠이(福井) 현 쓰루가(敦賀) 시의 몬주 고속증식로에서 방사능 누출 사고가 일어났습니다. 고속증식로는 사용후핵연료 재처리 후에 나오는 플루토늄과 우라늄의 혼합 산화물을 핵연료로 쓰면서 가동 과정에서 새롭게 플루토늄을 생산하는 핵반응로입니다. 사용후핵연료 재처리 시설과 함께 핵연료 주기를 실현하기 위한 핵심 설비지요. 몬주 고속증식로는 1991년에 가동을 시작해서 1994년 4월에 임계 실험(임계란 핵분열 연쇄 반응을 일으키기 시작하는 상태를 말합니다. 핵발전을 하기 위해서는 핵분열이 연쇄적으로 일어나야 하는데 핵반응로를 가동하기 전에 임계에 도달하도록 하는 실험을 임계 실험이라고 하지요.)에 성공을 했습니다. 하지만 이듬해인 1995년에 나트륨 누출로 화재가 발생해서 고속증식로의 안전성에 심각한 의문이 제기되었지요.•

• 현재 몬주 고속증식로는 가동이 중단된 상태이다. 그간 지역 주민의 반대도 있고 개보수 과정에서 여러 차례 문제도 발생해 운전이 재개되지 못하다가 사고 후 무려 15년만인 2010년 5월에 가동을 재개했다. 하지만 재개 후 석 달만에 핵연료 교환 장치가 핵반응로 안으로 떨어지는 사고가 일어나 운전을 중단한 채 수리를 해왔지만 1만 개 가까운 기기에 대한 점검을 게을리한 것이 일본 원자력규제위원회에 의해 확인되면서 안전 관리 체제를 전면적으로 고칠 때까지 운전 재개를 허용하지 않겠다는 방침이 세워졌다.

1999년에는 이바라키(茨城) 현 도카이무라에 있는 핵연료 가공 회사인 JOC 등에서 또다시 방사능 누출 사고가 일어납니다. 도카이무라는 1966년에 일본에서 처음으로 상업용 핵발전소가 가동된 곳이기도 한데 이 지역의 조요(常陽) 고속증식로에 사용되는 핵연료를 만드는 과정에서 사고가 발생합니다. 그 때문에 작업원 2명이 치사량을 넘는 방사선에 피폭되었고 주민도 600명이나 피폭되는 사고가 일어납니다. 당시 피폭된 작업자들은 7개월간의 투병 끝에 숨졌는데, 이들이 치료를 받다 숨져가는 과정이 텔레비전 방송 등으로 보도되어 일본의 탈원전 운동에 큰 영향을 끼치게 되지요.

그런 와중에 우리나라는 전 세계적으로 핵발전이 주춤해짐으로써 세계 핵발전 시장에서 공급자보다 수요자가 우위에 설 수 있는 조건을 발판으로 미국에 핵발전 기술 이전을 요구하면서 핵발전 확장을 꾀하게 됩니다. 그 결과 미국의 컴버스천엔지니어링으로부터 핵기술을 자체 개량해 생산할 수 있는 권리를 이전받습니다.

처음 우리나라에 핵발전 시설이 들어설 때 대부분의 지역 주민들은 그 위험성을 잘 모르고 있었습니다. 제가 전남 영광에서 인터뷰를 해보니 이 지역 주민들은 처음에는 핵발전소를 전기를 만드는 공장이라고 알고 있었어요. 또 핵발전 시설이 들어오면 일자리가 생기면서 지역 경제가 발전할 것으로 기대했다고 합니다.

하지만 체르노빌 사건이 알려지면서 신규 핵발전소 건설에 대한 반대 운동이 일어나 이후 우리나라에서는 새로운 지역에는 핵발전소가 입지하지 못하게 되지요. 그래서 이미 핵발전소가 있는 지역에 핵

271

발전소 건설이 집중적으로 이뤄집니다. 체르노빌 사고 이후 얼마 되지 않아 1989년에 영광 3호기와 4호기가 건설 허가를 받고, 전 세계적으로 핵발전이 침체기에 들어간 1990년대에 월성 2호기(1992년)와, 울진 3, 4호기(1993년), 영광 5, 6호기(1997년), 울진 5, 6호기(1999년)가 차례로 건설 허가를 받습니다. 그리고 허가 받은 지 5~6년 만에 상업 운전에 들어가게 됩니다. 1990년대에 7기의 핵발전소가 상업 운전을 시작하고 2004년까지 4기의 핵발전소가 추가로 상업 운전을 시작하게 되었습니다.

원자력 르네상스라는 허구

2000년부터는 증가하는 전력 수요를 감당하기 위해 개발도상국들이 핵발전소 건설에 관심을 보이기 시작합니다. 또한 에너지 안보와 기후변화에 대한 관심이 증가하면서 기후변화에 대응하는 에너지로 핵에너지를 조망하려는 움직임이 동시에 나타나지요. 기후변화는 기후 패턴에 변화가 발생하고 극단적인 기상 현상이 빈발해지는 현상을 말합니다. 대기 중에 온실 기체 농도가 증가해 지구 표면 온도가 상승하면서 지표면의 수분 증발량이 많아지고 대기와 해류의 흐름에 변화가 발생해 일정하게 유지되었던 기후 패턴이 달라지는 것이지요. 그런데 온실 기체 농도가 증가하는 가장 중요한 원인이 화석연료 연소에 있습니다. 현재 인류가 소비하는 에너지의 80% 이상이 화석연료예요.

석탄, 석유, 천연가스 같은 화석연료에는 탄소가 포함되어 있어서 이 연료들을 연소시키면 탄소가 대기 중의 산소와 결합해서 이산화탄소가 발생하게 됩니다. 이산화탄소는 전체 온실 기체의 3/4 정도를 차지하는데 이중 2/3가량이 화석연료 연소로 발생하지요. 화석연료 연소가 기후변화를 야기하는 가장 중요한 원인으로 지목되면서 발전 과정에서 이산화탄소를 거의 배출하지 않는 핵발전이 그에 대한 대안으로 주목받게 된 것입니다.

물론 이런 논리는 현실적으로 타당하지 않습니다. 핵발전의 연료인 우라늄은 탄소를 포함하고 있지 않고 핵분열을 통해 에너지를 얻기 때문에 발전 과정에서 이산화탄소가 배출되지 않는 것은 맞습니다. 하지만 이는 발전 과정에 국한된 이야기입니다. 우라늄 채굴 과정이나 농축 과정, 주로 시멘트로 하는 발전소 건설 과정, 수명이 끝난 핵발전소의 폐쇄와 해체 과정에서 이산화탄소가 발생합니다. 그럼에도 불구하고 엄청난 양의 전력을 생산하면서 상대적으로 이산화탄소 배출이 적다는 이유만으로 '청정 에너지'로 찬양된 것이지요. 그래서 세계원자력협회나 국제원자력에너지기구에서는 이 시기에 대해 '원자력 르네상스기'라는 표현을 사용했습니다.

하지만 통계를 보면 이런 표현도 허구에 불과합니다. 세계 핵발전 추세 변화를 보면 세계 전력 생산량에서 핵발전의 전력 생산량 비중이 가장 높았던 해는 10%를 차지했던 1993년이었고 핵발전소 수가 가장 많았던 시기는 총 444기에 달했던 2002년이었습니다. 또 핵발전으로 생산된 전력량이 최고로 많았던 해는 2660TWh(테라와트시)를 생산했던 2006년이었습니다. 그리고 핵발전소 수나 핵발전량 비중, 핵발전 전력량 등 이 모든 기록들은 후쿠시마 사고가 일어나기도 전인 2000년대 이후 지속적으로 하락하는 경향을 보이고 있습니다.(핵발전소 수는 1990년 이후 정체되었다가 줄어든 데 반해 발전 용량은 그와 달리 다소 늘었다가 줄어드는데 이는 최근으로 올수록 핵발전소를 지을 때 용량을 늘려 지었기 때문입니다.)

2000년대에 들어 우리나라 정부는 핵발전을 신성장 동력으로 간주하면서 핵발전 기술의 수출을 장려하게 됩니다. 그리고 2009년에 아랍에미리트에서 핵발전소 2기 수주에 성공한 뒤 (계약 내용도 제대로 밝히지 않으면서) 엄청난 쾌거를 이룬 듯 홍보하지요. 그러면서 핵발전에 대한 국민들의 지지도가 높아지게 됩니다. 핵발전소 건설 수주 직후인 2009년 12월에 실시한 국민 여론조사에서 무려 90%가 핵발전을 지지하는 것으로 나타났어요.

한편 국내 반핵 운동은 2005년에 경주가 중저준위 방폐장으로 선정된 이후 소강 상태로 들어가게 됩니다. 2005년 전까지 중저준위 방폐장은 위험 시설이라 기피 대상이었는데 2005년에는 경쟁의 대상이 되었어요. 경주와 가장 치열한 경합을 벌였던 군산을 비롯해 포항과 영덕까지 중저준위 방폐장을 서로 유치하겠다고 경쟁을 했지요. 그 이유는 물론 재정입니다. 2005년 이전에는 방사능 독성이 훨씬 더 높은 위험 시설인 중간 저장 시설도 입지 시설 대상에 포함되어 있었지만 2005년에는 이 시설을 제외하고 중저준위 방폐장으로만 한정시키고도 그 전과 동일한 3000억 원의 특별 지원금을 주기로 했거든요. 또 정부가 핵폐기물이 반입될 때마다 연평균 85억 원의 반입 수수료를 해당 지차체가 징수할 수 있도록 한데다 한국수력원자력의 본사 이전까지 약속했지요. 그리고 입지 여부를 주민투표로 결정하도록 한 결과 포항을 제외한 도시들에서 70%가 넘는 투표율을 보였고 89.5%의 찬성률을 보인 경주에 중저준위 방폐장이 입지하게 된 겁니다.

경주는 대표적인 문화유산이 있는 지역이라는 상징성 외에도 현실적으로 방폐장 지역의 암반이 너무나 연약하고 지하수가 풍부해서 방폐장의 입지로 부적절합니다. 그런 곳에 방폐장이 들어서게 된 것은 상당히 안타까운 일입니다. 재정 자립도가 33.4%밖에 되지 않고 지역 경제가 침체한 가운데 지역 주민들이 돈과 위험을 거래해버린 것이지요.

국가가 핵발전을 강력하게 추진하는 나라

이런 역사를 거쳐온 결과, 우리나라와 일본은 세계적으로 핵발전소가 많은 나라가 되었습니다. 후쿠시마 사고 직전인 2010년에 일본은 핵발전 시설 용량이 세계 3위였고 한국은 6위였어요. 2011년이 되면 한국은 5위로 올라서지요. 핵발전소 수 역시 일본이 후쿠시마 사고로 4기가 파손된 것을 제외해도 여전히 50기로 세계 3위, 한국은 21기로 5위입니다. 두 나라는 '밀집도' 즉 해당 국가의 단위 면적당 시설 용량을 기준으로 보아도 면적 대비 핵발전 시설이 매우 조밀하게 입지해 있어요. 밀집도에서 한국은 2011년에 벨기에에 이어 2위($192.5kW/km^2$)였고, 일본은 4위($127.2kW/km^2$)였습니다. 그런데 2012년 들어 우리나라는 신월성 1호기와 신고리 2호기가 운전에 들어가 시설 용량이 늘어난 반면 벨기에에는 더 이상 신규 핵발전소가 없었기 때문에 2012년 들어 우리나라가 밀집도에서 세계 1위가 됩니다. 핵발전소 사고가 났을 때 그 국가에 미칠 영향은 밀집도가 높을수록 커질 수밖에 없습니다.

이런 경향은 후쿠시마 사고 이후에도 변함이 없습니다. 후쿠시마 사고 이후인 2012년에도 핵발전소를 착공한 나라가 세계에 딱 세 곳 있습니다. 바로 우리나라와 러시아, 그리고 우리나라가 핵발전소 기술을 수출한 아랍에미리트입니다. 우리나라는 후쿠시마 사고 이후에도 여전히 공격적으로 핵발전소 확대 정책을 펴고 있는 대표적인 나라지요.

그래서 발렌틴과 소바쿨(Valentine and Sovacool)이라는 서구 학자들은 일본과 한국은 국가가 강력하게 개입해서 핵발전 정책에 드라이브를 건다는 점에서 공통점이 있다고 분석합니다. 일본은 핵발전소를 민영으로 운영하고 있긴 하지만 국가가 보조금을 지급하고 지역에서 독점을 유지하도록 해주고 있으니, 결국 국가가 핵발전에 강력한 의지를 갖고 있는 셈이지요. 이 학자들은 일본이 국가 에너지 정책을 중앙 집권적으로 결정한다는 점, 기술 진보가 국가 경제를 활성화시키고 그 상징이 바로 핵발전이라는 식의 캠페인을 국가가 벌인다는 점, 독일 등에 비해 반핵 시민 행동의 수위가 낮다는 점을 근거로 이런 평가를 내렸습니다.

물론 자세히 들여다보면 한일 간에 잘 드러나지 않는 차이점도 있습니다. 예컨대 일본은 핵발전을 재가동하는 것에 대한 결정권을 지방 의회가 갖고 있습니다. 그래서 우리나라와 달리 지방정부가 개입할 여지가 있지요. 일본에서는 가동 중인 핵발전소에 대해 1년에 한 번씩 계획 예방 정비라는 것을 해야 하고 그러려면 운전을 잠시 멈춰야 합니다. 그것을 다시 재가동하려면 지방의회가 동의를 해주어야 하는데 후쿠시마 사고가 나자 어떤 지방의회도 동의해주지 않았어요. 그래서 2012년 5월 5일부터 두 달가량은 일본의 어느 핵발전소도 가동하지 않는 상황이 되었지요. 그해 8월에야 후쿠이 현의 오이 원전 3, 4호기만 재가동에 들어갔지요. 오이 원전이 있는 후쿠이 현 쓰루가 시(敦賀市) 의회만 11 대 1로 찬성해서 재가동을 하게 된 겁니다.•

또 한국은 핵발전소 건설이 지속적으로 성공해왔고 일본은 그렇지 않다는 점도 차이점입니다. 우리나라는 1978년 고리 원전 1호기가 가동을 시작한 이후 끊임없이 핵발전소를 지어왔습니다. 하지만 일본은 1970년 이후 세운 핵발전소 건설 계획이 하나도 실행되지 않았어요. 최근 건설되었거나 건설 중에 있는 발전소들도 건설 계획 자체는 모두 1960년대에 세워진 것들이지요. 1970년대 이후엔 뭔가 계획을

• 오이 원전이 입지한 와카사(若狹)만은 핵발전소가 15기나 있어 일본에서 '원전 긴자'로 불리는 곳이다. 이 지역은 이미 지역 경제가 핵발전소에 의존하도록 되어 있다. 오이 원전이 입지해 있는 쓰루가 시의 경우 핵발전소 때문에 들어오는 정부의 지방 교부금이 시 수입의 10%에 달한다. 또 지역 주민 5명 중 1명은 직간접적으로 핵발전소와 연결되어 있다. 핵발전소 가동 중단으로 시 재정이 어려워지고 지역 경제가 힘들어지자 쓰루가 시 의회는 위험을 무릅쓰고 재가동 결정을 내리게 된 것이다. 핵발전소 의존 경제가 고착되면 이런 상황을 벗어나기 어려워진다.

하더라도 실행이 잘 안 되었어요. 후쿠시마 사고 이전에도 일본에서는 신규 핵발전소 건설이 상당히 어려움에 직면해 있었지요.

게다가 한국은 중대 사고가 별로 없었고 핵발전소에서 발생한 고장이나 사고를 관리 가능한 사소한 문제로 인식시키는 데 성공한 반면 일본은 이미 심각한 사고들을 많이 겪었지요. 또 일본은 지진 가능성이 높아 그에 따른 사고 위험성에 대한 대중의 인식이 고조되어 있어요. 하지만 우리나라는 지질학적 특성상 일본에 비해 상대적으로 위험성이 낮지요.(물론 월성원전 주변이 활성단층이라서 위험하다는 과학자들의 의견이 있었지만 이런 사실이 대중에게 잘 알려지지는 않았지요.)

이런 차이점에도 불구하고, 우리나라와 일본은 여전히 핵발전소 확대에 강력한 관성을 가진 나라임에는 틀림없습니다. 이런 분위기를 어떻게 바꿀 수 있을까요? 핵발전도 하나의 기술이라는 점에서, 그에 대한 답을 과학기술사회학에서 찾아보려고 합니다.

기술 체계가 가진 사회적인 속성

기술과 사회적 진보의 관계를 연구하는 학문으로 과학기술사회학, 혹은 과학기술학이라고 불리는 학문 분야가 있습니다. 이 분야에는 기술과 사회의 관계를 이해하는 두 가지 주요한 입장이 있습니다.

하나는 이른바 기술 결정론입니다. 기술은 자기 안에 내재해 있는 발전 경로를 따라간다, 기술의 발전 정도에 따라서 인간의 사회 발전의 정도가 결정된다고 보는 입장이지요. 반면 기술의 사회적 구성주의 라고 불리는 입장도 있습니다. 기술의 내재적 속성에 따라 기술 스스 로 발전 경로를 갖는 것이 아니라 해당 사회가 어떤 기술을 발전시킬 것인지를 선택한다는 것입니다. 다양한 행위자들이 상호작용을 통해 서 어떤 기술을 발전시킬지, 기술의 어떤 속성을 더 강화시킬지가 결 정된다는 것, 즉 기술 발전 방향이 사회적으로 구성된다고 보는 겁니 다. 기술이 사회의 발전 정도나 방향을 결정하는 것이 아니라 오히려 사회가 기술의 발전 정도와 방향을 결정하거나 그에 영향을 미친다고 보는 것이지요.

이 두 가지 입장 모두 부분적인 진실을 갖고 있습니다. 먼저 기술 이 우리의 삶을 결정하는 측면이 분명히 있지요. 사소한 사례입니다만 저는 새로운 소프트웨어가 나오는 것이 반갑지 않아요. 한글이나 MS 워드의 경우, 저는 지금 버전으로도 아무 문제 없이 잘 쓰고 있어서 새 로운 버전이 나오면 번거로워서 짜증이 날 때도 있습니다. 그렇다고 새 버전을 안 쓸 수도 없어요. 다른 사람이 다른 버전으로 작업한 파일이 제 컴퓨터에서 호환이 안 되니까요.

이런 현상은 보통 기술이 성숙한 단계로 접어들었을 때 나타납니 다. 하지만 그 기술이 처음 나타난 초기에는 상황이 다릅니다. 이때는 사회가 기술의 발전 방향에 영향을 미쳐요. 예컨대 우리가 요즘 쓰는 전류는 교류입니다만, 에디슨이 처음 발명한 전기는 직류였습니다. 직 류는 전압을 마음대로 변경할 수 없기 때문에 수용가가 그대로 사용 할 수 있는 저압으로 송전을 할 수밖에 없었어요. 그런데 수용가가 멀리 떨어져 있을 경우에는 전압이 떨어져서 전등이 잘 켜지지 않는 문제가 생겼습니다. 게다가 초창기의 발전소는 시내 중심에서 화력발전으로 생산을 해서 송전 거리가 길지 않았지만 값싼 수력을 사용하기 위해 도시와 멀리 떨어진 곳에 수력발전소가 건설되면서 상황이 달라졌습니다. 송전 손실이 적은 장거리 고압 송전 방식으로 전기를 이동시킨 후 변압기로 고압을 저압으로 바꾸는 방식을 취하게 됐지요. 에디슨은 직류 전기가 교류 전기보다 훨씬 안전하다고 홍보했지만 결국 경쟁자였던 테슬라가 만든 교류 전기에 밀리고 말았어요. 직류를 쓸지, 교류를 쓸지의 문제가 사회적으로 구성된 것이죠.

이렇듯 기술이 사회에 영향을 주는 것과 사회가 기술에 영향을 주는 것은 양자 모두 가능한 일이지요. 그래서 토머스 휴즈(Thomas Hughes)라는 학자는 이 양자를 연결하는 개념으로 사회기술체계(STS, Socio-Technological System)를 내세웠어요. 기술에는 흔히 말하는 테크닉의 측면만 있는 것이 아니라 사회적인 면까지 있다고 주장한 것입니다.

자동차를 보면 쉽게 이해할 수 있습니다. 자동차는 일종의 기술 체계입니다. 하지만 자동차가 우리 사회에서 기능을 하려면 자동차만 있어서는 안 됩니다. 도로와 신호 체계가 있어야 하고, 연료가 있어야 하고, 원유를 정유하는 시설과 주유소가 있어야 하고, 정비소도 있어야 하지요. 나아가 보험도 필요하고 자동차 관련 법제도 필요합니다. 그러니 기술 체계 자체에는 이미 사회적 측면이 있습니다. 그래서 자동차와 관련한 기술 체계와 사회적 체계들은 한 번 구축되고 나면, 이후에 변화하기가 상당히 어려워집니다. 통계에 의하면 우리나라 국민의 20% 이상이 자동차 산업과 연결되어 있다고 합니다. 이렇게 한 번 자동차 위주의 교통망을 구축한 나라는 철도 중심으로 바꾸기가 대단히 어렵습니다.

이는 시스템 자체가 바꾸기 어려운 물리적인 구조물로 구성된 측면이 있기 때문이기도 하지만, 이 시스템에 이해관계로 얽혀 있는 사람들, 이 시스템을 중심으로 먹고사는 사람들이 너무 많기 때문이기도 합니다. 그래서 특정 시스템은 만들어지고 나면 이른바 '관성'이라는 성질을 갖게 됩니다. 그 시스템의 속성을 유지하면서 더욱 강화해 가려고 하는 성질이지요. 사회기술체계는 한 번 만들어지면 스스로 지속하고 발전시키려 하게 되지요.

핵발전도 이런 관점에서 볼 수 있습니다. 핵발전을 하려면, 발전소가 필요하고 대용량 송전망이 필요하고, 전기 사업법과 핵발전 관련 법이 필요하고, 전담 부처가 필요하고, 발전소를 짓는 토목 산업이 필요하고 우라늄 채광과 가공 기술도 필요하고 이를 운행하는 인력과 연구진도 필요하고, 또 이런 인력들을 키워내는 연구 기관들이 필요합니다. 우리나라에도 이미 핵발전과 관련된 다양한 부처와 부서, 기구, 연구 기관, 기업, 단체들이 있습니다. 한번 자세히 살펴볼까요?

정부 부처로는 미래창조과학부와 산업통상자원부, 원자력안전위원회, 원자력진흥위원회가 있습니다. 핵폐기물을 관리하기 위한 기관으로는 한국원자력환경공단이 있지요. 핵발전 관련 연구원으로는 한국원자력연구소, 원자력안전기술원, 원자력환경기술원, 한국원자력통

제기술원이 있지요. 또 전력연구원, 환경기술진흥원, 에너지경제연구소 등에서도 핵발전 관련 연구를 수행합니다. 각 대학에서는 핵발전 관련 인력을 양성하고 있습니다. 서울대, 한양대, 카이스트, 경희대, 조선대, 제주대 등에 관련 학과들이 있고 관련 연구자들이 서로 교류하는 원자력산업학회, 방사성폐기물학회, 한국원자력학회 등과 같은 학회들도 있습니다.

 핵발전 산업계에 속하는 기관이나 업체도 있습니다. 핵발전을 직접 담당하는 한국수력원자력과 함께 한전KPS, 한전기술, 한전원자력연료, 한전KDN, 한국전력공사 등이 있습니다. 핵발전소를 건설하는 시공업체도 중요한데 이름이 알려진 다수의 건설 회사들 즉 현대건설, SK건설, GS건설, 대우건설, 대림산업, 포스코건설, 삼성물산, 경남건설, 삼부토건, 삼환기업, 금호건설 등이 핵발전소 건설 업체들입니다. 핵발전소 기자재 제조업체로는 두산중공업, 현대중공업, 효성중공업, 동양방직, 범우이엔지 등이 있고 방사선 관리 용역업체로는 선광원자력안전, 일진방사선엔지니어링, 한국원자력엔지니어링, 한일원자력 등이 있습니다.

 또 핵발전과 관련한 체계를 지탱하기 위한 다양한 법제들이 있습니다. 원자력 진흥법, 원자력 손해배상법, 원자력 손해배상 보상 계약에 관한 법률, 원자력 시설 등의 방호 및 방사능 방재 대책법, 원자력 안전법 등 다양한 법률이 있지요. 또 우리나라에는 다른 나라에는 없는, 핵발전 전담 홍보 기관인 원자력문화재단도 있습니다. 이렇듯 핵발전이란 기술은 단지 기술로만 존재하는 게 아니라 다양한 사회적 요소

들과 결합되어 있고 이들은 핵발전이라는 관성을 유지하려 하지요.[*]

핵발전소가 제공하는 대용량의 전력 사회에 익숙해져 있는 시민들도 이런 관성을 유지하는 힘입니다. 원할 때마다 전기를 쓸 수 있는 편리한 생활에 너무나 익숙해져 있어서 핵발전 없는 세상을 상상조차 해보지 않은 사람들이 아주 많지요.

독일은 어떻게 관성을 깰 수 있었나

이 같은 관성은 한 번 생겨나면 결코 깨질 수 없는 것일까요? 그렇지 않습니다. 독일은 후쿠시마 사고 이후 2011년에 단계적 탈핵을 선언했습니다. 독일 사회에도 그전까지 당연히 관성이 있었을 텐데 과감하게 그것을 깨뜨린 것이죠. 이는 휴즈가 말한 '역돌출부'라는 것을 통해서 가능했습니다. 역돌출부란 사회기술체계가 해결하지 못하는 문제를 일컫는 말입니다. 관성을 가진 사회기술체계가 더 이상 지속되거나 앞으로 나아가지 못하게 만드는 요소를 역돌출부라고 합니다. 휴즈는 사회에 역돌출부가 나타나면, 기존 관성이 약화되거나 붕괴되거나 소멸되어 다른 시스템으로 전환될 수 있다고 설명합니다.

그럼 독일에는 어떤 역돌출부가 작용했을까요? 그 시작은 시민사

---

[*] 좀 더 자세한 내용은 2011년에 필자와 학생들이 함께 쓴 「한국과 일본 원자력 사회기술체계 발전 경로의 유사성과 상이성: 관성과 역돌출부에 대한 대응을 중심으로」에 제시되어 있다.

회의 자각과 강력한 반핵 운동이었습니다. 독일에서는 그간 대규모 반핵 시위가 많이 있었습니다. 가장 유명한 것이 1970년대에 있었던, 태양을 모토로 환경 도시를 구축해 지금은 '태양의 도시'로 알려진 프라이부르크 근교의 빌에서 일어난 시위입니다. 당시 정부가 이 지역에 핵발전소를 지으려 하자 시민들이 건설 부지를 점거하면서 크게 저항했지요. 처음에는 주로 지역 주민들이 참여해 점거 운동을 했는데 이후 독일 전역의 학생, 지식인, 종교인, 좌파 활동가 들이 이 운동에 가담하게 되었습니다. 뒤이어 1976년에 브로크도르프에서, 1979년에 고어레벤(Gorleben) 등에서도 반핵 시위가 일어났습니다. 그리고 이를 정부가 무자비하게 진압하는 일이 반복되면서 독일의 국민 여론은 핵발전에 우호적이지 않은 방향으로 형성되었어요.

반핵 운동은 독일 녹색당의 창당으로 이어집니다. 반핵 운동을 바탕으로 1980년에 창당된 녹색당은 지방의회로 진출하고 1983년에는 연방의회 선거에서 5.6%의 득표율을 달성함으로써 27명의 연방의원을 배출해 제도권 정치로 진입합니다.• 녹색당에 대한 시민들의 지지는 체르노빌 사고 이후에 더욱 확장됩니다. 체르노빌 사고로 독일 남부도 방사능 물질에 심각하게 오염되면서 독일 시민들은 더 많은 비용을 치르더라도 핵발전소를 대신할 수 있는 에너지 대안을 수용하겠다

• 독일에서 유권자는 총선에서 1인 2표를 행사한다. 지역구 후보와 정당 명부에 1표씩 행사해서 의원의 절반은 소선거구제로 지역구에서 선출하고, 나머지 절반은 각 주의 정당 명부로 선출하는 정당 명부식 비례대표제를 취하고 있기 때문이다. 5% 이상의 득표율을 기록한 정당은 득표율에 따라 의석을 배분한다. 독일 녹색당은 바로 이 정당 명부식 비례대표제를 통해 제도권으로 진출했다.

는 의식과 태도를 갖게 됩니다. 그런 지지를 바탕으로 녹색당은 사민당과 연합 정권을 수립해 1998년에는 집권 정당이 되지요. 정권을 잡은 이후에는 각종 법안을 통해 재생가능에너지 발전 전력의 생산비를 보전해줌으로써 이에 대한 투자가 확대될 수 있는 제도적 토대를 마련하지요. 또 2002년에는 법을 통해 핵발전소의 평균 수명을 32년으로 해서 2021년까지 단계적으로 핵발전소를 폐쇄하기로 결정했습니다.

후쿠시마 사고 이후에는 더욱 인상적인 상황이 전개되었어요. 2010년 총선에서 승리한 집권 연립 정부는 2021년까지 핵발전소를 단계적으로 폐기하기로 했던 법을 개정해 핵발전소의 수명을 평균 12년까지 연장하기로 결정합니다. 그러자 독일에서는 다시 대규모 반핵 운동이 일어납니다. 후쿠시마 사고 직전 무렵 6만여 명의 시민들이 폐쇄하기로 되어 있었던, 슈투트가르트 인근의 네카베스트하임(Neckarwestheim) 핵발전소가 수명이 연장된 것에 항의해서 45km의 인간 띠를 만들면서 저항 의지를 보여주었어요. 그 와중에 3월 11일의 후쿠시마 사고 소식이 전해지자 3월 14일에 전국적으로 11만 명이, 3월 26일에 대도시 4곳에서 역사상 가장 많은 25만 명이 모여서 시위를 했어요. 그러자 독일의 메르켈 총리는 화들짝 놀라서 성직자와 교수 등 각계각층의 다양한 인사 17인으로 구성된 '안전한 에너지 공급을 위한 윤리 위원회'를 만들게 됩니다. 그리고 이 위원회를 통해 독일에서 핵발전을 어떻게 할 것인지 결정하도록 요청했지요.

윤리 위원회라는 이름이 참 인상적이지요. 후쿠시마 사고 이후 핵발전은 안전의 관점에서 접근해야 한다는 사실이 분명해졌고 또 방사능 물질은 현 세대는 물론이고 미래 세대와 다른 생명에도 돌이킬 수 없는 영향을 미치는 만큼 윤리의 관점에서 접근해야 한다는 것이 이런 이름을 사용하게 된 배경이에요. 윤리 위원회는 2021년까지 핵발전소를 단계적으로 폐쇄할 것을 연방정부에 제안합니다. 그리고 메르켈 내각은 권고된 2021년에 완충 기간 1년을 추가해 2022년까지 핵발전소를 완전히 폐쇄하겠다는 결정을 발표했지요.

이 과정에서 독일의 반핵 활동가들과 시민들은 무작정 반대만 한 것이 아니라 다양한 대안을 활발하게 제시해왔어요. 대안이 없다면 핵발전을 벗어나기 어렵다고 생각했기 때문이지요. 지금 우리나라에서 조금씩 확대되고 있는 패시브하우스라는 건축 방식도 이때 제시된 겁니다. 단열과 환기를 고루 강화해 에너지 소비를 줄이는 방식의 건축인데 1970년대의 반핵 운동과 에너지 위기에 영향을 받은 사람들이 개발한 것이지요.

또 독일의 젊은 엔지니어들과 과학자들은 직접 태양광발전, 풍력발전 기술을 만들어내기도 했습니다. 그와 관련한 회사나 기업을 만들기도 했는데 그중 대표적인 것이 태양전지 제조업체인 큐셀(Q-Cells)과 바그너태양에너지회사지요.

시민 전력 회사 운동도 독일의 탈핵을 이끌어낸 동력이 되었습니다. 대표적인 예가 셰나우(Schönau) 시민들이 만든 시민 전력 회사입니다. 에너지 자립 마을로 유명한 셰나우의 시민들은 모금을 통해 셰나우전력회사를 만들어 환경 친화적인 방식으로 만들어진 전력을 마을에 공급했지요.

독일 시민들은 반핵 운동의 기초가 될 수 있는 연구 작업에 대해서도 후원을 아끼지 않았습니다. 생태 연구소(Öko Institute)나 부퍼탈 연구소(Wuppertal Institute) 같은 민간 연구소들은 실제로 시민들의 후원으로 만들어져 지금까지도 활발하게 연구 활동을 하고 있습니다.

독일이 탈핵에 이르는 전 과정은 시민들의 자각과 시민운동이라는 강력한 역돌출부가 강고한 핵발전 사회기술체계의 관성을 잃게 만든 대표적인 사례입니다. 정작 사고가 일어난 일본에서는 많은 이들이 여전히 핵발전 의지가 확고한 자민당에 표를 던진 것과 아주 대조적이지요. 한국에서도 지난 대선 때 대선 후보들이 고리 1호기나 월성 1호기에 대해 서로 다른 정책을 내놓았지만, 사람들의 주목을 별로 받지 못했지요. 민주주의 국가임에도 투표의 힘을 사회적으로 이용하지 못한 것이지요.

시민운동이라는 강력한 역돌출부

토마스 쿤(Thomas Kuhn)은 『과학혁명의 구조』라는 책에서 과학은 점진적으로 발전하는 것이 아니라 패러다임의 전환에 의해 진화한다고 말합니다. 이런 관점에서 역돌출부를 본다면, 사회기술체계 속에서 해결할 수 없는 문제들, 즉 역돌출부라는 계기를 통해 그 체계는 붕괴하고 새로운 체계로 이동할 수 있습니다.

핵발전 사회기술체계의 관성에 균열을 내거나 붕괴시키는 역돌출부에는 시민운동 외에도 여러 가지가 있습니다. 예컨대 핵발전소 사고도 시민들에게 핵발전의 위험성을 상기시키면서 신뢰도를 떨어뜨리기 때문에 그 관성을 위협하는 요소가 되지요. 실제로 일본에서는 다양한 방사능 누출 사고가 발생하면서 핵발전에 대해 사회적으로 경각심이 높아졌습니다. 우리나라에서는 아직 큰 사고가 발생하지 않았어요. 이는 무척 다행스러운 일이지만 한편으로는 그만큼 핵발전 기술의 위험성에 대한 인식이 높아지기 어려운 요인이 되기도 했습니다. 충격적인 사고가 없다 보니 핵발전 사회기술체계를 확대하려는 관성이 제어되지 않았지요.

사용후핵연료 정책도 일본에서는 역돌출부로 작용했습니다. 일본은 핵연료 주기 완성을 목표로 다양한 설비들을 구축하느라 엄청난 재정을 투입했어요. 이 때문에 사고도 많이 일어난데다 핵발전에 따른 경제적 부담이 늘어나고, 핵 관련 설비들이 늘어나 위험에 노출되는 사람들도 많아지면서 핵발전 확대 정책에 반대하는 움직임을 확대하는 계기가 되었지요. 하지만 독일의 경우를 생각할 때, 역시 핵발전에 있어 가장 강력한 역돌출부는 시민들의 자각과 시민운동입니다.

우리나라는 아직 이 분야에 대한 시민운동이 활발하지 않습니다. 환경에 관심이 많은 사람은 점점 늘어나고 있지만, 그런 관심이 에너지 문제까지 확장되지 않고 있어요. 이른바 환경적 소양, 즉 환경 문제를 적극적으로 고민하고 이를 해결하기 위해 실천하는 능력을 갖춘 사람들이 있습니다. 예컨대 친환경 식품, 유기농 식품을 많이 구입하는 분들이 그렇지요. 우리나라도 점차 이런 환경적 소양을 갖춘 사람들이 늘고 있지만 이런 분들 중에서도 에너지에 대한 소양까지 갖춘 분은 아직 많지 않습니다. 친환경 식품을 구매하는 이유도 환경에 대한 걱정보다는 내 가족의 건강에 대한 걱정 같은 보다 직접적인 이유 때문인 경우가 더 많은 것이 현실입니다.

사실 친환경 식품이라도 먼 거리에서 온 제품이거나 소비 규모가 크다면 에너지의 관점에서 친환경적이기 어렵습니다. 또 유기농이라고 해도 화학비료를 쓰지 않았을 뿐, 에너지를 투입하는 가온 재배로 얻어낸 것일 수도 있어요. 즉 비닐하우스에서 전기나 석유 등으로 열을 투입해서 채소를 기른다면 재배 과정에 농약이나 화학비료를 쓰지 않았다고 해서 환경적으로 건전하다고 보기는 어렵지요. 그래서 일부 생활협동조합에서는 가온 재배를 하지 않도록 생산 농가와 따로 계약을 맺기도 합니다. 하지만 소비자들이 계절과 관계없이 어떤 채소든 1년 내내 소비하려 하면 저온 저장 시설을 가동해야 하니 또다시 에너지를 많이 소비하게 됩니다. 그러니 당장 내 입에 들어가는 것이 깨끗하다고 해서 친환경적인 삶을 살고 있다고 말하기는 어려워요. 식품 소비에 있어 에너지 문제까지 확장해 고민할 때 본질적으로 친환경적인 내용을 갖게 됩니다. 하지만 우리는 거기까지 다다른 사람이 많지 않은 듯합니다.

실제로 후쿠시마 사고 이후 생협 회원은 크게 늘었지만 환경 관련 시민 단체 회원이 늘지는 않았습니다. 반핵 시민 단체는 말할 것도 없고요. 이것이 에너지와 관련한 우리 시민 의식의 현주소입니다. 관성을 이기려면, 환경에 대한 관심을 에너지와 핵발전 문제로까지 더욱 확장해가야 합니다.

일본도 이런 관성이 여전히 강하게 남아 있습니다. 후쿠시마 사고 직후 소프트뱅크의 손정의 사장은 2011년 7월에 일본 전국의 광역 자치단체와 협력해 태양광발전과 풍력발전 등을 보급하기 위해 자연에너지협의회를 발족한 바 있어요. 2011년 11월에 일본 경제단체연합회가 핵발전소 재가동을 촉구하는 제안을 만장일치로 확정해 정부에 전달하려 하자 "국민의 안전보다 눈앞의 이익을 우선시한다."면서 격렬하게 반대하기도 했지요. 하지만 이런 손정의 사장의 주장에 동조한 재계 인사는 없었다고 합니다. 후쿠시마 사고라는 역돌출부로 인해 기존 핵발전 사회기술체계의 관성이 약화되긴 했지만 여전히 이 체계의 유지를 원하는 이해관계자들이 있고 이들로 인해 관성이 지속되고 있는 것이지요.

우리 사회와 일본 사회 모두 역돌출부를 만들어 관성을 제어하는 시민들의 역할이 매우 중요한 때입니다.

11강

기후변화 시대, 그린 에너지만이 해답이다

·

김정욱

·

2013년 4월 16일
서울 종로 평화박물관

김정욱

•

서울대학교 환경대학원 명예 교수. 서울대학교 토목공학과를 졸업하고 미국 텍사스대학교에서 환경공학으로 박사 학위를 받았다. 1982년부터 서울대학교 환경대학원의 교수로 재직했다. 산업화 시대였던 1970~80년대에 울산, 온산 공단의 공해 문제부터 최근의 새만금 간척 사업, 4대 강 공사까지 무분별한 개발로 고통받는 사람들의 목소리를 대변해온 한국의 대표적인 환경학자이다.

이상기후의 징후들은 이제 사람들이 보고 느낄 수 있는 정도가 되었습니다. 우리나라에서도 어렵지 않게 관찰되지요. 충청도 위쪽에서는 안 된다던 감이 경기도와 강원도로 올라왔고, 경상도의 사과가 충청도로 올라왔고, 포도 재배는 전국으로 확산되는 중이지요. 해양 생태계도 급격히 바뀌고 있어서 명태, 고등어 같은 한류성 어종들이 많이 잡히던 동해안에서 요즘은 멸치 같은 난류성 어종이 많이 잡힙니다. 강우 형태도 많이 바뀌었어요. 100년에 한 번 온다는 홍수가 지금은 해마다 오는 연례행사가 되었죠. 200년에 한 번 온다는 홍수는 2, 3년에 한 번씩 내리고 있고요.

외국에서도 다르지 않아요. 미국과 캐나다에서는 빙하가 녹아 없어지고 있고 스위스에서는 예전에 해발 800m에서 타던 스키를 지금은 해발 1500m 이상 올라가야 탈 수 있어요. 또 전에는 열대지방에서 퍼지던 전염병이 북상하고 있어요. 해수면이 20cm 정도 상승했고 북극의 얼음은 그 면적이 1/4이나 줄어들었지요. 또 지구 곳곳에서 폭우, 홍수, 가뭄, 태풍이 세계기록을 매해 갱신하고 있지요.

이상기후 때문에 국가적 차원의 위기를 겪는 나라도 있습니다. 방글라데시는 히말라야의 만년설이 녹아서 하천의 유량이 늘어난 데다, 쏟아지는 폭우로 국토의 2/3가 해마다 물에 잠깁니다. 그 탓에 3000만 명의 인구가 해마다 수해를 입지요.[•] 태평양의 투발루는 아예 나라가 바다에 잠겨 사라질 운명에 처했어요. 주민들은 모두 외국으로 이주를 준비하고 있을 지경이지요. 또 얼마 전 필리핀에 사상 최악의 태풍 하이엔이 와서 초대형 참사를 빚기도 했지요.

유엔환경계획(UNEP) 산하에 있는 기후변화정부간위원회(Intergovernmental Panel for Climate Change, IPCC)에 따르면 이런 이상기후들, 즉 근년에 지구 곳곳에서 자주 일어나는 따뜻한 겨울과 극심한 가뭄, 폭우, 폭염, 폭풍 등이 모두 인류의 산업 활동 때문에 생긴 기후변화의 영향이라는 것이 보다 명확하게 밝혀졌다고 합니다.

에너지 전문가 중에는 이러한 지구온난화 자체를 부정하고 현재의 기온 상승이 자연적으로 발생할 수 있는 것이라 주장하는 사람도 있습니다. 그러나 기후변화정부간위원회에서 전 세계 2500여 명의 전문가들을 동원해 연구한 결과는 이를 분명한 지구온난화 현상으로 결론짓고 있어요. 그리고 그 주요 원인은 온실가스(현재 기후변화협약에서 온실가스로 규정하고 있는 것은 모두 여섯 가지입니다. 나무 벌목과 에너지 사

[•]   Japan Environmental Council, The State of Environment in Asia 2005/2006, Springer, Tokyo, 2005.

용에서 나오는 CO_2, 축산에서 나오는 메탄가스, 화학 비료에서 나오는 아산화질소, CFCs, CFCs의 대체 물질로 나온 HFC, 주로 반도체 공장에서 많이 나오는 PFCs, SF6입니다.)입니다. 적외선을 흡수해서 지구를 따뜻하게 하는 이산화탄소, 메탄가스, CFCs 등이 지난 100년 사이에 갑자기 늘었습니다. 특히 전체 지구온난화에 65% 정도의 기여를 하는 것으로 알려진 이산화탄소는 산업화 이전에는 대기 중에 250ppm이던 것이 지금은 400ppm으로 증가했지요.

그런데 2007년에 발간된 기후변화정부간위원회 4차 보고서에 따르면 지금까지의 기후변화는 지구의 평균 기온으로 따지면 지난 100년 동안 섭씨 0.75도가 오른 결과에 불과합니다. 고작 0.75도 올랐을 뿐인데 이런 극심한 변화들이 나타나고 있지요. 더욱 심각한 것은 2013년의 5차 보고서에서는 최선의 대안을 선택해서 온실가스를 1990년 수준보다 줄이더라도 지구 기온은 2100년에 1도가 더 오를 것으로 예측하고 있다는 겁니다. 하지만 현재 추세로 보면 온실가스를 1990년보다 더 줄이는 것은 불가능해 보여요. 보고서에서는 현재의 경제성장 추세대로 간다면 2100년에는 기온이 3.7도 (2.6~4.8도)가량 오를 것으로 내다보고 있습니다. 그렇게 되면 해수면은 48cm(33~63cm)가량 상승할 것으로 예측하고 있고요.

기온이 상승하면 강수 형태에도 큰 변화가 올 겁니다. 유럽과 아프리카, 아메리카 대륙의 대부분 지역에서는 강수가 감소하여 사막이 확대되고, 동아시아와 한대 지역은 강수량이 증가할 것으로 예측되고 있어요. 우리나라는 2100년까지 강수량이 10~20% 증가할 것으로 예상되는데 특히 이 강우가 여름철에 집중되기 때문에 홍수와 태풍의 피해가 엄청나게 커질 겁니다. 정말 이 시나리오대로 간다면 인류에 큰 재앙이 될 겁니다. 생태계에 엄청난 변화를 일으킬 것이고 인류의 생존마저도 위협할 겁니다. 지구 기온이 섭씨 2도 이상 더 오르면 그 다음부터는 통제 불능이라고 해요.

그래서 이 기후변화를 막는 것이 지금 인류의 가장 큰 과제가 되었습니다. 지구촌 어디를 가나 기후변화가 가장 큰 관심거리지요. 기후변화 대책에 소극적인 것으로 알려진 미국도 지난 2007년에 기후변화가 국가 안보에 미칠 영향을 조사하는 데 무려 480억 달러라는 예산을 배정하는 법을 하원에서 통과시켰을 정도니까요.

하지만 우리나라는 아직 이 심각성을 제대로 못 느끼고 있는 듯합니다. 여전히 에너지를 많이 들이는 개발 정책을 고집하고 있지요. OECD의 자료에 의하면 우리나라는 2010년 현재 세계 7위의 온실가스 배출 대국입니다. 증가 속도로만 보면 세계 1위고요. 또 1인당 에너지 소비로는 일본, 독일, 영국, 프랑스, 이탈리아, 덴마크 등 대부분의 선진국들을 앞지르고 있어요. 석유 소비는 세계 6위로 올라섰고 석유 수입은 독일을 제치고 미국, 일본 다음으로 세계 3위로 올라섰지요.

머지않아 우리나라도 지금 같은 방식의 경제개발은 제약을 받게 될 겁니다. 곧 교토의정서의 후속 협약이 맺어질 것인데 그때는 우리나라도 기후변화 협약의 의무를 져야 하기 때문입니다.(우리나라는 지난 3차 총회에서는 개발도상국으로 분류되어 의무 대상국에서 제외되었지요.) 게다가 화석연료도 머지않아 고갈될 것으로 예측되고 있어서 이것에 계속 의존할 수도 없어요. 그렇다고 핵발전이 지속 가능한 대책이 될 수도 없지요.

오늘 강의에서는 현재 기후변화를 비롯해 어떤 환경 문제들이 우리의 앞날을 위협하고 있고 핵발전은 왜 대안이 될 수 없는지, 그리고 궁극적으로 이 위기를 극복하기 위해 대비해야 할 에너지 대책으로 무엇이 있을지 말씀드리겠습니다.

사막화부터 생물의 멸종까지, 심각한 환경오염들

먼저 전 지구적인 환경 파괴가 얼마나 심각한지 살펴볼까요? 기후변화 외에도 다양한 환경 문제가 매우 위험한 수준에 이르렀습니다. 우선 사막화 문제가 있습니다. 생태학적으로 농경지로 부적합한 지역을 무리하게 개간하는 바람에 현재 1년에 600만ha(헥타르)의 농경지가 완전한 사막으로 변하고 있어요. 또 1년에 1100만ha의 삼림이 벌채되고 있어요. 이런 지역은 얼마 지나지 않아 결국 사막으로 변하고 말아요. 1100만ha면 남한만 한 면적인데, 이 속도라면 20~30년 후에는 인도 대륙만 한 땅이, 40~50년 후에는 중국이나 미국만 한 땅이 사막이 될 겁니다. 중국은 지금도 매년 제주도의 1.5배만 한 땅이 사막으로 변하고 있어요. 황사 피해가 해가 갈수록 커지는 것이 바로 그 때문이지요.

땅은 사막이 되고 하늘에는 구멍이 나고 있습니다. 오존층 파괴가 지구를 위협하고 있습니다. 오존은 지상 10~50km의 성층권에 있는 것으로, 파장이 0.29μ(마이크론)보다 짧은 광선, 즉 강한 자외선이나 우주선, 감마선 등을 차단해서 지구의 생물을 보호하는 구실을 해요. 외계로 여행하는 우주인들이 자외선을 차단하기 위해 입는 우주복과 같은 구실을 한다고 보면 됩니다. 그런데 이 오존층이 CFCs 때문에 파괴되고 있어요. 지난 10년 사이에 남극의 오존층이 절반 가까이로 엄청 얇아졌습니다.

오염 물질이 계속 축적되는 것도 심각한 문제입니다. 지금 지구상에는 인간이 만들어낸 2900만 종의 유기화학 물질이 돌아다니고 있어요. 그중에는 분해가 잘 안 되고 인간을 비롯한 생물들의 체내에 농축되면서 여러 피해를 일으키는 물질도 많지요. 특히 유기염소 화합물들은 독성이 강하고 분해가 잘 되지 않아서 큰 걱정거리가 되고 있습니다.

생물 종의 멸종 문제도 심각합니다. 현재 매년 1%의 생물 종이 멸종하고 있어서 앞으로 20~30년이 지나면 지구에 있는 생물 종의 1/4이 멸종하리라고 예측하는 전문가들도 있습니다. 특히 바다 생물이 급속도로 파멸되고 있어요. 미국의 《사이언스》지에 실린 논문에 의하면 지난 50년 동안에 바다 생물 종의 70%가 개체수에 있어 파멸 상태를 맞았다고 합니다. 여기서 파멸이란 90% 이상이 죽는다는 의미입니다. 이 논문은 이대로 가다간 2050년이면 모든 바다 생물들이 파멸될 것이라고 예측하고 있습니다. 지구 역사상 이렇게 빨리 생물이 죽어 없어지는 경우는 없었을 거예요. 그 가장 큰 원인은 살 곳이 없어지는 겁니다. 생물이 주로 사는 곳이 삼림과 습지인데 요즘 마구 없어지고 있지요. 무분별하게 남획되는 것도 큰 원인이고요.

환경은 마구 파괴되는데 인류는 계속 늘고 인류의 경제 규모도 계속 늘어나서 지구의 자원은 고갈되어 가고 있습니다. 현재 지구 인구가 60억 명인데, 21세기 말에는 100억~140억 명으로 증가할 것으로 예상됩니다. 또 지구의 경제 규모는 지난 100년 동안 50배나 증가했어요.[*] 특히 2차대전 이후에 급격하게 성장해서 약 50년 만에 인구는 20억에서 62억으로 늘어났고[**] 지구 경제는 15배로 커졌지요.[***] 그뿐만이 아닙니다. 화석연료는 25배나 더 많이 사용하고 있고[****] 공업 생산은 40배나 늘어났습니다.[*****] 아마 인류가 현재와 같은 모습으로 계속 살아간다면 머지않아 지구의 자원이 고갈되고 말 겁니다.

그래도 당분간은 지금 같은 성장이 계속 이루어질 수밖에 없을 겁니다. 현재의 자본주의 시장경제는 성장하지 않으면 파탄 날 수밖에 없는 구조이기 때문이지요. 지구 경제는 앞으로 10배 이상 성장할 수도 있을 겁니다. 그런데 경제 규모가 10배 커진다는 말은 생산을 10배 더 많이 한다는 말과 같고 생산이 10배 많아진다는 것은, 에너지와

---

[*] World Commission on Environment and Development, Our Common Future, Oxford University Press, 1987, p.4.
[**] United Nations, World Population Prospects, the 1998 Revision, New York, UN, December, 1998.
[***] World Bank, Development and the Environment, Oxford University Press, 1992.
[****] Brown, L., et al, State of the World 1994, A Worldwatch Institute Report on Progress Toward a Sustainable Society, Norton, 1994.
[*****] Curran, T., "Sustainable Development: New Ideas for a New Century", 서울대학교 환경대학원 특강 원고, 2000. 3.

자원이 꼭 10배 더 필요하고 폐기물도 10배 더 많이 생기며 환경 파괴 행위도 10배 더 커진다는 말과 다름없지요.

그런데 10배나 더 커진 경제를 뒷받침할 만한 에너지와 자원은 이 지구상에 없어요. 대부분 재생이 불가능한 에너지와 광물 자원, 삼림, 흙, 바다 등에서 얻어야 하는데 이런 자원은 한정되어 있어서 언젠가는 고갈되고 말거든요. 석유의 매장량은 지금처럼 쓰면 앞으로 30년 동안 쓸 것밖에 없습니다. 더 찾으면 나올 것이라고 기대하는 희망 매장량까지 보태보아도 2050년대에 고갈된다고 하지요. 석탄도 2100년대에 이르러 고갈된다고 해요.* 우라늄도 2050년대에 고갈될 것으로 전망되고 있습니다.** 석유는 찾으면 더 나올 거라고 믿는 사람들이 꽤 있는데, 찾을 수 있다고 하더라도 석유 1ℓ를 캐는 데 석유 1ℓ의 에너지가 든다면 그 석유는 없는 것이나 마찬가지예요.

결정적으로 이 지구가 지금보다 10배나 더 커진 환경 파괴 행위를 과연 감당할 수 있을까요? 결코 불가능합니다. 지구가 감당할 수 있는 환경 용량도 일정하기 때문이지요. 에너지와 자원을 끊임없이 소모하고 환경 파괴를 당연시하는 지금과 같은 경제개발은 언젠가는 파탄이 날 수밖에 없습니다. 앞으로 우리는 새로운 방법으로 살아가지 않으면 안 됩니다.

● 김영길 외, 『자연과학』, 생능, 1990, pp.378-382.
●● 통상산업부, 한국전력공사, 『원자력 발전 백서』, 1995, p.108.

지속 가능한 발전을 위한 원칙들

유엔 산하의 환경개발위원회에서는 그에 대한 대안으로 '지속 가능한 발전(sustainable development)'을 제시했습니다. 그리고 이 개념을 정의 내리기를 '현 세대의 필요를 충족시키되, 미래 세대가 그들의 필요를 충족시킬 수 있는 능력을 축내지 않는 발전(meets the needs of the present without compromising the ability of future generations to meet their own needs)'이라고 했습니다. 사실 원래 '지속 가능하다'는 말은 지구 생태계를 지탱(sustain)한다는 취지에서 출발한 것인데 이 정의에는 정작 생태계를 지탱한다는 말은 없어요. 아주 인간 중심적으로 정의되어 있지요. 또한 많은 부분에서 자본주의 시장경제 체제를 그대로 받아들이고 경제성장을 용인한다는 평가를 듣고 있지요. 그래서 많은 사람들은 '지속 가능한 발전'이 과연 정말 지속 가능한가 하는 질문을 던지고 있습니다.

정말로 지속 가능하려면 인류는 어느 정도의 경제성장에서 만족하고 더 이상의 성장이 없는 정상 상태를 유지해야 합니다. 안정적인 생태계는 정상 상태를 유지하지 성장하지 않습니다. 경제가 성장하지 않더라도 우리 삶의 모습은 얼마든지 달라질 수 있어요. 앞으로는 환경과 조화를 이루는 방향으로 달라져야 합니다.

인류의 앞날을 위협하는 문제가 분명하기 때문에 문제 해결 방법도 명확합니다. 자손만대가 이 땅에 살게 하기 위해서 저는 세 가지 원칙을 제시합니다. 첫째, 에너지를 절약하되 꼭 필요한 에너지는 재생에너지를 사용해야 합니다. 둘째, 자원 순환 사회를 만들어야 합니다. 셋째, 지구가 받아들일 수 있는 수용 능력 이상의 개발을 절대로 허용하지 말아야 합니다.

우리는 있는 에너지는 아껴 써야 합니다. 지구에 사는 생물은 지구에서 만들어지는 것보다 더 많이 써서는 안 됩니다. 그런데 지구에서 만들어지는 에너지는 태양에너지를 이용해서 식물들이 광합성하는 것밖에 없습니다. 즉 지구의 생물은 지구에서 만들어지는 총 광합성량보다 더 많이 써서는 안 됩니다. 인류는 생체량으로 따지면 지구 전체 생물의 0.01% 정도에 지나지 않아요. 그런데도 지금 총 광합성량의 25% 가까이를 인류 혼자서 쓰고 있어요. 간접적으로 쓰는 에너지까지 포함하면 총 광합성 에너지의 60%를 인류가 다 쓰는 셈입니다. 인류는 에너지 사용을 줄여야 합니다.

그리고 재생에너지를 적극적으로 개발해야 합니다. 재생에너지는 풍력, 태양광, 태양열, 생체에너지(바이오매스), 지열, 소수력, 조력 등 태양만 있으면 얼마든지 얻을 수 있는 에너지를 말합니다. 이들 재생에너지의 잠재력은 거의 무한합니다. 다만 여러 가지 제약 때문에 다 활용할 수 있지는 않아요. 또 기존 에너지와 달리 에너지 생산 밀도가 크지 않기 때문에 지금처럼 대량 생산, 대량 수송, 대량 소비가 불가능해요. 그래서 재생에너지를 적극적으로 사용하려면 사회구조를 에너지 요구가 작도록 만들고 필요한 곳에서 소규모로 생산하고 효율적으로 써야 해요. 에너지를 멀리서 생산해서 수송할 것이 아니라 필요한 곳에서 만들어 쓰는 방향으로 나아가야 합니다. 이를 한 곳에서 집중적으로 대량 생산해서 대량 소비하는 기존의 중앙 집중형 에너지 체계에 대비해서 분산형 에너지 체계(distributed energy system)라고 부릅니다. 재생에너지를 개발함과 동시에, 국토와 도시의 구조를 바꾸고 시민의 생활양식을 개선해 새로운 에너지 체계에 맞도록 해야 합니다.

또 자원 순환 사회를 만들어야 합니다. 이 세상에 무한한 자원이란 없어요. 한 가지 자원이 모자랄 때마다 과학자들은 대체 자원을 찾곤 하지만 대체 자원도 언젠가는 끝이 있을 수밖에 없어요. 무한한 줄 알았던 물이나 흙까지도 유한하다는 것을 지금 절실히 깨닫고 있는 형편이지요. 21세기에 가장 중요한 자원이 물이라고까지 정의되고 있지 않습니까? 물이 이러할 때에야 다른 자원들은 더 말할 필요가 없지요. 그러니 있는 자원을 아껴 쓰는 것은 물론이거니와 근본적으로는 자원을 순환시켜야 합니다. 쓴 자원을 모아 재활용하는 것도, 처녀 자원으로 제품을 만드는 것과 전혀 다름없이 인류의 필요를 채우고 경제를 돌아가게 할 수 있어요. 이런 자원 순환 사회가 되려면 자원의 낭비를 억제하고 자원 순환에 인센티브가 돌아가도록 경제구조가 바뀌어야 해요.

이를 통해 인류는 환경 훼손을 멈추어야 합니다. 지구가 감당할 수 있는 환경 용량은 한정되어 있습니다. 경제가 커지면서 무한정 벌어지는 오염과 파괴를 지구는 감당할 수 없습니다. 답은 명백합니다. 각 지역사회가 받아들일 수 있는 환경 용량 이상의 환경 훼손 행위를 절대로 정당화해서는 안 됩니다.

이미 세계 여러 나라에서는 이러한 원칙 아래에 에너지 절약 정책을 본격적으로 시행하고 있습니다. 덴마크는 에너지 절약과 효율화에 힘쓴 결과 지난 35년 동안 에너지 사용이 전혀 늘지 않았어요. 그럼 덴마크가 그동안 원시사회로 되돌아갔을까요? 그렇지 않아요. 국제 통화기금의 통계에 의하면 2012년에 덴마크의 1인당 국민소득이 5만 6202달러에 이르고 있지요. 덴마크는 앞으로 에너지 사용을 2000년 수준의 절반으로 줄이고 모든 에너지를 재생에너지로 충당하겠다는 계획을 갖고 있습니다.[•] 이런 계획들은 석유와 우라늄이 2050년대에 고갈될 것이라는 전망에 대응하는 현실적인 전략이기도 하지요. 실제로 재생에너지 기술도 크게 발전해서 현재 이미 풍력 기술이 세계 1등, 에너지 절약 기술도 세계 1등, 태양광 기술도 세계 최고예요.

한편 독일은 후쿠시마 사고가 터진 후 윤리 위원회의 결정에 따라 2022년까지 17기의 핵발전소를 전부 폐쇄하기로 했고 에너지 사용을 2008년 대비 2020년까지는 20%, 2050년까지는 50%를 줄인다는 계획을 확정했습니다. 그리고 온실가스는 2020년까지 40%, 2050년까지는 80~95%를 줄인다는 야심찬 계획을 세웠지요. 이런 계획의 일환으로 독일은 건물의 단위 면적당 에너지 사용을 우리나라 신축 아파트의 절반 이하가 되도록 법으로 규제하고 있고 재생에너지 도입을 적극 권장하고 있어요. 이런 정책이 경제에 커다란 부담이 될 것으로 우려하는 사람들이 있지만 독일의 생각은 다릅니다. 독일은 오히려 이

● Viegand, J., "Implementation of Energy Efficiency Measures in Denmark towards Sustainability", 지속 가능한 국토 환경의 보전 및 개발 전략을 위한 국제 세미나 논문집, 서울대학교 환경대학원 개관 기념 세미나, 2000. 5.

독일의 장기 에너지 기본 계획

	2020년	2050년
온실가스(1990년 기준)	40% 감축	80~95% 감축
1차 에너지 중 재생에너지 비중	18%	60%
전력 중 재생에너지 비중	35%	80%
1차 에너지 소비(2008년 기준)	20% 감축	50% 감축
건축물 에너지 효율화 리노베이션	1% 미만	2%

것이 경제 발전의 새 원동력이 되고 특히 많은 일자리를 창출할 것으로 내다보고 있어요. 기존 에너지보다는 에너지 절약과 재생에너지가 고급 일자리를 훨씬 더 많이 만들어낸다고 확신하지요.

일본도 건물의 에너지 사용량을 독일의 절반 수준으로 줄일 수 있는 연구를 계속하고 있어요. 이스라엘은 태양열 온수 장치를 하지 않으면 아예 건축 허가를 내주지 않습니다.

핵에너지가 대안이 될 수 없는 이유

세계가 이렇게 애쓰고 있는데 오직 우리나라만 에너지 사용을 부추기는 방향으로 가고 있습니다. 에너지 증가가 경제성장을 가져온다고 굳게 믿고는 2020년까지 에너지 공급을 2000년 수준의 2배 가까이로 늘이는 계획을 세워놓고 있어요. 발전소를 열심히 지어서 시골 곳곳까지 가장 에너지 효율이 떨어지는 전기 난방을 공급하느라 바쁘지요.

305

또 한 달에 전기 요금만 100만 원 이상이 나가는 아파트가 유행하고 있고 에너지 효율이 극히 떨어지는 심야 전기로 건물을 난방하고 물을 데우느라 에너지를 낭비하고 있지요.

재생에너지 대책도 너무나 미흡합니다. 우리나라는 재생에너지 비율을 전체 에너지의 고작 10%로 올린다는 계획을 갖고 있는데 그나마도 진짜 10%가 아닙니다. 재생에너지가 아닌 것들, 예컨대 쓰레기 소각에서 나온 에너지를 신(新)재생에너지라고 부르면서 재생에너지로 분류하고 있어요. 꼼수지요. 쓰레기 소각에서 나오는 에너지를 빼면 실제 재생에너지 비율은 1%도 안 됩니다. 쓰레기를 태운 데에서 나오는 에너지는 재생에너지가 아닙니다. 그리고 쓰레기를 태우는 것보다는 쓰레기를 재활용하는 것이 에너지가 훨씬 적게 듭니다. 에너지 효율도 훨씬 좋아요.

우리나라는 현재도 1인당 에너지 사용량이 주요 선진국들을 앞지르고 있는데도 2010년에 지식경제부는 제5차 전력수급기본계획에서 2024년까지 핵발전소 14기, 석탄 발전소 17기, 복합발전소 26기, 양수 발전소 2기 등 총 59기의 발전소를 지을 계획을 세웠어요. 핵발전 확대 정책을 발표하면서 삼척과 영덕에 총 8기의 핵발전소를 추가로 건설하겠다는 구체적인 계획도 세웠지요. 게다가 이명박 정부가 2013년 2월 말에 해산을 며칠 앞두고 발표한 제6차 전력수급기본계획에서는 앞으로의 전력 수요를 더욱 크게 잡아 5차 계획에서 세운 발전소 외에 추가로 석탄발전소 12기, 복합발전소 6기로 총 18기를 더 짓는 계획을 세워놓았습니다. 그리하여 2024년에 우리나라의 1인당 전기 사용량이 1만 3868kWh에 이르는 것으로 되어 있습니다. 미국의 1만 3393kWh를 앞지르는 수준이지요.[●] 지금 우리나라에는 23기의 핵발전소가 운영되고 있는데 이 계획대로라면 앞으로 총 42기의 핵발전소를 운영하게 됩니다. 이는 밀도로 따지면 단연 세계 제1위입니다.(2010년 현재 20기에서 제5차 전력수급기본계획에 의해 14기를 더 짓고 또 추가로 삼척과 영덕에 8기를 지으면 총 42기가 됩니다.)

하지만 핵에너지는 결코 우리의 대안이 될 수 없습니다. 무엇보다 핵에너지에는 여러 가지 문제점이 많습니다. 첫째, 핵에너지는 너무 비싼 에너지예요. 통상 핵발전소 1기를 건설하는 데에 3조 원이 드는 것으로 계산합니다. 앞으로 19기를 더 건설하는 데에 총 57조 원의 예산이 들어갈 것으로 예상하고 있어요.

그러나 우리나라가 아랍에미리트 연방에 건설할 핵발전소 4기의 계약 금액이 24조 원이었어요. 이는 1기 건설에 6조 원이 든다는 뜻이니 우리나라에 지을 때도 계획보다 더 많은 예산이 들 가능성이 크지요. 게다가 지금까지 우리나라는 핵발전소를 건설하느라 300억 달러 이상의 외채를 지고 있다고 알려져 있고 또 매년 2조 원가량의 빚이 늘어나고 있어요. 「세계핵산업통계보고서 2013」에 의하면, 우리나라는 핵발전소 건설 때문에 세계에서 빚이 가장 많이 늘어나고 있는 나라입니다. 핵발전소에서 나오는 핵폐기물을 처리하기 위해 전기 요금

● 양이원영, 유엔 지속 가능한 발전 해법 네트워크-한국포럼(SDSNK), 어젠다 모색 컨퍼런스, 국제정책대학원, 2013. 10, p.17.

에서 일부를 떼는 방식으로 지금까지 4조 원 이상의 사후처리충당금을 모아두었는데 이 돈이 현재 한 푼도 현금으로 남아 있지 않습니다. 핵발전소를 짓는 데 모두 빌려주었다고 해요. 남아 있다고 해도 4조 원은 핵폐기물을 처리하기에는 턱 없이 부족한 돈이에요. 일본원자력위원회의 기준에 의하면 핵발전소 1기당 나오는 핵폐기물을 처리하기 위해서는 3조 1400억 원의 비용이 듭니다. 우리나라는 현재 핵발전소 23기가 가동되고 있으니 72조 원 이상의 예산이 필요한 셈이지요.

또 산업통상자원부의 기준에 의하면 핵발전소를 해체하는 데에는 1기당 6330억 원이 필요하다고 합니다. 그러나 이 비용은 전혀 준비된 바가 없지요. 한마디로 우리나라는 핵발전소를 가동할 기본자세가 전혀 되어 있지 않은 나라예요.

둘째, 핵에너지는 에너지 효율이 대단히 낮을 뿐 아니라 힘없는 지역 주민의 희생을 강요하는 에너지예요. 핵발전소는 위험한 시설이어서 인구가 밀집한 지역에는 지을 수 없고 인구밀도가 낮은 국토의 가장자리에 지어야 합니다. 그리고 발전 과정에서 발생하는 폐열은 인근 연안 지역의 생태계에 피해를 입히게 마련이지요. 실제로 이 폐열 때문에 핵발전소 인근 지역에서는 김 양식이 잘되지 않아요. 또한 먼 곳에 짓다 보니 장거리 송전 과정에서 많은 손실이 발생해서 에너지 효율이 떨어집니다.

그리고 대규모의 송전 시설이 반드시 필요한데 이런 발전소와 송전탑 건설은 필연적으로 힘없는 주민들의 희생을 강요하게 되지요. 이 때문에 생겨나는 주민과의 분쟁을 피할 수 없습니다. 누군가의 희생을 강요하는 에너지는 정의로운 에너지가 아닙니다.

셋째, 핵발전소에서 발생하는 핵폐기물을 처리하는 큰 문제가 남아 있습니다. 중저준위 폐기물 중 대표적인 방사성 물질인 스트론튬과 세슘은 반감기가 약 30년이에요. 그래서 경주에 짓기로 한 중저준위 방폐장은 앞으로 300년간 관리하기로 되어 있지요. 핵발전소에서 발생하는 고준위 폐기물로 플루토늄이 있는데 이 물질의 반감기는 2만 4100년이에요. 이것은 앞으로 20만 년 이상 관리해야 한다는 것을 뜻합니다. 독일은 더 엄격한 기준을 적용해 100만 년으로 잡고 있지요. 이 폐기물을 안전하게 처리하는 방법을 우리는 아직 알지 못합니다. 어느 나라도 아직 이를 관리해본 경험이 없어요. 우리도 처리할 줄 모르는 폐기물을 자자손손 후손들에게 떠넘기는 것은 죄악입니다.

넷째, 핵발전소는 무엇보다 대단히 위험한 시설입니다. 지금까지 스리마일 섬, 체르노빌, 후쿠시마에서 일어난 사고를 보면, 핵발전소가 안전하다는 말은 더 이상 할 수 없어요. 후쿠시마 사고에서 볼 수 있듯 핵발전소는 한 번 대형 사고가 나면 한 나라의 운명을 망칠 수 있는 위험을 안고 있습니다. 핵발전소에서 1년 동안 사용하는 우라늄 235의 양은 약 1t(톤)인데 히로시마에서 쓴 원폭이 우라늄 800g으로 만들었다는 점을 생각하면, 이런 원폭 1250개를 만들 수 있는 양이에요. 이 우라늄으로 발전을 하면 우라늄 235보다 더 강력한 방사성 물질인 플루토늄 239가 다량 생산됩니다. 이 플루토늄은 우라늄의 1/3에 해당하는 양만으로도 핵무기를 만들 수 있어요. 핵발전소를 수십 년간 가동한 뒤에 얻는 사용후핵연료에는 대형 핵무기 수천 기를 만들 수 있는 방사성 물질이 들어 있게 되지요.

그래서 미국은 9.11 사태 이후 모든 핵발전소를 비행 금지 구역으로 묶었습니다. 후쿠시마 사고에서 확인했듯 핵발전소가 직접 파괴되지 않더라도 핵반응로나 사용후핵연료 저장조에 냉각수만 공급되지 않아도 멜트다운은 일어납니다. 그래서 만약 전쟁 시에 폭격을 당하거나 테러리스트들에게 점령당하면 큰 비극을 초래할 수 있어요.

일부에서는 사용후핵연료를 재처리하면 에너지가 무궁무진하게 생산된다고 주장하는데 이것도 현실적으로 타당하지 않아요. 재처리를 하면 에너지 단가가 10배 가까이 뛰기 때문에 재생에너지보다도 훨씬 비싸져 에너지로서 하등의 가치가 없습니다. 사용후핵연료를 건식 재처리 기술(pyro-processing)로 재처리를 하면 폐기물 양도 줄고 플루토늄을 추출하기가 어렵고 연료도 거의 무한정 생산된다는 이론도 있으나 이 역시 비싸서 현재 에너지로서의 가치를 인정받지 못하고 있습니다. 또 기존의 방법보다 추출하기 어렵다는 것이지 아예 불가능한 것은 아니에요. 게다가 우리나라는 현재 한미원자력협정에 의해 재처리를 못하게 되어 있습니다. 물론 짐작할 수 있듯이 이는 핵무기 확산을 막기 위한 것이지요. 그러니 핵에너지에 대한 이런 주장들은 결코 타당하지 않아요.

그럼에도 불구하고 에너지 안보를 위해서 핵발전을 해야 한다고 계속 주장하는 사람들이 있습니다. 석유와 석탄 자원도 확보해야 한다고 주장하지요. 하지만 다 좁은 안목에서 하는 말입니다. 이 자원들은 머지않아 고갈될 처지에 있는데다 강대국들과 몇몇 자원 부국들이 독점하고 있어서 돈이 있다고 무조건 확보할 수 있는 게 아닙니다. 진정한 에너지 안보는 기술만 있으면 얻을 수 있는 재생에너지와 에너지 효율 개선에 있습니다.

재생에너지가 더 경제적이다

이런 점들을 고려하면 핵발전소를 세우는 것보다 에너지를 절약하는 정책을 추진하는 것이 훨씬 경제적입니다. 조명이나 건물의 단열, 전동기 등 현재 이미 개발되어 상품화되어 있는 에너지 절약 기술로 기존의 기술을 대체하기만 해도 우리나라 전체 에너지의 약 30%를 절약할 수 있다는 연구 결과도 이미 나와 있습니다.[*] 구체적으로는 교통 부문에서 28%, 가정 부문에서 33%, 상업 부문에서 35%, 산업 부문에서 25%를 줄일 수 있습니다. 그런 몇 가지만 하면, 에너지를 33.6MTOE(밀리언석유환산톤)을 절약할 수 있습니다. 그런데 핵발전소 18기를 지으면 거기서 나오는 전력이 32.1MTOE예요. 즉 절약만 한다면 핵발전소는 1기도 더 지을 필요가 없다는 뜻입니다.[**] 그러니 투자하려면 절약 기술에 투자해야지요. 덴마크는 지난 1970년대 초에 석유 파동을 겪은 이후 35년 동안 큰 경제성장에도 불구하고 에너지

[*]   Byrne J. 외, 『에너지 혁명: 21세기 한국의 에너지 환경 전략』 매일경제신문사, 2004.

[**] Kim, JW., "Greenhouse Gas Reduction Potential for South Korea," Proc. 7th. Asia-Pacific NGOs Environmental Conference, Kathmandu, Nepal, 50-72, 2005.

사용이 하나도 늘지 않았어요. 에너지 절약이 충분히 가능하다는 것을 보여주는 사례입니다.

아직 우리나라에서는 재생에너지 단가가 비싼데 그건 기술이 뒤떨어져서 그렇습니다. 덴마크는 재생에너지 개발에 열심히 투자해서 지금 풍력을 가장 값싼 에너지로 만들었어요. 그리고 풍력 기술을 세계로 수출해서 경제를 살리고 있지요. 경제성은 시간이 가면서 바뀌는 겁니다. 화력과 핵발전은 자원이 한정되어 있기 때문에 쓰면 쓸수록 단가가 올라갈 거예요. 하지만 재생에너지는 쓰면 쓸수록 기술이 발달해서 단가가 떨어질 겁니다. 그래서 많은 전문가들이 앞으로 재생에너지가 더 싼 시대가 올 것이라고 예측하고 있어요.

흔히 에너지 생산 단가를 가지고 경제성을 비교하는데 이것은 잘못된 겁니다. 생산 단가가 아무리 싸더라도 에너지 사용 효율이 떨어지면 아무 소용이 없어요. 핵발전이 아무리 단가가 싸다고 해도(유럽과 미국에서는 핵발전이 다른 전력에 비해 싸지도 않습니다.) 효율이 10%도 안 되는 전기 난방에 쓰인다면, 효율이 높은 재생에너지가 단가는 비싸도 결국 더 경제적입니다. 여름 한철 냉방 에너지를 감당하겠다고 1년 내내 돌아가는 발전소를 짓는 것보다는 재생에너지로 냉방해서 첨두 부하를 줄이는 것이 훨씬 경제적이에요.

또 핵발전소나 대형 화력발전소는 안전성과 환경오염 때문에 사용처와는 멀리 떨어진 곳에 세워지지요. 그래서 발전소에서 생산되는 폐열은 그냥 버려지고, 송전 과정에서 손실도 많이 발생해요. 그러나 작은 발전소를 사용처에다 바로 세우면 폐열도 쓸 수 있고 송전 손실

우리나라의 에너지 절약과 온실가스 감축 포텐셜(2020년 기준)

시나리오		에너지 사용 (MTOE)	에너지 절감 (MTOE)	CO₂ 배출 (MTC, 탄소백만톤)	CO₂ 감축 (MTC)
현 정책 고수		332.2		204.4	
전략	에너지 효율 개선		95.4		58.9
	토지 이용, 교통 개선		9.7		7.9
	친환경 농업		2.9		3.9
	산림 관리				5.7
총 효과		224.2	108.0 (32.5%↓)	128.0	76.4 (37.4%↓)

도 없어요. 사용처에서 바로 열병합발전을 해서 전기도 공급하고 냉난방까지 겸해 에너지 효율을 70%까지 올리면 이것이 훨씬 더 값싼 에너지가 됩니다. 꼭 전기만 에너지인 것도 아니에요. 햇빛을 난방이나 조명에 이용하고, 단열을 잘하고, 자연 바람을 이용해서 건물 환기를 시키는 것 등이 다 에너지입니다. 미국의 클린턴 전 대통령이 백악관을 리모델링했더니 에너지 사용이 딱 절반으로 줄었다고 해요. 우리나라는 도시의 건물들이 사용하는 에너지가 전체 사용량의 1/4이나 되는데다 재생에너지가 거의 보급되지 않았기 때문에 앞으로 도시의 에너지 시스템을 개선할 수 있는 여지가 많습니다. 또 산림을 잘 관리하고 교통 체제를 개선하면 온실가스도 37%까지 줄일 수가 있어요.[*]

에너지를 절약하기 위해서는 많은 연구와 노력이 있어야 합니다.

● 앞의 문헌

그래서 이것이 많은 일자리를 제공하는 산업을 창출하지요. 이런 일자리와 환경 비용까지 감안하면 재생에너지는 더욱 경제적인 에너지가 될 수 있습니다.

지역사회가 생태학적 단위가 될 수 있도록

우리 사회도 앞으로 기후변화와 자원 고갈, 환경오염에 적극적으로 대응해야 합니다. 그러자면 핵에너지에 의존할 생각은 버리고 각 지역사회를 생태적으로 가꾸어나가야 합니다. 최소한의 에너지를 효율적으로 쓰고 물질 순환 체계를 구축하고 환경오염을 최소화하도록 만들어야 합니다. 지역사회에서 필요로 하는 것은 최대한 지역사회 안에서 공급하고 폐기물도 최대한 그 안에서 처리해야 합니다. 용도 지역들을 멀찍이 떼어놓고 각 지역들을 거미줄처럼 도로로 얽어 자동차로 다니게 하고 에너지와 자원을 무한정 투입하고 쓰레기는 딴 데다 갖다 버리는 도시는 환경적으로 지속 가능하지 않습니다.

지금 우리나라는 지역적인 특성을 죽이고 유럽이나 미국과 같은 모습으로 만들어가려고 해요. 지역의 기후나 지형이나 특산물을 살리는 것이 아니라 모든 물자를 수출하고 수입해서 더운 곳은 춥게, 추운 곳은 덥게 만들고 같은 집에, 같은 옷에, 같은 음식에, 같은 취미생활을 하고, 같은 물건을 쓰며 살려고 해요. 영국 사람들은 풀밭이 있기 때문에 골프를 즐기지만 우리나라는 그런 환경이 아닌데도 굳이 산을 깎아서 농약과 비료와 수입 잔디로 골프를 즐기려고 합니다. 스위스 사람들은 알프스에 눈이 있어서 스키를 즐기지만 우리는 알프스가 없는데도 산을 깎고 인공 눈을 만들어 스키를 즐깁니다. 그러자니 에너지와 자원이 분주하게 수입되고 대량 소비가 촉진됩니다.

이런 지역사회는 지속 가능하지 않습니다. 기본재는 최대한 내부에서 충당하고 사치재의 수입을 최소화하는 지역사회가 지속 가능한 사회에 가깝지요.

앞으로 우리나라는 교통 체계를 에너지가 적게 들고 오염이 적게 발생하도록 구축해야 합니다. 우리나라는 현재 고속도로 밀도가 세계 1등입니다. 일본의 무려 4배지요. 지금 우리는 도로 면적이 주거 면적을 훨씬 앞질렀습니다. 자동차가 사람보다 더 넓게 살아요. 도로를 만드는 데에 쓴 외채만 현재 300억 달러입니다.

지금까지 우리나라는 공급 위주로 교통 문제를 해결해왔습니다. 어떤 형태의 국토 개발도, 발생하는 교통 수요를 공급해주기만 하면 된다는 방식으로 해왔어요. 하지만 이는 에너지를 낭비하고 오염을 조장하기 때문에 더 이상 맞지 않아요. 지역사회를 교통 수요가 적도록 구축해서 교통을 적게 이용하고도 불편 없이 살 수 있도록 만들어야 합니다. 지역사회 내에서는 자전거나 소형 자동차를 이용하고 지역사회 간에는 기차(특히 소형 자동차를 실을 수 있는 기차)를 중심으로 하는 교통 체계를 구축해야 해요.

미래의 자동차 연료로 태양에너지나 수소 전지가 거론되고 있는

데, 이들 연료로는 자동차를 대형화하거나 고속화하기가 어렵습니다.*
그런 의미에서 분당이나 일산같이 일터와 멀리 떨어진 곳에 주거 도시
를 만드는 방법은 환경 면에서 적절하지 못해요. 안산이나 창원처럼
자동차를 타고 가야만 다닐 수 있는 도시도 적절하지 않습니다.

주택 구조도 바뀌어야 합니다. 지금까지 우리는 주택 구조를 에너
지와 자원을 많이 소비하고 환경오염을 많이 일으키도록 가꾸어왔어
요. 예를 들면 미국 사람만큼 물을 많이 쓰도록 부엌이나 화장실을 꾸
며왔지요. 욕조나 세면대나 변기에서 물을 절약하고 허드렛물을 재생
해서 쓸 수 있는 방법들을 연구해야 합니다. 우리나라처럼 대규모 주
거 단지가 많은 곳에서는 단지 안에서 발생하는 하수를 처리해서 허
드렛물로 쓸 수 있는 중수도를 설치하기가 아주 쉬워요.

미국을 본떠서 넓은 잔디밭을 가꾸는 것도 환경적으로 권장할 것
이 못 됩니다. 넓은 잔디밭은 조금 가물었다 하면 물을 줘야 해요. 가
물 때 잔디밭에까지 물을 뿌리는 것은 잘못된 것입니다. 또 잔디를 유
지하느라 화학비료를 주고 잡초를 뽑고, 짧게 깎느라 에너지를 쓰는
것도 모두 잘못되었어요. 정원을 가꿀 때도 에너지와 물을 보다 적게
쓰고 일손을 적게 들이는 방식으로 가꿔야 합니다. 관목을 심거나 야
생화를 적절히 가꾼다면 훨씬 에너지를 절약하고 환경오염을 일으키
지 않으면서도 아름답게 가꿀 수 있습니다.

● Appleby, A.J., The Furure of Fuel Cells: The Electrochemical Engine for Vehicles,
Scientific American, 281(1), 1999, pp. 58~63.

건물 구조도 에너지를 절약할 수 있도록 개선해야 해요. 자연광을 이용한 조명, 태양열을 이용한 난방, 에너지 손실을 최소화한 단열 시공 등이 풀어야 할 과제이지요. 이스라엘과 터키를 비롯한 많은 나라들이 신축 주택에 태양열을 이용한 온수 장치를 의무적으로 설치하도록 하고 있습니다. 그리고 많은 선진국들이 집집마다 빗물을 받아씀으로써 물 사용을 줄이고 있지요. 수돗물 값의 절반이 에너지 가격인 점을 고려하면 이것 또한 에너지를 줄이는 길이지요.

기름이 한 방울도 안 나는 나라에서 거의 모든 가정용품들을 에너지를 써야만 움직일 수 있는 제품으로 만들어 쓰고 있는 것도 한 번 생각해봐야 할 문제입니다. 에너지를 사용하지 않고 쓸 수 있도록 연구하면 얼마든지 더 편리한 상품을 개발해낼 수 있어요. 음식도 상온에서 보관할 수 있는 방법을 연구하고 냉장 식품을 적게 만드는 생활 습관을 기르는 것이 에너지를 절약할 뿐만 아니라 오히려 편리하고 경제적일 겁니다. 냉장을 많이 한다고 음식의 낭비가 줄어드는 것은 아닙니다.

일상생활에서 음식을 비롯하여 물건을 아끼는 것이 에너지와 자원을 아끼고 환경을 지키는 가장 좋은 방법입니다. 제품 하나를 만들기 위해서는 원료를 캐는 데서부터 쓰레기가 된 후 버리는 데까지 제품의 약 30배에 해당하는 폐기물이 발생하고 또 많은 에너지가 투입됩니다. 하지만 자원을 재활용하면 쓰레기의 처리와 매립에 따른 환경오염이 줄고 원료의 수입 부담도 줄고 생산 공정에서 에너지가 절약되는 등 여러 가지 이득이 발생하지요.

석유와 우라늄은 고갈되기 이전에, 생산이 정점을 지났을 때 이미 혼란이 시작될 겁니다. 우리나라는 에너지의 97%를 수입하는 국가입니다. 에너지 안보와 국가 번영은 오직 기술만 있으면 얻을 수 있는 햇빛, 바람, 조력 같은 재생에너지를 개발하고, 에너지를 절약하는 데에 있어요. 이것이 우리가 번영할 수 있는 길이고 또한 지구와 인류를 살리는 길입니다. 기후변화 시대에 맞게 고갈의 문제가 없고 환경적으로 건전한 재생에너지를 개발하되 에너지 절약 정책을 우선으로 추진하고, 지역사회들이 생태학적인 단위가 될 수 있도록 국토와 도시의 구조와 시민 생활을 만들어가는 길을 찾아야 할 때입니다.

12강

에너지 전환,
왜 지역이 주도해야 할까

·

이유진

·

2013년 11월 19일
서울 종로 평화박물관

이유진

•

녹색당 공동정책위원장. 에너지기후정책연구소 연구기획위원, 환경부 중앙환경보전 자문위원, 서울시 시정평가 자문위원, 경기도 교육청 환경생태 자문위원 등으로도 활동하고 있으며 2011년에 서울시에서 추진한 '원전 하나 줄이기' 정책 수립에 참여했다. 부천시, 순천시, 노원구, 완주군 등에서 지자체 에너지 계획 수립 연구를 진행했고 정책 자문을 하고 있다. 지역 에너지에 대한 집필 작업도 활발히 했는데, 지은 책으로 『동네에너지가 희망이다』, 『태양과 바람을 경작하다』, 『전환 도시』 등이 있다.

우리나라는 매해 여름마다 고질병처럼 전력난을 겪고 있습니다. 지난 2013년 여름에는 상황이 정말 심각했지요. 특히 정부의 에너지 정책을 따라 8월의 폭염 속에서도 냉방 없이 지내야 했던 공무원들은 정말 견디기 힘든 시간을 보냈습니다.

그해 여름의 전력난은 핵발전소 비리 때문에 발생한 것이었습니다. 2013년 5월 말 원자력안전위원회가 신고리원전 1, 2호기 등의 제어 케이블 시험 성적서가 위조됐다고 발표한 직후 각종 핵발전소와 관련한 비리가 터져나오기 시작했어요. 이로 인해 신고리 1, 2호기와 신월성 1호기의 가동이 중단됐지요. 가뜩이나 전력 사정이 좋지 않은 한여름에 전력 공급이 줄어서 많은 시민들이 큰 곤란을 겪었습니다.

꼭 핵발전소 비리가 아니더라도, 우리나라는 전력 소비가 계속 늘어나서 해마다 전력난이 심각합니다. 예전에는 전력난이 여름에만 발생했지만 최근에는 난방용 전력 소비가 급증해 겨울에도 전력 피크가 발생하고 있어요.

이런 상황을 예방하려면 전력 계획을 잘 수립해야 합니다. 문제는 이것이 전처럼 쉽지 않다는 겁니다. 우리나라의 중요한 에너지 정책으로 에너지기본계획과 전력수급기본계획이 있습니다. 에너지기본계획은 매 5년마다 수립하고 시행하는데 우리나라 에너지 계획 중 최상위 계획이에요. 여기에서 에너지 수요 전망, 에너지원별 믹스, 장기 에너지 정책의 방향 등을 제시하지요. 전력수급기본계획은 매 2년마다 수립하는 것인데, 주로 10년 이상의 중장기 전력 수급 안정을 위해 전력 설비(발전, 송전 설비) 시설 계획을 세우지요. 2014년 1월에 2차 에너지 기본계획이 발표되었고, 하반기에는 7차 전력수급기본계획이 수립될 예정입니다.

6차 전력수급기본계획을 세울 때, 한 공청회에서 당시 이관섭 에너지자원실장이 이런 이야기를 한 적이 있습니다. 전력 계획 담당자의 고충이 잘 드러나는 이야기였지요.

"에너지 환경이 매우 급변하고 불확실성이 커지고 있다. 수요 부분에서는 모든 생활이 전기화되고 있고, 한국의 산업 구조상 석유화학, 철강에서 전기를 많이 써야 하기 때문에 전력 소비량은 계속 늘어난다. 게다가 발전소와 송전선 건설에 차질을 빚고 있기 때문에 미리 계획을 잘 세워서 대비하는 것이 중요하다."

저는 이 이야기를 들으면서 진퇴양난이라는 단어가 단어가 떠올랐습니다. 이제는 정부 입장에서도 무엇 하나 쉬운 것이 없습니다. 어떤 발전소를 지을지 선택하는 것부터 난제입니다. 석탄화력발전소를 짓자니 이산화탄소 배출량 때문에, 핵발전소를 짓자니 사고 위험 때문에 선택하기가 어려워요. 발전소도 발전소지만 송전망 건설 역시 밀양 사례에서 보듯 국가가 전처럼 마구 밀어붙여서 해결하는 것이 힘들어졌습니다. 한국전력공사가 신고리원자력발전소에서 생산한 전기를 대구까지 보내기 위해 건설하는 765kV의 송전탑 때문에 밀양 주민들이 벌써 9년째 건설 반대 운동을 벌이고 있고, 그중 두 분은 스스로 목숨을 끊으셨지요.

사실 지금까지 정부는 전력 소비가 늘어나면 발전소와 송전선을 만들어서 공급해왔어요. 화력발전소든, 핵발전소든 일단 밀어붙여서 지은 뒤에 그것을 초고압 송전망으로 연결하는 것이 여태까지 전력난을 해결해온 방식이었지요. 6차 전력수급기본계획도 이런 방식에서 크게 달라지지 않았습니다. 정부는 삼척과 영덕을 신규 핵발전소 부지로 선정해놓은 상태인데, 이곳에 실제로 발전소가 지어지게 되면 여기에서 생산한 전기도 결국 765kV의 고압 송전선을 통해 수도권으로 공급될 겁니다. 우리나라 전체 전력의 40% 가까이를 수도권에서 소비하기 때문에 송전선 연결은 불가피해요. 그러면 송전탑 때문에 지금의 밀양처럼 고통받는 지역 주민이 생겨나게 됩니다. 지금처럼 대형 핵발전소나 석탄화력발전소에서 생산한 전기를 생산지와 멀리 떨어진 대도시로 송전하는 방식을 고수한다면 밀양과 같은 사태가 앞으로도 계속 일어날 수밖에 없습니다.

이제 전력 계획을 잘 세워서 대비하는 것 정도로는 문제를 풀 수 없습니다. 계획을 잘 세우는 정도가 아니라 전력 계획 자체에 근본적인 전환이 일어나야 합니다. 대량 생산과 대량 소비 방식이 아니라 절약과 지역 분산형 발전으로 에너지 정책을 전환해야 합니다. 지자체들이 에너지 생산과 소비에 책임을 지는 시대, 즉 지역 에너지 시대를 준비해야 합니다. 저는 오늘 왜 지역 에너지 시대를 준비해야 하는지와 함께 이것이 어떻게 가능한지에 대해 말씀드리고자 합니다.

우리는 왜 에너지 다소비 사회가 되었나

먼저 우리나라는 왜 이렇게 전력난이 심각할까요? 가장 큰 문제는 우리나라의 에너지 소비 구조에 있습니다. 우리나라에서 쓰는 전기의 절반은 산업계가 쓰고 있습니다. 에너지경제연구원의 2012년도 에너지 통계 연보에 따르면 정확히 53.2%를 산업계가 쓰고 있어요. 또 산업계가 쓰는 전기의 48.5%, 즉 절반 가까이가 가열하고 건조하는 등의 열원으로 사용되고 있지요. 가열과 건조에 쓰이는 에너지는 유류나 가스를 이용해 직접 가열하는 게 훨씬 효율적입니다. 즉 유류나 가스로 대체 가능한 일을 우리나라 산업계는 전기로 하고 있는 겁니다. 왜 굳이 전기를 쓸까요? 이유는 간단합니다. 전기 요금이 싸기 때문입니다. 가스나 석유보다 이를 원료로 사용해 재생산한 전기 요금이 오히려 더 싸니 에너지원을 전기로 바꾸게 되는 것이지요. 이것을 '전기화'라고 하는데 이 전기화의 속도가 갈수록 빨라지고 있습니다. 지난 10년 동안 등유 가격은 오르는데 전기 요금은 별로 오르지 않았기 때문에 기업들이 등유로 하던 일도 전기로 대체해버렸어요. 그 결과 2002년 부터 2011년 사이에 등유 소비는 52% 감소한 반면, 전기 소비는 68%나 늘어나는 기현상이 일어났지요. 거칠게 추산해도 전체 전력의 1/4 정도 가 잘못된 요금 체계 때문에 비효율적으로 사용되고 있습니다. 전기 를 써야 할 때 전기를 쓰게 하고, 유류나 가스를 써야 할 때 유류나 가 스를 쓸 수 있도록 하는 것이 정책의 역할인데 그 역할을 제대로 못한 겁니다.

우리나라는 현재 산업용 전기를 원가 이하로 싸게 공급하고 있 어요. 2013년에 감사원이 발표한 공기업 감사 결과를 보면, 우리나 라 산업용 전기 요금을 100으로 잡았을 때, 일본은 244, 독일은 214, 영국은 174, 프랑스는 166이었습니다.(2010년 기준) 주요 선진국에 비 해 우리나라의 전기 요금이 매우 싼 편이지요. 이로 인해 기업들이 큰 혜택을 보고 있어요. 원가 이하로 산업용 전기를 공급함으로써 2008~2011년의 4년 동안 기업들이 얻은 이득은 5조 23억 원에 달합 니다. 또 대기업 제조원가에서 전기 요금이 차지하는 비중은 1995년 에는 1.94%였는데 2011년에는 1.17%까지 떨어졌지요.(원가에서 전기 요금이 차지하는 비중이 워낙 작기 때문에 전기 요금을 올리면 산업계가 큰 충격 을 받는다는 주장은 사실 과장된 것입니다.)

싼 전기 요금은 산업계뿐만 아니라 가정에서도 전기 소비를 촉진 합니다. 우리나라는 가정에서도 전력 사용량이 급증하고 있고 전기화 도 빠르게 일어나고 있지요. 예컨대 주전자로 물을 끓이던 것이 전기 포트를 이용하는 것으로 바뀌고, 가스레인지도 인덕션으로 급격히 바뀌고 있습니다. 등유 요금이 급등하니 농촌에서는 난방을 거의 전기 장판으로 하고 있지요. 또 최근 몇 년 사이에 상업용 건물의 난방이 냉난방 겸용 시스템 에어컨(EHP)로 대거 바뀌었지요.(이는 난방 부문에서 전력 소비량이 급등한 주요 이유입니다.) 이렇게 전기 요금이 너무 싸다 보니 우리나라는 에너지 효율 개선과 관련한 기술이 발달해도 찾는 사람이 거의 없습니다. 그냥 전기를 쓰면 되니까 굳이 그 기술을 투입해서 에너지 소비를 줄일 이유가 없는 것이지요.

이런 과정이 지난 수십 년간 누적되어 온 결과가 바로 현재의 전력 다소비 사회입니다. 우리나라는 지금도 1인당 에너지 소비량이 계속 늘어나고 있습니다. 독일, 일본, 이탈리아, 영국 등은 2005년을 기점으로 1인당 에너지 소비량이 오히려 줄어들고 있는 것과 대조적이지요. 에너지 효율 기술이 점점 발달하고 있는데도 에너지 총 소비량이 계속 증가한다는 것은 이상한 일이지요.

제일 큰 문제가 전기 요금에 있으니, 우리나라의 전력난을 해결하려면 일단 전기 요금을 올릴 필요가 있습니다. 산업계의 전기 요금을 올리고 가정용이나 농업용, 교육용 전기 요금도 조정해서 더 이상의 전기화를 막아야 해요. 더불어 유류와 전기 요금 가격을 역전시켜 기업들이 새로운 설비를 할 때는 전기가 아니라 유류나 가스로 전환할 수 있도록 만들어야 합니다.

그런데 전기 요금을 올리는 일이 참 쉽지 않습니다. 우선 전력 다소비 업체들이 크게 반발할 겁니다. 제조원가에서 전기 요금이 차지하는 비율이 비교적 높은 철강 기업들부터 강력하게 반대할 거예요.

산업계의 이익을 대변하는 산업부에서도 전기 요금 조정에 적극적인 의지를 갖고 있지 않지요. 또 시민들도 전기 요금을 올리는 것에 대한 반발이 거셉니다. 공공요금이 물가와 연동되니 정부도 요금 인상을 꺼리지요.

정부는 전기 요금을 올리기는커녕, 실제로 더 낮추는 효과가 있는 정책을 도입할 구상마저 하고 있는 실정입니다. 지난 2013년 8월에 새누리당과 산업부는 전기 요금 체계 개편안에 대해 논의한 바 있습니다. 거기에서 현재 6단계로 되어 있는 주택용 누진 제도를 3단계로 축소해 완화하는 방안이 제시되었지요. 그 내용을 보면 전체 소비자의 62%가 사용하는 200~600kWh 구간은 단일 요율을 적용하고, 현재의 1, 2단계(200kWh) 이하는 현행 수준을 유지하며, 900kWh를 초과하는 수용가에는 더 많은 부담 요율을 적용한다는 것이었습니다.

얼핏 보면 그럴 듯하지만 자세히 보면 별로 현실성이 없습니다. 현재 주택용 수용가의 87%가 400kWh 이하를 사용하고 있어요. 대체 주택에서 전기를 얼마나 써야 한 달에 900kWh를 쓸 수 있을까요? 이런 방식은 전기를 많이 사용하는 고소득층에 유리할 뿐만 아니라 가정 분야에서 전기화를 더 촉진하게 될 겁니다. 지금은 그래도 전열기를 쓸 때 누진 요금이 걱정되어서 아껴 쓰려는 생각을 하지만 200~600kWh 구간이 동일한 요금대가 되어버리면 그런 걱정을 덜하게 될 겁니다. 250kWh을 쓰나 550kWh을 쓰나 요금이 같아져서 부담이 훨씬 줄어들거든요.

전기 사용이 급증하는 것은 각 가정의 전기 요금이 오르는 것 이

상의 문제가 있습니다. 전기 사용이 급증하면 우리나라의 현실상 핵
발전소 추가 건설을 막기가 어려워집니다. 우리나라는 현재 핵발전 중
심의 정책을 갖고 있어요. 이명박 전 대통령은 2008년에 1차 에너지
기본계획을 수립하면서 핵발전 중심의 정책을 세웠어요. 2030년을 기
준으로 우리나라 전체 전력 설비 중에서 핵발전소의 비중을 41%까지
높이는 것으로 계획해두었지요. 그 41%를 달성하기 위해 삼척, 영덕
을 신규 핵발전 부지로 지정한 것이고요. 2014년에 박근혜 정부가 발
표한 2차 에너지기본계획에서는 이를 약간 수정해 2035년까지 핵발
전소의 비중을 29%로 하는 것으로 설정했습니다.

비중으로만 보면 41%에서 29%로 된 것이니, 줄어든 것처럼 보이
지만 문제는 수요 전망입니다. 2035년에 전력을 현재보다 80% 가량
더 많이 소비할 것이라는 과도한 수요 전망을 토대로 하고 있거든요.
그래서 핵발전소의 비중을 29%를 확정하면서 한편으로는 기존에 계
획된 핵발전소를 다 지어도 7GW가 부족하다고 발표했지요. 최근에
짓는 핵발전소가 1.5GW 용량이기 때문에 이는 삼척과 영덕에 4~5기
의 핵발전소를 추가로 건설한다는 것을 의미합니다. 결국 박근혜 대통
령의 에너지 정책도 친핵발전에 가깝다고 할 수 있지요.('핵발전 제로' 시
나리오는 에너지기본계획에서 논의조차 되지 않고 있습니다. 탈핵을 원하는 시민
들의 목소리가 정부가 수립하는 에너지 계획에 전혀 반영되지 않고 있지요. 이는
에너지 민주주의가 제대로 작동되고 있지 않다는 것을 의미합니다.)

전력 소비 구조를 개선하지 않으면 이런 핵발전 중심 정책을 반대
하기가 어려워집니다. 지금과 같은 전력 소비 증가 추세를 계속 이어간

다면 우리나라는 핵발전소, 석탄화력발전소, 재생가능에너지 등 동원 가능한 발전 시설을 모두 다 지어야 할 처지예요. 그래서 전력 소비 구조를 개선하고 소비 자체를 줄이는 것과 발전소를 줄이는 것은 함께 고민해야 합니다. 가격과 세금 정책을 통해 강력한 수요 관리 정책을 펼치고, 실제로 전력 소비를 줄이기 시작해야 탈핵을 이야기할 수 있습니다.

화력발전과 핵발전, 둘 다 대비해야

저는 에너지기후정책연구소에서 일하고 있는데, 많은 분들이 저에게 "기후변화를 걱정한다면 석탄화력발전을 안 해야 하니 핵발전의 비중을 높이는 것에 찬성하시겠네요?" 하고 물어요. 이런 질문은 '어쨌든 전기는 생산해야 하니 기본적인 발전 에너지원으로 석탄을 할 것인지, 핵에너지를 할 것인지 선택해야 한다. 그런데 기후변화에 대응하고자 하면 핵발전을 택해야 한다. 하지만 후쿠시마와 같은 사고가 겁난다면 기후변화 대응은 포기하고 석탄을 선택할 수밖에 없다. 둘 중에 무엇을 선택할 것인가?' 하는 논리를 함축하고 있지요. 즉 이 질문은 핵발전과 석탄의 둘 다에 대응하는 계획을 세워야 한다는 생각은 전제하지 않고 있습니다. 하지만 둘 중 하나만 해서는 앞으로 닥칠 기후변화의 위기든, 핵사고의 위기든 제대로 대응할 수 없어요.

실제로 이런 이유로 독일의 경우, 핵발전소 제로 시나리오를 추진하면서 핵발전과 석탄화력발전을 둘 다 지양하고 있습니다. 에너지 소비 총량을 줄여서 핵발전을 줄이고, 재생가능에너지를 늘여서 화석에너지에 대비하는 것을 구상했지요. 그리고 그 방법으로 하나의 대형 발전소에서 모든 에너지를 공급하는 방식이 아니라 각 지역 차원에서 에너지 소비를 줄이는 것은 물론 필요한 에너지는 자체적으로 생산하는 시스템을 만들고 있습니다. 소형 열병합발전, 패시브하우스(첨단 단열 공법으로 에너지 낭비를 최소화한 건축), 단열, 태양광, 풍력, 스마트그리드(전력 소비자와 공급자가 실시간으로 정보를 교환해 에너지 효율을 최적화하는 지능형 전력망) 등을 최대한 활용하는 것이지요.

독일은 탈핵 계획 자체도 참고할 만하지만, 그 과정을 시민과 지자체들이 주도한다는 점이 가장 주목할 만한 부분입니다. 독일의 각 지자체들은 지역별 에너지 자립도를 100%로 만든다는 목표 아래 계획을 수립하고 시민들은 이에 적극적으로 동참하고 있지요. 독일은 현재 전체 에너지에서 핵발전소가 차지하는 비중이 17%이고 재생가능에너지가 22%인데 이 재생가능에너지에 대한 투자 금액의 절반 이상이 시민들에게서 나왔습니다. 독일은 관련 법을 만들어 재생가능에너지로 생산한 전기를 전력 회사가 반드시 시민들로부터 구매하도록 하고 구매 금액 역시 보장해두었습니다. 시민들은 내 돈을 재생가능에너지에 투자했을 때 그 수익률이 얼마인지 가늠할 수 있게 되었지요. 물론 그 수익률이 큰돈을 버는 수준은 아닙니다. 그렇다고 시중 금리보다 아주 낮아서 보잘것없는 정도인 것도 아니에요. 7~8% 정도의 적정 수준을 보장해주어서 은행 금리보다는 높으면서 안정적인 투자를 선호하는 독일 시민들이 자기 돈을 태양광, 풍력, 바이오 가스 플랜트 등에 투자할 수 있도록 했지요. 그러면서 기술이 발전하고 또 널리 확산될 수 있었습니다.

또 독일은 지자체에서 운영하는 시영 회사가 있어서 각 지역별 특성에 맞는 에너지 생산과 절약 방법을 찾아내고 있어요. 예컨대 농촌에는 바이오에너지 센터가 있어서 목재나 축분 같은 풍부한 바이오매스 자원을 어떻게 에너지화할 것인지에 대한 기술적, 제도적 조언과 지원을 하고 있습니다. 시민들이 에너지로 무언가를 시도하고자 할 때 그것을 전문적으로 지원하는 그룹들이 지역 차원에 존재하는 것이지요.

물론 우리나라는 독일과 정치제도나 법체계 등이 많이 다르지만 참고할 부분이 적지 않습니다. 특히 시민들과 지자체 단위에서 에너지 전환을 주도하고 있다는 점이 중요합니다.

독일과 달리 우리나라 지자체들은 그동안 이런 지역 에너지 정책의 필요성을 거의 느끼지 못했습니다. 중앙정부가 에너지 정책에 대한 거의 모든 권한을 가지고 있고 실제로 국민들도 한전에서 일괄 전기를 공급받고 있기 때문이지요. 또 가스는 지역별 가스 공급사에서 공급받고 석유 역시 주유소에서 사서 쓰지요. 국민들은 에너지를 대부분 거대한 공기업이나 대기업에서 구매해 쓰다 보니 중앙정부의 세금 정책, 가격 정책, 재생가능에너지 정책에는 관심이 있지만 지자체의 에너지 정책에는 별로 관심이 없지요. 지자체들도 에너지 문제는 지자체 차원에서 할 일이 아니라고 생각해왔습니다. 그러니 지역 에너지 정책이라는 것 자체가 그간 거의 존재하지 않았지요. 지역 에너지 시대가 실현될 수 있는 공간이 거의 없었다고 해도 과언이 아닙니다.

서울도 예외는 아니었습니다. 서울은 에너지 자립도가 3%가 채 안 됩니다. 서울이야말로 다른 지역에 에너지 생산에 대한 부담을 지우지 않도록 에너지 효율을 높이는 효율 혁명이 매우 필요한 도시인데도 그런 문제의식이 전혀 없었지요. 지금도 서울에서는 123층짜리 빌딩이 지어지고 있어요. 이런 초고층 빌딩은 그 자체로 에너지 소비량이 매우 높은데다, 그 전력을 다른 지역에서 끌어다 써야 하는데도 건축 허가를 내줄 때 그런 문제를 얼마나 고려했을지 의문입니다.

그런데 최근 의미 있는 변화가 일어나고 있습니다. 서울을 포함해 우리나라 지자체에서 에너지 정책에 심혈을 기울이는 곳이 등장하기 시작했습니다. 주로 2011년에 발생한 여러 사건들이 계기가 되었어요. 2011년 3월에 후쿠시마 사고가 발생하면서 시민들도 핵발전소의 위험성에 대해 인식하기 시작했습니다. 또 같은 해 9월 15일에 대규모 정전 사태가 발생했습니다. 오후 3시 11분부터 5시간가량 예고 없이 순환 정전이 시작되어서 엄청난 혼란이 발생했습니다. 신호등이 멈춰 교통 대란이 일어나고, 656만 가구에 전력 공급이 중단됐지요. 승강기에 갇힌 사람들의 긴급 구조 요청만 1900여 건이 들어왔습니다. 사상 초유의 정전 사고였지요. 이 사고로 시민들과 지자체들은 우리나라에서 자칫 블랙아웃과 같은 상황이라도 발생하면 도시는 다른 대안이 없다는 것을 직접 몸으로 경험하게 되었습니다. 국가적으로도 블랙아웃을 막기 위한 대책이 필요하고, 지자체 차원에서도 전력 공급 중단에 대한 대비책을 세울 필요성이 높다는 사실을 인식하게 되었지요.

이 두 사건을 계기로 에너지 문제에 대한 시민들의 인식이 높아지자 서울시에서도 지자체 차원의 에너지 정책을 수립하게 됩니다. 가장 대표적인 것이, 2012년 4월에 발표한 '원전 하나 줄이기'*라는 정책이에요. 이 정책은 도시에서 에너지 절약과 생산이 어떻게 가능할지에 대해 여러 가지 시사점이 있으므로 좀 더 깊이 살펴보겠습니다.

서울은 어떻게 에너지를 수확했나

원전 하나 줄이기는 서울시에서 자체적으로 에너지 소비를 줄이고, 태양광 에너지 같은 재생가능에너지를 늘려서 핵발전소 1기만큼의 에너지를 줄이겠다는 정책입니다. 구체적으로 서울시는 2014년까지 200만TOE(석유환산톤)을 줄일 계획을 갖고 있어요. 이를 달성하려면 모든 서울 시민이 전력 소비량을 19.5%씩 줄여야 합니다. 만만치 않은 목표지요. 이 목표를 위해 서울시가 진행한 사업들, 건물 에너지 효율화, 신재생에너지 확대, 녹색 일자리 확대 정책 등을 살펴보면 도시에서 에너지를 '수확'하는 방법을 알 수 있습니다.

●　　원전 하나 줄이기 정책은 총 6대 분야, 21개 정책 과제, 78개 사업으로 구성되어 있습니다. 이중 6대 분야는 1)신재생에너지 확대 2)건물 에너지 효율화 3)친환경 고효율 수송 시스템 구축 4)에너지 분야 녹색 일자리 창출 5)에너지 저소비형 도시 공간 구조 개편 6)에너지 저소비 실천 시민 문화 창출입니다.

단열 개선을 통해 냉난방 에너지 수확하기

도시에서는 낭비되는 에너지를 잡는 것이 곧 가장 좋은 생산 방법이기도 합니다. 도시에서는 에너지의 60% 이상이 건물에서 소비되는데, 이 건물 에너지 소모량의 대부분을 냉난방 에너지가 차지하고 있어요. 이렇게 소비되는 에너지를 잡기 위해서 서울시에서는 기후변화기금을 활용해 에너지 절약 사업(단열 개선, 조명 교체, 고효율 보일러 설치)을 하려는 이들에게 장기 저리 융자 제도를 실시했습니다. 그 제도로 756개 건물과 1만 271개 주택에서 건물 단열 개선 사업을 진행했지요.

LED로 전기에너지 수확하기

도시에서는 수많은 상가에서 조명으로 전기를 많이 사용합니다. 조명 개수가 많을수록 전구의 에너지 소비량이 높고, 오래 켜놓을수록 전기를 많이 쓰게 되지요. 이것을 개선하려면 자연 채광을 활용하고, 조명 배선을 효율적으로 조정하고 LED 전구를 써야 해요. 그래서 서울시는 2013년에 LED 조명 236만 개를 교체해 총 6만 3550TOE을 절감했습니다. 특히 석관동에 있는 두산아파트는 지하 주차장 조명을 디밍(Dimming) 방식(조명, 밝기 자동 조절) LED로 전량 교체했습니다. 2012년 12월에 공사했는데, 이 아파트에서만 매월 1000만 원가량을 절감하는 효과를 거두고 있지요.

옥상에서 태양광 수확하기

바이오매스 자원이 풍부한 농촌과 달리 도시에서 에너지를 생산할 수 있는 방법에는 한계가 있습니다. 그런 도시에서도 할 수 있는 방법이 몇 가지 있는데 그중 가장 효과적인 것은 태양광발전이에요. 도시에는 수많은 건물이 있고, 그 건물마다 옥상이 있기 때문에 이 옥상에 태양광발전기를 설치하면 전기를 생산할 수 있지요. 서울시도 이에 착안해서 강동구의 암사정수센터에 5MW의 태양광발전을 시작했습니다. 또 태양광발전 협동조합인 우리동네시민햇빛발전소에서도 시민출자를 받아 삼각산고등학교 지붕 위에 20kW짜리 태양광발전기를 설치했습니다.

또 아파트가 많은 서울의 특성을 활용해 200W 미만의 미니 태양광발전기 시범 사업도 추진되고 있습니다. 저도 소형 미니 태양광을 저희 집 창가에 설치했는데, 집에서 생산한 전기를 직접 쓰는 경험을 하고 있지요. 보통 태양광발전기라고 하면 3000W짜리 지붕 위 태양광발전기를 생각하기 쉬운데, 자가 주택 비율이 낮은 도시에서는 소형 태양광을 보급하는 것이 더 적합한 것 같습니다.

미활용 에너지 자원 활용하기

도시에도 미활용 에너지가 있어요. 하수처리장이나 정수장의 풍부한 수량을 이용해 수차 발전을 하면 에너지를 만들 수 있습니다. 지금까지는 우리의 경우 수량은 많지만 낙차가 2m 이내라 소수력발전을 하기 어렵다고 생각해왔는데 서울시는 도쿄의 사례를 활용해 저낙차에서도 발전을 할 수 있는 수차 발전 설비를 개발해 활용할 계획을 세우고 있습니다. 더불어 암사정수센터와 노량진 배수지 사이에 있는 10m

의 낙차를 이용해 소수력발전소 건설을 진행하고 있습니다. 또 서울에는 총 4개의 물재생센터가 있는데, 소화 가스(소화조에서 혐기성 분해가 이루어질 때 발생하는 가스)에서 발생하는 메탄 20만 2000m³ 중 18만 m³(약 76%)를 회수해 에너지원으로 활용하고 있어요.

그럼 서울시는 이런 노력으로 정말 핵발전소 하나만큼의 에너지를 줄일 수 있었을까요? 2013년 9월까지 수확 목표치인 200만 TOE의 절반가량인 97만 TOE를 줄였습니다. 의미 있는 점은 그중 절반가량을 시민들의 자발적인 에너지 절약으로 이루었다는 점이에요. 또 2013년 1~7월에는 전년의 같은 기간과 비교했을 때 우리나라 전체로는 에너지 소비가 1.27%가량 증가했는데, 서울시는 오히려 0.95%가 줄었어요. 특히 전력 소비가 줄기 시작했다는 점이 의미 있습니다.

이 정책은 시민들 사이에서도 인기가 높았어요. 2013년에 서울 시민이 직접 뽑은 10대 뉴스에 원전 하나 줄이기 정책이 상반기에 1위, 하반기에 2위를 기록했습니다. 또 서울시의 정책 35개를 제시하고 그중에서 "어느 정책을 가장 잘 알고 있습니까?" 하고 인지도 조사를 했더니 거기서도 원전 하나 줄이기가 1등이었어요. 물론 이것은 광고의 힘이기도 하지요. 지하철에서 워낙 크게 광고를 했으니까요. 하지만 다른 요소들도 무시할 수 없습니다. 특히 이 해에는 워낙 핵발전소 비리 사고가 많이 발생해서 시민들이 좀 더 관심을 가진 듯합니다. 이 정책에 대한 호응도가 높다는 것은 시민들이 그만큼 에너지 정책의 필요성을 절감하고 있다는 것을 말해주는 것이기도 하지요.

지자체가 변화를 주도해야 하는 이유

앞으로는 서울시뿐만 아니라 각 지자체별로 에너지 관련 전담 인력이 생기고, 에너지 자립율에 대한 목표도 세우고 예산도 책정해 지자체의 지역 에너지 정책이 확산되면 좋겠습니다. 여러 지자체들의 행보를 보면 지역 에너지 시대가 결코 남의 나라 일만은 아니라는 희망이 생깁니다. 우리나라에 탈핵, 에너지 전환 도시 선언을 했던 기초 지자체가 46군데나 된다는 것을 아시나요? 이 선언은 2011년 연말에 노원구에서 방사능 아스팔트가 발견된 것이 계기가 되었지요. 그것을 처리하는 과정에서 핵폐기물의 심각성을 깨달은 노원구청장을 중심으로 기초 지자체 차원의 탈핵 선언을 준비하게 됩니다. 그리고 2012년 2월에 총 253명의 국내 기초지자체장 중 46명이 탈핵 선언을 했습니다. 기초 지자체 차원의 탈핵 선언은 대단한 것입니다. 그중에서 노원구, 성북구, 강동구, 수원시 등은 종합 에너지 계획을 세우고 전담 인력을 만들어 활발하게 정책을 집행하고 있습니다. 완주군도 '로컬 에너지' 정책을 표방하며 농촌에 적합한 에너지 정책 모델을 만들어가고 있습니다.

지자체에서 에너지 정책을 펼치게 되면 수요 관리 측면에서 의미 있을 뿐만 아니라 일자리가 창출된다는 장점도 생깁니다. 서울시에서 원전 하나 줄이기 정책을 발표하면서 소형 태양광을 준비하는 기업들도 벌써 두세 곳 생기기 시작했어요. 정책이 시장을 만들고 기회를 창출하는 것이지요. 소형 태양광 패널이 1만 개 이상 꾸준히 보급되면 설치하는 사람뿐만 아니라, 수리하고 컨설팅 하는 사람도 필요하게 되니 일자리도 자연스럽게 늘어날 겁니다. 실제로 에너지 관련 컨설팅 시장도 조금씩 형성되고 있습니다.

마을에서도 좋은 사례들이 생겨나고 있습니다. 특히 서울 동작구의 성대골은 에너지 자립 마을로 유명하지요. 온 마을 주민이 합심해서 에너지 절약은 물론 생산까지 시도하고 있어요. 이 마을 분들은 다른 지역에 에너지 관련 강의를 많이 다니세요. 앞으로는 이런 일이 하나의 안정적인 직업으로 확대될 가능성이 높습니다. 마을 기업도 생겨나고 있습니다. 성대골 주민들이 모여 '마을닷살림'이라는 에너지협동조합을 만들었어요. 동네의 목수들과 건축가들이 모여서 오래된 주택의 단열 개선 사업을 하고 있습니다. 창문을 이중창으로 바꾸고, 틈새 바람을 막고, 천장과 벽체에 단열재를 보강하면 냉난방 비용을 줄일 수 있습니다. 최근에는 에너지 슈퍼마켓도 만들어졌어요. 멀티탭이나 LED, 에어캡 등 생활 속에서 에너지 효율을 높이는 기구들을 파는 슈퍼지요. 이런 식으로 동네에서 에너지 관련해서 수익을 내고 일자리를 창출하는 것이 가능하고 실제로 조금씩 현실화되고 있습니다. 실제로 에너지 분야가 활성화되면 일자리가 늘고 관련 산업이 발전할 여지가 생깁니다.

에너지 정책을 지자체에서 이끌어야 하는 데에는 또 다른 중요한 이유가 있습니다. 서울시에서 적극적인 에너지 정책이 가능했던 것은, 서울시에 핵발전소와 관련한 직접적인 이해 당사자가 없기 때문입니다. 우리나라는 사회 전반에 핵발전소에 관한 이해 당사자가 아주 많습니다. 핵발전으로 먹고사는 사람들이 굉장히 많은 것이 한국의 현실입니다. 발전소를 많이 지어야 이익을 얻는 사람들이 많다는 뜻이지요. 그러다 보니 탈핵 정책을 선택하기 어려운 상황입니다. 특히 중앙 정부 차원에서 핵발전 정책의 방향을 바꾸는 것이 쉽지 않습니다.

하지만 지역은 달라요. 지자체에는 핵발전소를 늘이든 줄이든 아무 관계가 없는 사람들이 많습니다. 오히려 후쿠시마 사고와 밀양 송전탑 문제를 계기로, 더 이상 핵발전소를 지어서는 안 된다고 생각하는 사람들이 늘어나고 있어요. 그러니 원전 하나 줄이기와 같은 정책을 펼치면 공무원들도, 시민들도 열심히 힘을 모을 수 있지요.

제가 여러 에너지 관련 회의에서 만난 해외의 연구자들은 이런 이야기를 합니다.

"우리에게 필요한 것은 석유나 핵발전소, 가스 그 자체가 아니다. 에너지를 통해 제공되는 서비스다. 따뜻하면 되는 거고, 밝으면 되는 거고, 시원하면 되는 것이다."

에너지를 이렇게 서비스 개념으로 생각한다면 다양한 방법을 찾을 수 있습니다. 석유를 수입하고 핵발전소를 세우는 것이 아니라 자연 채광을 이용하거나, 건물을 지을 때 처음부터 에너지 효율을 높이는 방법을 생각해볼 수 있지요. 굳이 에너지를 투입하지 않고도 얻을 수 있는 다양한 해결책을 먼저 최대한 고민한 뒤에, 그래도 모자란 부분에 에너지를 투입하는 방식을 고민하면 됩니다. 이때도 무조건 다른 지역에서 끌어오는 에너지에 의존할 것이 아니라 필요한 지역에서 에너지를 생산하고 소비하는 시스템을 만들어야 합니다. 이를 위해 지역별로 '전력 자립도'라는 목표를 세우고 어떻게 우리 지역의 전력 자립도를 높일 수 있는가에 대한 장기 비전을 세워야 합니다. 도시에 인구 밀도가 너무 높고 땅이 좁아서 발전소를 세울 수 있는 형편이 안 된다면 본격적인 소비 절감을 통해 다른 지역에 의존하는 에너지를 줄이는 방식으로 정책을 전환해야 합니다. 지역이 주도한다면, 에너지 전환 시대는 결코 불가능하지 않습니다.

탈핵
학교

밥상의 안전부터 에너지 대안까지
방사능 시대에 알아야 할 모든 것

1판 1쇄 펴냄 2014년 3월 11일
1판 7쇄 펴냄 2019년 10월 29일
지은이 김익중, 김정욱, 김종철, 양기석, 요시노 히로유키, 윤순진
        이계수, 이유진, 이헌석, 주영수, 최무영, 한정순
펴낸이 박상준
펴낸곳 반비

출판등록 1997. 3. 24.(제16-1444호)
(우)06027 서울특별시 강남구 도산대로1길 62
대표전화 515-2000, 팩시밀리 515-2007
편집부 517-4263, 팩시밀리 514-2329

글 ⓒ 탈핵학교운영위원회, 2014, Printed in Seoul, Korea

ISBN 978-89-8371-656-9 03300

반비는 민음사 출판 그룹의 인문 · 교양 브랜드입니다.
블로그 http://banbi.tistory.com
페이스북 http://www.facebook.com/Banbibooks
트위터 http://twitter.com/banbibooks